KUWASHII

くわしい英文法

ENGLISH

金谷 憲　編著

文英堂

本書の特色と使い方

圧倒的な「くわしさ」で，考える力が身につく

本書は，豊富な情報量を，わかりやすい文章でまとめています。丸暗記ではなく，しっかりと理解しながら学習を進められるので，知識がより深まります。

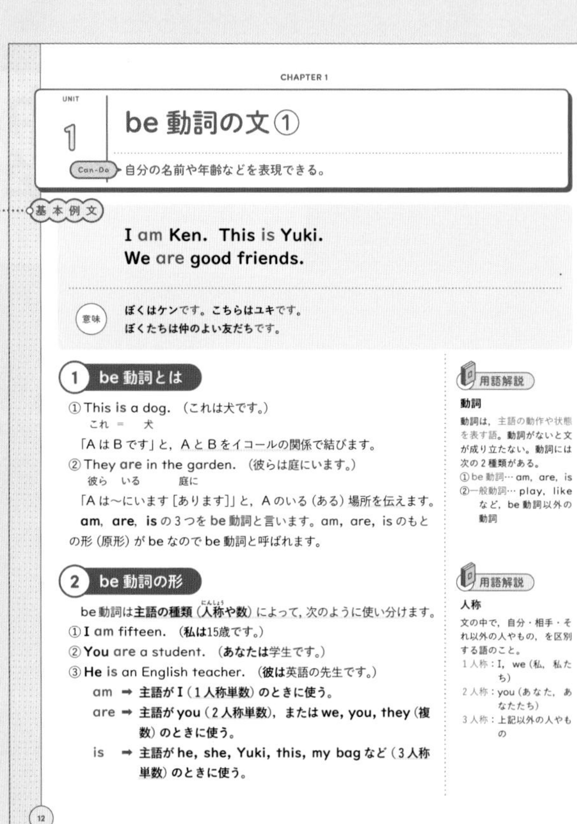

CHAPTER 1

UNIT 1 **be 動詞の文①**

Can-Do 自分の名前や年齢などを表現できる。

基本例文

I am Ken. This is Yuki.
We are good friends.

意味 ぼくはケンです。こちらはユキです。
ぼくたちは仲のよい友だちです。

1 be 動詞とは

①This is a dog.（これは犬です。）
これ ＝ 犬

「A は B です」と，A と B をイコールの関係で結びます。

②They are in the garden.（彼らは庭にいます。）
彼ら いる 庭に

「A は～にいます［あります］」と，A のいる（ある）場所を伝えます。

am, are, is の 3 つを be 動詞と言います。am, are, is のもとの形（原形）が be なので be 動詞と呼ばれます。

2 be 動詞の形

be 動詞は**主語の種類**（**人称**(にんしょう)**や数**）によって，次のように使い分けます。

①**I** am fifteen.（**私は**15歳です。）

②**You** are a student.（**あなたは**学生です。）

③**He** is an English teacher.（**彼は**英語の先生です。）

am ➡ **主語が I**（**1 人称単数**）**のときに使う。**

are ➡ **主語が you**（**2 人称単数**），**または we, you, they**（**複数**）**のときに使う。**

is ➡ **主語が he, she, Yuki, this, my bag など**（**3 人称単数**）**のときに使う。**

用語解説

動詞

動詞は，主語の動作や状態を表す語。動詞がないと文が成り立たない。動詞には次の 2 種類がある。

①be 動詞… am, are, is

②一般動詞… play, like など，be 動詞以外の動詞

用語解説

人称

文の中で，自分・相手・それ以外の人やもの，を区別する語のこと。

1 人称：I, we（私，私たち）

2 人称：you（あなた，あなたたち）

3 人称：上記以外の人やもの

12

本文

学習しやすいよう，見開き構成にしています。重要用語や大事なことがらには色をつけているので，要点がおさえられます。また，豊富な図や写真でしっかりと理解することができます。

基本例文

この単元で学ぶ英語表現が，**実際の場面ではどのように使われるか**を示しています。

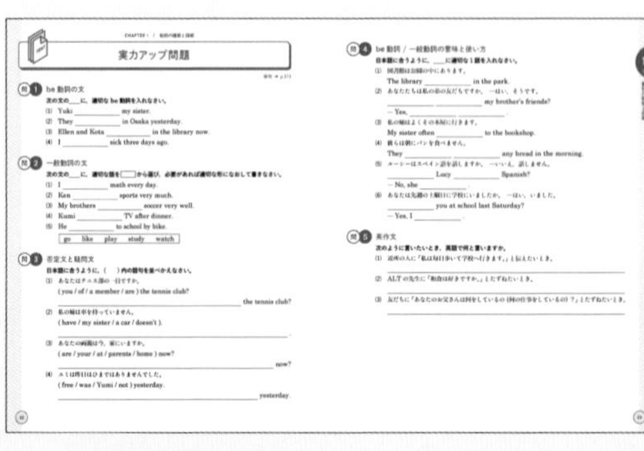

実力アップ問題

問1 be 動詞の文

(1) Yuki ＿＿＿ my sister.
(2) They ＿＿＿ in Osaka yesterday.
(3) Ellen and Kota ＿＿＿ in the library now.
(4) I ＿＿＿ sick three days ago.

問2 一般動詞の文

(1) I ＿＿＿ math every day.
(2) Ken ＿＿＿ sports very much.
(3) My brothers ＿＿＿ soccer very well.
(4) Kumi ＿＿＿ TV after dinner.
(5) He ＿＿＿ to school by bike.

go like play study watch

問3 否定文と疑問文

(1) (you / of / a member / are) the tennis club?
＿＿＿ the tennis club?
(2) (have / my sister / a car / doesn't).
(3) (are / your / at / parents / home) now?
＿＿＿ now?
(4) (free / was / Yumi / not) yesterday.
＿＿＿ yesterday.

問4 be 動詞 / 一般動詞の意味と使い方

(1) The library ＿＿＿ in the park.
(2) ＿＿＿ ＿＿＿ my brother's friends?
— Yes, ＿＿＿ ＿＿＿.
(3) My sister often ＿＿＿ to the bookshop.
(4) They ＿＿＿ ＿＿＿ any bread in the morning.
(5) ＿＿＿ Lucy ＿＿＿ Spanish?
— No, she ＿＿＿.
(6) ＿＿＿ you at school last Saturday?
— Yes, I ＿＿＿.

問5 英作文

実力アップ問題

現役の中学校の先生方が作った問題です。その章の学習を終えたら，知識が身についているかを確かめましょう。

HOW TO USE

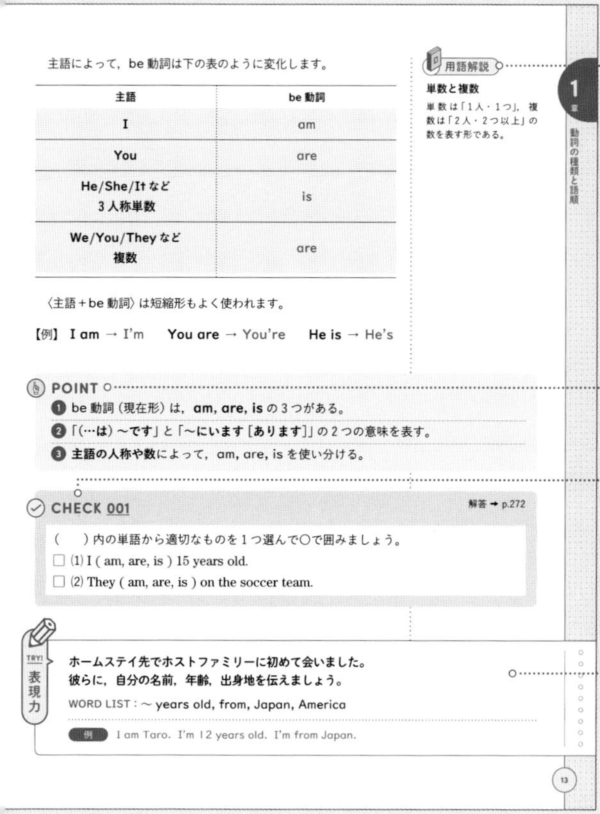

主語によって，be 動詞は下の表のように変化します。

主語	be 動詞
I	am
You	are
He/She/It など 3人称単数	is
We/You/They など 複数	are

〈主語＋be 動詞〉は短縮形もよく使われます。

【例】 I am → I'm　You are → You're　He is → He's

用語解説

単数と複数
単数は「1人・1つ」，複数は「2人・2つ以上」の数を表す形である。

1章 動詞の種類と語順

POINT
1. be 動詞（現在形）は，am, are, is の3つがある。
2. 「(…は) ～です」と「～にいます［あります］」の2つの意味を表す。
3. 主語の人称や数によって，am, are, is を使い分ける。

CHECK 001　解答 → p.272

（　）内の単語から適切なものを1つ選んで○で囲みましょう。
- ☐ (1) I (am, are, is) 15 years old.
- ☐ (2) They (am, are, is) on the soccer team.

TRY! 表現力

ホームステイ先でホストファミリーに初めて会いました。
彼らに，自分の名前，年齢，出身地を伝えましょう。

WORD LIST：～ years old, from, Japan, America

例　I am Taro. I'm 12 years old. I'm from Japan.

13

用語解説　おさえておくとよい重要用語の解説です。

注意　注意すべき重要ポイントです。

もっと！　少し発展的な学習内容です。

解説　学習内容への理解が深まる解説です。

POINT

この単元でおさえておきたい内容を簡潔にまとめています。

CHECK

この単元で学んだ内容がきちんとつかめているか，チェック問題で確認しておきましょう。

TRY! 表現力

提示された場面で，**自分だったら英語でどのように言うか**考え，学習した内容を使って表現してみましょう。

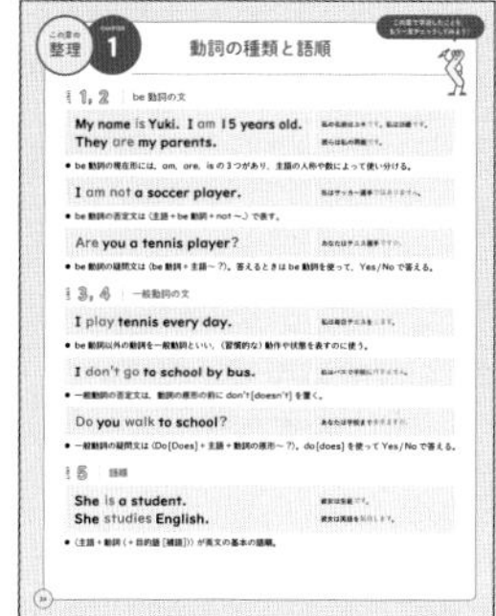

章の整理

各章の学習内容のまとめです。**例文&ひとこと解説**で，この章で学んだことをふり返り，頭の中を整理しましょう。

入試問題にチャレンジ

巻末には，実際の入試問題を掲載しています。中学英語の**総仕上げ**として，挑戦してみましょう。

もくじ

CONTENTS

4章 現在完了

5章 助動詞

6章 受け身

7章 疑問文

17章 比較

18章 いろいろな文

19章 名詞を後ろから修飾する語句

20章 関係代名詞

21章 仮定法

くわしい！

KUWASHII

ENGLISH

中学
英文法

1章

動詞の種類と語順

UNIT 1

be 動詞の文①

Can-Do 自分の名前や年齢などを表現できる。

基本例文

I am Ken. This is Yuki.
We are good friends.

意味 ぼくはケンです。こちらはユキです。
ぼくたちは仲のよい友だちです。

1 be 動詞とは

① This is a dog. (これは犬です。)
　これ ＝ 犬

「A は B です」と，A と B をイコールの関係で結びます。

② They are in the garden. (彼らは庭にいます。)
　彼ら いる 庭に

「A は～にいます［あります］」と，A のいる（ある）場所を伝えます。

am，**are**，**is** の 3 つを be 動詞と言います。am，are，is のもとの形（原形）が be なので be 動詞と呼ばれます。

2 be 動詞の形

be 動詞は**主語の種類（人称や数）**によって，次のように使い分けます。

① **I** am fifteen. (**私は**15歳です。)

② **You** are a student. (**あなたは**学生です。)

③ **He** is an English teacher. (**彼は**英語の先生です。)

am ➡ **主語が I（1 人称単数）のときに使う。**

are ➡ **主語が you（2 人称単数），または we, you, they（複数）のときに使う。**

is ➡ **主語が he, she, Yuki, this, my bag など（3 人称単数）のときに使う。**

用語解説

動詞

動詞は，主語の動作や状態を表す語。動詞がないと文が成り立たない。動詞には次の 2 種類がある。

① be 動詞… am，are，is

② 一般動詞… play，like など，be 動詞以外の動詞

用語解説

人称

文の中で，自分・相手・それ以外の人やもの，を区別する語のこと。

1 人称：I，we（私，私たち）

2 人称：you（あなた，あなたたち）

3 人称：上記以外の人やもの

主語によって，be 動詞は下の表のように変化します。

主語	be 動詞
I	am
You	are
He/She/It など 3 人称単数	is
We/You/They など 複数	are

〈主語＋be 動詞〉は短縮形もよく使われます。

【例】 **I am** → I'm　**You are** → You're　**He is** → He's

単数と複数

単数は「1 人・1 つ」，複数は「2 人・2 つ以上」の数を表す形である。

POINT

1. be 動詞（現在形）は，**am, are, is** の 3 つがある。
2. 「**(…は) 〜です**」と「**〜にいます［あります］**」の 2 つの意味を表す。
3. **主語の人称や数**によって，am, are, is を使い分ける。

CHECK 001

解答 ➡ p.272

（　　）内の単語から適切なものを 1 つ選んで〇で囲みましょう。

□ (1) I (am, are, is) 15 years old.

□ (2) They (am, are, is) on the soccer team.

TRY! 表現力

ホームステイ先でホストファミリーに初めて会いました。
彼らに，自分の名前，年齢，出身地を伝えましょう。

WORD LIST：〜 years old, from, Japan, America

例　I am Taro. I'm 12 years old. I'm from Japan.

UNIT 2

be 動詞の文②

Can-Do 相手がどんな人かたずねたり,「～ではない」と表現したりできる。

基本例文

A: Are you a doctor?
B: No. I'm not a doctor. I'm a high school teacher.

意味
A：あなたは医者ですか。
B：いいえ。私は医者ではありません。私は高校の教師です。

1 be 動詞の否定文

肯定文 （これはコンピューターです。）

This	is		a	computer.

否定文 （これはコンピューターではありません。）

This	is	not	a	computer.

↑ be 動詞のあとに not を入れる

「～ではありません」と打ち消す文を否定文といいます。be 動詞の否定文は，be 動詞のあとに not を入れて〈be 動詞（am, are, is）＋not〉で表します。

〈be 動詞＋not〉は短縮形もよく使われます。

【例】 is not → isn't
are not → aren't

短縮形も使いこなせるようにね！

肯定文

否定文に対して，否定でないふつうの文のことを肯定文という。否定文と対にして覚えておこう。

am not の短縮形はない

is not と are not はそれぞれ短縮形があるが，am not には短縮形がない。

2 be 動詞の疑問文と答え方

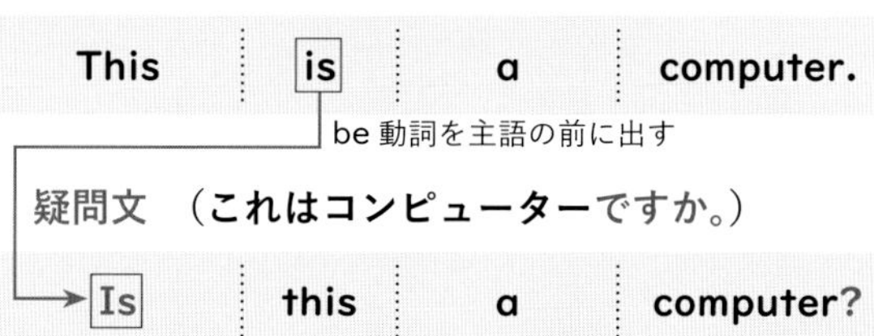

Is	this	a	computer?

↑最後にクエスチョンマークをつける

答え方

➡ Yes, it is.　（はい，そうです。）
➡ No, it isn't.（いいえ，そうではありません。）

「～ですか」とたずねる文を疑問文といいます。be 動詞の疑問文は，be 動詞を主語の前に出して，〈be 動詞＋主語～？〉で表します。答えるときも，am, are, is を答えの文の主語に合わせて使い分けます。

注意

Is this ～？の疑問文への答え方

Is this ～？の疑問文に答えるときは，this を it に変えること。
(○) Yes, it is.
(×) Yes, this is.

POINT

1. be 動詞の否定文は，〈**主語＋be 動詞＋not ～.**〉となる。
2. be 動詞の疑問文は，〈**be 動詞＋主語～？**〉となる。

CHECK 002

解答 ➡ p.272

（　）内の単語から適切なものを 1 つ選んで○で囲みましょう。

□ (1) She (isn't, aren't, not) a student.
□ (2) (Am, Are, Is) he a baseball player?

TRY! 表現力

あなたは友だちと，好きなスポーツや音楽の話をしています。「あなたは～のファンですか。」とたずねてみましょう。

WORD LIST：fan

例　Are you a soccer fan?

UNIT 3

一般動詞の文①

Can-Do 自分の思いや動作について表現できる。

基本例文

I like soccer.

意味 **私はサッカーが好きです。**

1 一般動詞とは

①I study English. （私は英語を勉強します。）
「動作（習慣）」を表す

②We know that boy. （私たちはあの少年を知っています。）
「状態」を表す

be 動詞以外の動詞を一般動詞といいます。一般動詞は，主語の動作や状態などを表し，現在の文で動作を表すときは，ふつう習慣的な行動を表します。

2 一般動詞の形

主語	一般動詞	
I	play※1	baseball.
You		
We / You / They など 複数		
He / She / It など 3 人称単数	plays※2	

※ 1 は「原形（もとの形）と同じ形」
※ 2 は「原形に (e)s がついた形」

現在形

一般動詞の現在形は，主語の習慣的な動作や，現在の気持ち・状態などを表すときに使われる。

be 動詞と同時に使わない

一般動詞の現在形は be 動詞と同時には使わない。
(○) He plays tennis.
(×) He is play tennis.

3 単現

主語が 3 人称単数で現在の文のことを短く **3 単現**と呼ぶ。覚えておこう！

主語が **I，You，** あるいは**複数**のときは，一般動詞は**動詞の原形と同じ形**が使われます。また，主語が **3 人称単数**で**現在**の文では，動詞の最後に **s** または **es** をつけます。

s，es のつけ方には，次のパターンがあります。

原形の語尾	s，es のつけ方	例
①（原則）	s をつける	make - makes
② s，sh，ch，o	es をつける	go - goes watch - watches
③子音字＋y	y を i にかえて es	study - studies
④ have だけは，3 人称単数現在の文では has を使う。		

子音字

日本語の「あいうえお」に近い音を母音といい，それ以外の音を子音という。それぞれを文字で表したものを母音字・子音字という。

s，es の発音

3 通りの発音がある。

① [s ス]
walks, helps など

② [iz イズ]
washes, uses など

③ [z ズ]
comes, studies など

POINT

1. be 動詞以外の動詞を**一般動詞**という。
2. 一般動詞は（**習慣的な**）**動作・状態**などを表す。
3. **3 単現**（3 人称単数現在）の文では，**一般動詞の最後に s または es** をつける。

CHECK 003

解答 ➜ p.272

（　　）内の単語から適切なものを 1 つ選んで○で囲みましょう。

☐ (1) I (am, play) baseball.

☐ (2) Taro (live, lives) in Hokkaido.

TRY! 表現力

「私は〜します。」と，自分が日常生活の中でやっていることを伝えましょう。

WORD LIST：study, play, go, in the morning, after school

例　I study math in the morning.

1章 動詞の種類と語順

UNIT 4

一般動詞の文②

Can-Do 相手に普段することをたずねたり，「〜しません」と表現したりできる。

基本例文

A: I don't like dogs. Do you like dogs?
B: Yes, I do.

意味
A：私は犬が好きではありません。あなたは犬が好きですか。
B：はい，好きです。

1 一般動詞の否定文

肯定文 （私［彼女］はバスで学校へ行きます。）

主語		動詞		
I		go	to school	by bus.
She		goes		

否定文 （私［彼女］はバスで学校へ行きません。）

主語		動詞		
I	don't (=do not)	go	to school	by bus.
She	doesn't (=does not)			

↑動詞の原形の前に don't[doesn't] を入れる

一般動詞の否定文は，動詞の原形（もとの形）の前にdon't(=do not)またはdoesn't(=does not)を入れて，〈主語+don't[doesn't]+動詞の原形〉で表します。否定文で使う don't と doesn't は，主語によって使い分けます。

【例】 主語が１人称・２人称・複数のとき
I don't study science. （私は理科を勉強しません。）
主語が３人称単数のとき
He doesn't study science. （彼は理科を勉強しません。）

動詞の原形

s, es や ing などがつかない，動詞のもとの形を動詞の原形という。

否定文の一般動詞は原形

don't や doesn't に続く一般動詞は，必ず原形を使うこと。
(○) She doesn't swim.
(×) She doesn't swims.

2 一般動詞の疑問文と答え方

肯定文 (あなた[彼]は毎日テレビを見ます。)

	You	watch	TV	every day.
	He	watches		

疑問文 (あなた[彼]は毎日テレビを見ますか。)

Do	you	watch	TV	every day?
Does	he			

↑主語の前に Do [Does] をつける　最後にクエスチョンマークをつける↑

答え方

➡ Yes, I do. / Yes, he does.　(はい, 見ます。)

➡ No, I don't. / No, he doesn't.　(いいえ, 見ません。)

一般動詞の疑問文は, 主語の前に Do または Does をつけて, 〈Do [Does] + 主語 + 動詞の原形～?〉で表します。疑問文や答えの文で使う do と does は, 主語によって使い分けます。

注意

一般動詞の疑問文に be 動詞を使わない

一般動詞の疑問文を作るときに, 文頭に Do [Does] の代わりに Am, Are, Is を置かないよう注意。be 動詞の疑問文としっかり区別する。

(○) Do you speak English?

(×) Are you speak English?

Do you ～?への答え方

Do you ではじまる疑問文は,「あなた」への質問なので,「私 (I)」を主語にして答える。

A: Do you play tennis?

B: (○) Yes, I do.

(×) Yes, you do.

POINT

1. 一般動詞の否定文は, 〈**主語 + don't [doesn't] + 動詞の原形～.**〉となる。
2. 一般動詞の疑問文は, 〈**Do [Does] + 主語 + 動詞の原形～?**〉となる。

CHECK 004

解答 ➡ p.272

(　) 内の単語から適切なものを1つ選んで○で囲みましょう。

☐ (1) (Do, Does, Is) he have a dog?

☐ (2) We (don't, doesn't, aren't) play video games.

TRY! 表現力

一緒に食事をしている人に,「あなたは夕食後に～をしますか。」とたずねてみましょう。

WORD LIST : watch TV, read, listen to, after dinner

例 Do you listen to music after dinner?

UNIT 5

語順

Can-Do 英語と日本語の語順のちがいを理解することができる。

基本例文

She plays the piano **every day.**

意味 彼女は**毎日**ピアノをひきます。

1 英語の語順

英語は日本語に比べると，語順がきちんと決まっています。例えば次のように語順を入れかえると，意味が変わってしまいます。

（あなたは 2 匹の犬を飼っています。）

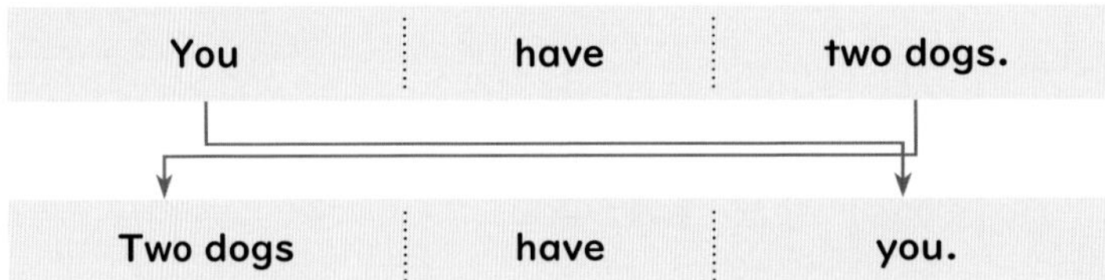

上の例では，主語が You（あなた）から Two dogs（2 匹の犬）に変わり，「2 匹の犬があなたを飼っています。」という意味になってしまいます。語順で意味が決まるのが，英語の特徴であるといえます。

2 一般動詞の文の語順

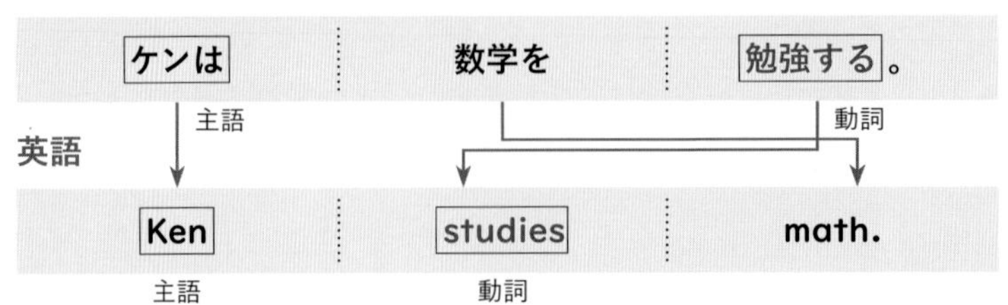

日本語は語順が比較的自由

日本語には「てにをは」のようなことばがあるので，語順の制約が比較的ゆるやかである。次の 2 文は語順は違うが，「てにをは」があることによってほぼ同じ意味を表す。
【例】
「私が夕飯を作ります。」
「夕飯を私が作ります。」

英語は主語が必要

日本語では，状況から判断できる場合，主語が省略されることがある。
【例】「水が欲しいです。」（「私は」が省略されている。）
英語で同じ内容を伝えるには，I want some water. というように主語が必要である。

左ページの例で見比べると，日本語と英語で異なるのは**動詞の位置**です。動詞は英語では**主語のあと**に置かれます。「**主語＋動詞**」というセットが，英文の基本の語順です。

3 be動詞の文の語順

be動詞の文は，主に主語の様子や状態を表します。このとき，be動詞は「＝（イコール）」のような役割をしています。

She	is	my mother.
主語	be動詞	

（主語 ＝ my mother.）

主語が文頭にきて，(be) 動詞が続く，という語順は，一般動詞の文と同じです。

目的語

Ken studies math. のmathを動詞の「目的語」と呼ぶ。英語では「目的語」は動詞のあとに置かれる。

補語

She is my mother. のmy motherを「補語」と呼ぶ。be動詞の文では，「主語＝補語」の関係になる。

POINT

1. 日本語と英語では**語順**がちがう。
2. 「**主語＋動詞**」というセットが文頭にくるのが，英文の基本の語順。
3. 目的語や補語は，動詞のあとに置かれる。

CHECK 005

解答 ➜ p.272

日本語に合うように（　　）内の単語を正しく並べかえましょう。

□ (1) トムはメアリーのことを愛しています。（Mary / Tom / loves）.

□ (2) ケンタはサッカーをします。（Kenta / soccer / plays）.

TRY! 表現力

学校の先生に休日の過ごし方を聞かれました。
「私はよく～します。」と伝えましょう。

WORD LIST：often, visit, meet, go to, on Sundays

例　I often go to the library on Sundays.

実力アップ問題

解答 ➡ p.272

問 1 be 動詞の文

次の文の＿＿に，適切な be 動詞を入れなさい。

(1) Yuki ＿＿＿＿＿＿ my sister.

(2) They ＿＿＿＿＿＿ in Osaka yesterday.

(3) Ellen and Kota ＿＿＿＿＿＿ in the library now.

(4) I ＿＿＿＿＿＿ sick three days ago.

問 2 一般動詞の文

次の文の＿＿に，適切な語を□から選び，必要があれば適切な形になおして書きなさい。

(1) I ＿＿＿＿＿＿ math every day.

(2) Ken ＿＿＿＿＿＿ sports very much.

(3) My brothers ＿＿＿＿＿＿ soccer very well.

(4) Kumi ＿＿＿＿＿＿ TV after dinner.

(5) He ＿＿＿＿＿＿ to school by bike.

go	like	play	study	watch

問 3 否定文と疑問文

日本語に合うように，(　　) 内の語句を並べかえなさい。

(1) あなたはテニス部の一員ですか。
(you / of / a member / are) the tennis club?
＿＿＿＿＿＿＿＿＿＿＿＿＿＿＿＿＿＿ the tennis club?

(2) 私の姉は車を持っていません。
(have / my sister / a car / doesn't).
＿＿＿＿＿＿＿＿＿＿＿＿＿＿＿＿＿＿＿＿＿＿ .

(3) あなたの両親は今，家にいますか。
(are / your / at / parents / home) now?
＿＿＿＿＿＿＿＿＿＿＿＿＿＿＿＿＿＿＿＿ now?

(4) ユミは昨日はひまではありませんでした。
(free / was / Yumi / not) yesterday.
＿＿＿＿＿＿＿＿＿＿＿＿＿＿＿＿＿＿＿ yesterday.

問 4 be 動詞 / 一般動詞の意味と使い方

日本語に合うように，＿＿に適切な 1 語を入れなさい。

(1) 図書館は公園の中にあります。

The library ＿＿＿＿＿＿ in the park.

(2) あなたたちは私の弟の友だちですか。 —はい，そうです。

＿＿＿＿＿＿ ＿＿＿＿＿＿ my brother's friends?

— Yes, ＿＿＿＿＿＿ ＿＿＿＿＿＿ .

(3) 私の姉はよくその本屋に行きます。

My sister often ＿＿＿＿＿＿ to the bookshop.

(4) 彼らは朝にパンを食べません。

They ＿＿＿＿＿＿ ＿＿＿＿＿＿ any bread in the morning.

(5) ルーシーはスペイン語を話しますか。 —いいえ，話しません。

＿＿＿＿＿＿ Lucy ＿＿＿＿＿＿ Spanish?

— No, she ＿＿＿＿＿＿ .

(6) あなたは先週の土曜日に学校にいましたか。 —はい，いました。

＿＿＿＿＿＿ you at school last Saturday?

— Yes, I ＿＿＿＿＿＿ .

問 5 英作文

次のように言いたいとき，英語で何と言いますか。

(1) 近所の人に「私は毎日歩いて学校へ行きます。」と伝えたいとき。

＿＿＿＿＿＿＿＿＿＿＿＿＿＿＿＿＿＿＿＿＿＿＿＿

(2) ALT の先生に「和食は好きですか。」とたずねたいとき。

＿＿＿＿＿＿＿＿＿＿＿＿＿＿＿＿＿＿＿＿＿＿＿＿

(3) 友だちに「あなたのお父さんは何をしているの（何の仕事をしているの）？」とたずねたいとき。

＿＿＿＿＿＿＿＿＿＿＿＿＿＿＿＿＿＿＿＿＿＿＿＿

この章の整理 CHAPTER 1

動詞の種類と語順

UNIT 1, 2 be 動詞の文

My name is Yuki. I am 15 years old.	私の名前はユキです。私は15歳です。
They are my parents.	彼らは私の両親です。

- be 動詞の現在形には，am，are，is の 3 つがあり，主語の人称や数によって使い分ける。

I am not a soccer player.	私はサッカー選手ではありません。

- be 動詞の否定文は〈主語＋be 動詞＋not ～.〉で表す。

Are you a tennis player?	あなたはテニス選手ですか。

- be 動詞の疑問文は〈be 動詞＋主語～ ?〉。答えるときは be 動詞を使って，Yes / No で答える。

UNIT 3, 4 一般動詞の文

I play tennis every day.	私は毎日テニスをします。

- be 動詞以外の動詞を一般動詞といい，（習慣的な）動作や状態を表すのに使う。

I don't go to school by bus.	私はバスで学校に行きません。

- 一般動詞の否定文は，動詞の原形の前に don't [doesn't] を置く。

Do you walk to school?	あなたは学校まで歩きますか。

- 一般動詞の疑問文は〈Do [Does]＋主語＋動詞の原形～ ?〉。do [does] を使って Yes / No で答える。

UNIT 5 語順

She is a student.	彼女は生徒です。
She studies English.	彼女は英語を勉強します。

- 〈主語＋動詞（＋目的語 [補語]）〉が英文の基本の語順。

2章

現在・過去・未来

UNIT 1

現在の文と過去の文

Can-Do 今日やることや過去にやったことについて表現できる。

基本例文

A: This cake is good!
B: Thank you. I made it yesterday.

意味
A：このケーキはおいしいです！
B：ありがとう。昨日作ったんです。

1 時についての3つの基本表現

英語の文では，ある動作や状態がいつ起こったかを表すために，動詞の形をかえます。このように，動詞の変化で表す〈時〉を時制といいます。英語には，現在時制，過去時制，そしてwillなどを使った未来の表現があります。

2 現在の文

現在時制は，動詞の現在形で表します。be動詞の現在形は**am, are, is**，一般動詞の現在形は**原形と同じ形**です。ただし，3単現の文では一般動詞の語尾に(e)sをつけるので注意しましょう。

現在形の動詞は，次のような意味を表します。

現在の状態・事実　**（私の姉［妹］にはたくさんの友だちがいます。）**

My sister	has	a lot of friends.

現在の習慣的動作　**（私は毎週日曜日に図書館へ行きます。）**

I	go	to the library	every Sunday.

不変の事実・真理　**（地球は太陽の周りを動いています。）**

The earth	moves	around the sun.

未来の表現

英語の動詞には未来形はないので，未来のことを言うときは，willやbe going toなどの助けを借りて表す。（➜p.32）

時を表す語句

習慣的に行っている動作を表す文では，頻度を表す語句がよく使われる。
every ～（毎～）
sometimes（ときどき）
often（しばしば，よく）
usually（たいてい）
always（いつも）

3 過去の文

過去時制は，**動詞の過去形**で表します。be動詞の過去形は **was, were** を使います。一般動詞の過去形は，原則として**原形の語尾に(e)dをつけた形**（**規則動詞**）で，それ以外に**不規則に変化する動詞**（**不規則動詞**）もあります。

過去の状態　（**ミカは先週疲れていました。**）

Mika	was	tired	last week.

過去の動作　（**私は昨日，部屋を掃除しました。**）

I	cleaned	my room	yesterday.

過去の習慣的動作　（**彼は毎週日曜日にゴルフをしました。**）

He	played	golf	every Sunday.

過去を表す語句

英文に次のような語句があれば，過去時制であることを見分けるヒントになる。
yesterday（昨日）
last～（この前の～，昨～）

もっと！

動詞の過去形

よく使われる動詞には，過去形の作り方に規則性がないものが多く，それぞれの過去形を個々に覚える必要がある。
（➡p.29，261）

POINT

1. 〈時の関係〉を表す動詞の形を**時制**という。
2. **現在の状態や習慣的動作，不変の事実など**を表すときは動詞の現在形を使う。
3. **過去の状態や動作，習慣など**を表すときは動詞の過去形を使う。

CHECK 006

解答 ➡ p.273

（　　）内の単語から適切なものを1つ選んで○で囲みましょう。

- ☐ (1) I (play, played) soccer last Sunday.
- ☐ (2) Maki watches TV (yesterday, tomorrow, every day).

TRY! 表現力

「私は～しました。」と，自分が先週したことを伝えてみましょう。

WORD LIST：played, studied, watched, last

例　I played volleyball last Saturday.

UNIT 2

動詞の過去形①

Can-Do 過去の動作や気持ち・状態などについて表現できる。

基本例文

I was at home yesterday.
I watched TV.

意味
私は昨日は家にいました。
私はテレビを見ました。

1 過去形の作り方（be 動詞）

「～でした」という**過去の状態**は，**be 動詞の過去形**で表します。be 動詞の過去形には **was** と **were** の 2 つの形があり，主語の人称と数によって使い分けます。

主語	現在形	過去形
I（1 人称単数）	am	was
He / She / It など（3 人称単数）	is	
You（2 人称単数）と We / You / They など（複数）	are	were

2 過去形の作り方（一般動詞）

「～しました」という**過去の動作**は，**一般動詞の過去形**で表します。
一般動詞には，
規則動詞（**原形の語尾に (e)d** をつけて過去形を作る動詞）
不規則動詞（**語尾に (e)d をつけない**で過去形を作る動詞）
の 2 つがあり，過去形はそれぞれ次のページの表のように変化します。

(e)d の発音
3 通りの発音がある。
① [d ドゥ]
played，used など
② [t トゥ]
worked，helped など
③ [id イドゥ]
visited，wanted など

過去分詞
be 動詞の原形は be ですが，**原形・過去形**のほかに，現在完了（➡ 4 章）や受け身（➡ 6 章）で使う，動詞のもう 1 つの活用形である**過去分詞**があります。be 動詞の過去分詞は been です。
be – was / were – been
原形　過去形　過去分詞

規則動詞

原形の語尾	(e)d のつけ方	例
①（原則）	ed をつける	talk - talked
② e	d をつける	live - lived
③子音字＋y	y を i にかえて ed	study - studied
④短母音＋子音字	子音字を重ねて ed	stop - stopped

規則動詞では，過去形と過去分詞は同じ (e)d で終わる形です。

【例】 talk - talked - talked
原形　過去形　過去分詞

不規則動詞

過去形・過去分詞を作るときに，動詞の語尾に (e)d をつけないで**不規則に変化する動詞**もあります。このような動詞は独自に変化するので，１つ１つ覚えましょう。（➡p.261）

短母音

音を伸ばしたり重ねたりせずに，短く発音する母音のことを「短母音」と呼ぶ。

read の過去形・過去分詞の発音

read の過去形・過去分詞は read で，つづりは原形と同じだが，発音がちがう。
現在形 read [ri:d リード]
過去形・過去分詞 read [red レッド]

POINT

1. be 動詞の過去形は **was**，**were** の２つ。
2. 規則動詞の過去形は，語尾に **(e)d** をつける。
3. 不規則動詞の過去形は，１語１語独自に変化する。

CHECK 007

解答 ➡ p.273

次の語の過去形を書きましょう。

□ (1) look　□ (2) use　□ (3) try　□ (4) stop　□ (5) come

TRY! 表現力

訪れたことがある場所について，いつ行ったか，どんな所だったかなどを伝えましょう。

WORD LIST：visited, saw, ate, went

例　I went to Kyoto last month. I visited Kinkakuji. It was very beautiful.

UNIT
3

動詞の過去形②

Can-Do 相手に過去にしたことをたずねたり，「～しませんでした」と表現したりできる。

基本例文

A: You didn't answer the phone last night.
Were you busy?
B: Yes, I was. I had a lot of homework.

意味

A：きみは昨晩，電話に出なかったね。忙しかったの？
B：はい，そうなんです。宿題がたくさんあったんです。

1 be 動詞（過去形）の否定文 / 疑問文

肯定文 （昨日は晴れていました。）

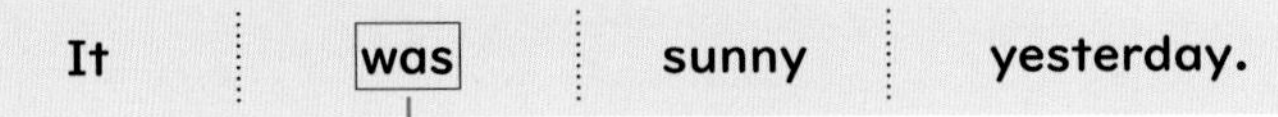

It	was	sunny	yesterday.

否定文 （昨日は晴れていませんでした。）

It	wasn't (=was not)	sunny	yesterday.

↑ be 動詞のあとに not を入れる

疑問文 （昨日は晴れていましたか。）

Was	it	sunny	yesterday?

↑ be 動詞を主語の前に出す　　最後にクエスチョンマークをつける ↑

答え方

➡ Yes, it was. （はい，そうでした。）

➡ No, it wasn't. （いいえ，そうではありませんでした。）

be 動詞（過去形）の否定文は，〈be 動詞（was, were）＋not〉で表します。それぞれ短縮形は wasn't，weren't です。疑問文は，be 動詞を主語の前に出して，〈be 動詞＋主語～？〉で表します。答えるときも，was, were を主語に合わせて使い分けます。

注意

am, is の過去形は was

現在の文では，主語が I のときは，be 動詞は am を，主語が He / She / It などのときは is を使うが，過去の文では，主語がどちらの場合も was を使う。

2 一般動詞（過去形）の否定文 / 疑問文

否定文 （ミカは先週テニスをしませんでした。）

Mika	didn't	play	tennis	last week.

↑動詞の原形の前に didn't を入れる

疑問文 （ミカは先週テニスをしましたか。）

Did	Mika	play	tennis	last week?

↑ Did を主語の前に出す　　最後にクエスチョンマークをつける↑

答え方

➡ Yes, she did.　（はい，しました。）

➡ No, she didn't. （いいえ，しませんでした。）

一般動詞（過去形）の否定文は，動詞の原形の前に didn't を入れて〈didn't＋動詞の原形〉で表します。疑問文は，Did を主語の前につけて，〈Did＋主語＋動詞の原形～？〉で表します。

注意

否定文・疑問文の一般動詞は原形

否定文の didn't や，疑問文の〈Did＋主語〉に続く一般動詞は，必ず原形を使うこと。

(○) He didn't walk.
(×) He didn't walked.
(○) Did he walk?
(×) Did he walked?

did や didn't で過去だということを表しているから，動詞の原形でいいんだね。

2 章 現在・過去・未来

POINT

1. be 動詞（過去形）の否定文 / 疑問文は，**was [were]** を使う。
2. 一般動詞（過去形）の否定文 / 疑問文は，**did** を使う。

CHECK 008

解答 ➡ p.273

(　　) 内の単語から適切なものを 1 つ選んで○で囲みましょう。

□ (1) (Did, Does, Is) Mio go to school last Monday?

□ (2) We (don't, didn't, weren't) play soccer yesterday.

TRY! 表現力

友だちに「昨日～をしましたか。」とたずねてみましょう。

WORD LIST : watch, play, read, listen to

例 Did you read comic books yesterday?

UNIT

be going to と will

Can-Do 未来にやろうとしていることについて表現できる。

基本例文

I am going to go camping tomorrow.
It will be a lot of fun.

意味
私は明日キャンプに行くつもりです。
とても楽しくなるでしょうね。

1 未来を表す be going to

〈be going to＋**動詞の原形**〉で未来のことを表します。be 動詞は，主語の人称・数に応じて **am, is, are** を使い分けます。to のあとには必ず**動詞の原形**がきます。

単純未来　**（雨が降りそうです。）**

It	is	going to	rain.

意志未来　**（私は祖父母を訪れるつもりです。）**

I	am	going to	visit	my grandparents.

2 未来を表す will

未来のことは〈will＋**動詞の原形**〉の形でも表せます。

単純未来　**（彼は明日，買い物に行くでしょう。）**

He	will	go	shopping	tomorrow.

意志未来　**（私たちは今夜，家にいるつもりです。）**

We	will	stay	home	tonight.

もっと！

be going to の否定文・疑問文

be 動詞の否定文・疑問文の作り方と同じ。否定文は be 動詞の後に not を付ける。疑問文は be 動詞を先頭に持ってくる。

【否定文】
He isn't going to buy a book.
（彼は本を買うつもりはありません。）

【疑問文】
Are you going to play soccer?
（あなたはサッカーをするつもりですか。）

用語解説

意志未来・単純未来

①「～するつもりだ」という意志を含む未来を意志未来という。
②「～だろう」という話し手の推測を表す単なる未来を単純未来という。
どちらを表しているかは，文脈によって判断する。

3 be going to と will のちがい

①『意志未来』の場合

I am going to call him this evening.

（私は今晩，彼に電話する予定なんだ。）

→ **be going to ～ は，前から決めていた計画を表すときに使います。**

I will call him later. （あとで彼に電話するよ。）

→ **will は，話しているその場で決めた自分の意志を表します。**

②『単純未来』の場合

It is going to rain soon. （今にも雨が降りそうだ。）

→ **be going to ～ は，現在の状況から推測できる近い未来の予測を表します。**

He will be 14 next month. （彼は来月で14歳だよ。）

→ **will は，話し手の意志に関係のない未来を表します。**

will を含む短縮形

I will＝ I'll
you will＝ you'll
he will＝ he'll
she will＝ she'll
we will＝ we'll
they will＝they'll
it will＝ it'll
will not＝ won't など

Will you ～？

Will you ～？「～してくれませんか。」は，依頼・勧誘の意味を表すこともあります。

Will you open the door?

（ドアを開けてくれませんか。）

POINT

1. 未来のことを表すときは，〈**be going to＋動詞の原形**〉か〈**will＋動詞の原形**〉の形を使う。
2. 未来を表す **be going to と will では使い方とニュアンスにちがいがある。**

CHECK 009

解答 ➜ p.273

（　　）内の語句から適切なものを１つ選んで○で囲みましょう。

□ (1) Ken is going to (visit, visits, visited) Okinawa next year.

□ (2) Shiori will (eat, eats, going to eat) *takoyaki* in Osaka.

TRY! 表現力

自分の明日の予定について，「私は明日，～するつもりです。」と伝えましょう。

WORD LIST：study, read, play, watch

例 I will read this book tomorrow.

実力アップ問題

解答 ➜ p.273

問 1 動詞の過去形

次の動詞を過去形にしなさい。

(1) visit ______　(2) like ______
(3) study ______　(4) play ______
(5) stop ______　(6) am/is ______
(7) are ______　(8) go ______
(9) see ______　(10) come ______

問 2 動詞の形

(　　) 内の動詞を適切な形にかえて____に書きなさい。かえる必要がない場合は，そのまま書きなさい。

(1) My mother ______ up at six o'clock every day. (get)
(2) His father ______ two cars now. (have)
(3) It ______ sunny yesterday. (is)
(4) I ______ the book at the store two days ago. (buy)
(5) He will ______ shopping tomorrow. (go)

問 3 現在・過去・未来の文

日本語に合うように，____に適切な1語を入れなさい。

(1) 私は先週の日曜日，とても忙しかったです。
I ______ very busy last Sunday.

(2) 私の妹は明日，理科を勉強するでしょう。
My sister will ______ science tomorrow.

(3) 彼らはそのとき，公園にいました。
They ______ in the park then.

(4) リョウは昨日，サッカーをしましたか。
Did Ryo ______ soccer yesterday?

(5) デイビッドはこんどの土曜日，東京を訪れる予定です。
David is going to ______ Tokyo next Saturday.

問4 否定文と疑問文

日本語に合うように，(　　) 内の語句を並べかえなさい。

⑴ ケンはそのとき，図書館にいませんでした。

(in / not / was / Ken / the library) at that time.

______________________________ at that time.

⑵ 彼は先週，その店に行きましたか。

(he / did / go / the shop / to) last week?

______________________________ last week?

⑶ マイクは明日，自分の部屋を掃除する予定ですか。

(Mike / clean / going / is / to) his room tomorrow?

______________________________ his room tomorrow?

⑷ こんどの日曜日は晴れないでしょう。

(be / it / will / sunny / not) next Sunday.

______________________________ next Sunday.

問5 英作文

次のように言いたいとき，英語で何と言いますか。

⑴ 友だちに「先週，沖縄に行った」ことを伝えたいとき。

____

⑵ 友だちに「毎日夕食の前に散歩している」ことを伝えたいとき。

____

⑶ 家族に「明日は晴れるかな」とたずねたいとき。(will を使って)

____

⑷ 家族に「来週の日曜日は東京へ行く予定だ」と伝えるとき。(be going to を使って)

____

この章の整理 CHAPTER 2

現在・過去・未来

この章で学習したことを，もう一度チェックしてみよう！

UNIT 1 現在の文と過去の文

Tom studies English every day.	トムは毎日英語を勉強します。
He studied math yesterday.	彼は昨日数学を勉強しました。

- 現在の状態や習慣的動作，不変の事実などを表すときは動詞の現在形を使う。
- 過去の状態や動作，習慣などを表すときは動詞の過去形を使う。

UNIT 2 動詞の過去形①

He was busy then.	彼はそのとき忙しかったです。

- be 動詞の過去形は was，were。

He played with his sister.	彼は姉［妹］と遊びました。

- 規則動詞の過去形は，語尾に (e)d をつける。不規則動詞の過去形は 1 語 1 語覚える。

UNIT 3 動詞の過去形②

He wasn't hungry.	彼は空腹ではありませんでした。
Were you hungry?	あなたは空腹でしたか。

- be 動詞の否定文は was［were］のあとに not を置く。疑問文は Was［Were］を主語の前に出す。

He didn't sing. Did you sing?	彼は歌いませんでした。あなたは歌いましたか。

- 一般動詞の否定文は動詞の原形の前に didn't［did not］を置く。疑問文は Did を主語の前に出す。

UNIT 4 be going to と will

It is going to rain tonight.	今夜は雨が降りそうです。

- 近い未来に確実に起こりそうなことや，決まっている予定を表すには，be going to ～ を使う。

We will stay home.	私たちは家にいるつもりです。

- 単純に予想される未来や，話し手の意志などを表すには，will を使う。

3章

進行形

UNIT 1

現在進行形

Can-Do 今，行われていることについて表現できる。

基本例文

A: I am doing my homework. Can you help me?
B: Sure.

意味
A：ぼくは宿題をしているんだ。手伝ってくれる？
B：もちろん。

1 現在進行形とは

現在形 （**マイクは毎日，本を読みます。**）

Mike	／	reads	a book	every day.

現在進行形 （**マイクは今，本を読んでいます。**）

Mike	is	reading	a book	now.

「(今) ～しています」「～しているところです」と，現在行われている動作を表すときには，〈be 動詞（現在形）＋動詞の ing 形〉を使います。この形を「**現在進行形**」といい，be 動詞は主語の人称・数に応じて，現在形の **am**，**is**，**are** を使い分けます。

また，現在進行形は「**～するでしょう**」「**～する予定です**」という未来を表すこともあります。この用法では，動詞に go，come，start，arrive など，往来・発着を表す語を使います。

現在形との違い

一般動詞の現在形は習慣的な動作や状態を表すが，現在進行形は，今まさに進行中の動作を表す。

継続した状態を表す動詞

know（知っている）や like（好む）のように，継続した状態を表す動詞は，原則として進行形にできない。
（×）I am knowing him.
（○）I know him.
（私は彼を知っています。）

2 動詞の ing 形（現在分詞）の作り方

進行形に使う動詞の ing 形を**現在分詞**といい，動詞の原形の語尾に ing をつけるのが基本の形です。ただし語尾の形によって例外もあり，次のページの表のように変化します。

動詞の ing 形の作り方

原形の語尾	作り方	例
①（原則）	ing をつける	cook - cooking
② e	e をとって ing をつける	write - writing
③短母音＋子音字	子音字を重ねて ing	sit - sitting
④ ie	ie を y にして ing	die - dying

3 現在進行形の否定文 / 疑問文

否定文 （彼女はケイと話していません。）

She	is	not	talking	with Kei.

↑ be 動詞のあとに not を入れる

疑問文 （彼女はケイと話していますか。）

Is	she	／	talking	with Kei?

↑ be 動詞を主語の前に出す

ing のつけ方の例外

visit（訪問する）は語尾が〈短母音＋子音字〉だが，t を重ねず visiting とする。

現在進行形の疑問文への答え方

現在進行形の疑問文に答えるときは，動詞の ing 形以下を省略して，ふつうの be 動詞の疑問文と同じ答え方をする。
Are you crying?
（泣いているのですか。）
➡ Yes, I am.
（はい，泣いています。）
➡ No, I'm not.
（いいえ，泣いていません。）

POINT

1. 「〜しています」と**現在行われている動作**を表すときに，現在進行形を使う。
2. 現在進行形は〈**be 動詞の現在形（am, is, are）＋動詞の ing 形**〉で表す。
3. 現在進行形の否定文・疑問文の作り方は，**be 動詞の文と同じ**。

CHECK 010

解答 ➡ p.274

（　　）内の単語から適切なものを１つ選んで○で囲みましょう。

□ (1) They (am, are, is) playing volleyball.

□ (2) She is (study, studies, studying) math now.

TRY! 表現力

次の対話の流れに合うように，空欄に現在進行形を用いた文を書いてみましょう。

Can you help me? — Sorry, I can't.（　　　　　　　　　　　　）

WORD LIST：clean my room, do my homework, read a book, watch TV

例 I am doing my homework now.

UNIT 2

過去進行形

Can-Do 過去のある時に行われていたことについて表現できる。

基本例文

A: I didn't see you at the meeting today.
B: Oh, I was talking with Ms. Sato then.

意味
A：今日のミーティングであなたに会わなかったわね。
B：ああ，そのときは佐藤先生と話していたんだ。

1 過去進行形とは

過去形　（私は昨日，映画を見ました。）

I	／	watched	a movie	yesterday.

過去進行形　（私はそのとき映画を見ていました。）

I	was	watching	a movie	then.

「（そのとき）～していました」「～しているところでした」と，過去のある時点で行われていた動作を表すときには，〈be 動詞（過去形）＋動詞の ing 形〉を使います。この形を「過去進行形」といい，be 動詞は主語の人称・数に応じて，過去形の **was**, **were** を使い分けます。現在進行形と過去進行形のちがいは，**be 動詞の時制**だけです。

現在進行形　（私は今，映画を見ています。）

I	am	watching	a movie	now.

動詞の ing 形（現在分詞）の作り方については，p.39を参照してください。

過去進行形の文で使われる語句

過去のある時点で進行していた動作であることを表すために，次のような語句がよく使われる。
then（そのとき）
at that time（そのとき）
at 5 p.m.（5時に）など

2 過去進行形の否定文 / 疑問文

答え方

be 動詞の疑問文と同じ答え方をする。

➡ Yes, he was.
（はい，食べていました。）

➡ No, he wasn't.
（いいえ，食べていませんでした。）

POINT

1. 「～していました」と**過去のある時点で行われていた動作**を表すときに，過去進行形を使う。
2. 過去進行形は〈**be 動詞の過去形（was, were）＋動詞の ing 形**〉で表す。
3. 現在進行形と過去進行形の形のちがいは，**be 動詞の時制**だけである。

CHECK 011

解答 ➡ p.274

（　　）内の語句から適切なものを 1 つ選んで〇で囲みましょう。

□ (1) Her brothers (are, was, were) singing then.

□ (2) (Was, Were) you watching TV at seven this morning?

　— No, I (am not, wasn't, weren't).

TRY! 表現力

「私は～していました。」と，昨日の夜 7 時にしていたことを伝えてみましょう。

WORD LIST：do my homework, have dinner, take a bath, watch TV

例　I was watching TV at seven last night.

実力アップ問題

解答 ➡ p.274

問 1 動詞の ing 形

次の動詞を ing 形にしなさい。

(1) start	______	(2) play	______
(3) study	______	(4) come	______
(5) swim	______	(6) run	______
(7) die	______	(8) write	______
(9) read	______	(10) lie	______

問 2 進行形の文の形①

次の文の（　）内のうち適切なものを選び，○で囲みなさい。

(1) Tom is (ride, riding, rides) a horse now.

(2) (Was, Were, Are) they studying English then?

(3) He (is, was, were) watching TV at eight last night.

(4) Kanako (walk, walks, walking) in the park every Friday.

(5) My sister (isn't, wasn't, doesn't) taking a bath at that time.

問 3 進行形の文の形②

日本語に合うように，____に適切な 1 語を入れなさい。

(1) ユキとケンジはいっしょに歌を歌っています。
Yuki and Kenji ______ ______ a song together.

(2) あなたは今，何をしているのですか。
______ ______ you ______ now?

(3) ジャックはプールで泳いでいました。
Jack ______ ______ in the pool.

(4) 彼らは新しいコンピューターを使っていました。
They ______ ______ a new computer.

(5) だれが木の下で遊んでいるのですか。
______ is ______ under the tree?

(6) ジェーンはベンチで本を読んでいます。
Jane ______ ______ a book on the bench.

問4 否定文と疑問文

日本語に合うように，(　　) 内の語句を並べかえなさい。

⑴ ジルはケンとサッカーをしていません。

(not / Jill / is / soccer / playing) with Ken.

____________________ with Ken.

⑵ あなたのお姉さんは韓国語を勉強していたのですか。

(your / studying / was / sister / Korean)?

____________________ ?

⑶ ベンは今，彼の犬を洗っているのですか。

(his / washing / is / Ben / dog) now?

____________________ now?

⑷ ジョンは今，何の本を読んでいるのですか。

(reading / John / book / what / is) now?

____________________ now?

問5 英作文

次のように言いたいとき，英語で何と言いますか。

⑴ 家族に「今，テレビを見ている」ことを伝えたいとき。

____

⑵ 友だちに「昨日の10時に何をしていたか」をたずねたいとき。

____

この章の整理 CHAPTER 3

進行形

この章で学習したことを，もう一度チェックしてみよう！

UNIT 1 現在進行形

Mike is watching TV now.	マイクは今，テレビを見ています。

● 「～しています」と現在行われている動作を表すときは，〈be 動詞の現在形＋動詞の ing 形〉を使う。

I am visiting my grandmother tomorrow.	私は明日，祖母を訪ねる予定です。

● 現在進行形が「～するでしょう」「～する予定です」という未来の意味を表すことがある。

He is not studying now.	彼は今，勉強していません。

● 現在進行形の否定文は，〈be 動詞の現在形＋not＋動詞の ing 形〉で表す。

Is he playing a video game?	彼はテレビゲームをしていますか。
▸ **Yes, he is.**	はい，しています。
▸ **No, he isn't.**	いいえ，していません。

● 現在進行形の疑問文は〈be 動詞の現在形＋主語＋動詞の ing 形～？〉で表し，Yes/No で答える。

UNIT 2 過去進行形

Lisa was watching TV then.	リサはそのとき，テレビを見ていました。

● 「～していました」と過去のある時点で行われていた動作を表すときは，〈be 動詞の過去形＋動詞の ing 形〉を使う。

She was not studying then.	彼女はそのとき，勉強していませんでした。

● 過去進行形の否定文は，〈be 動詞の過去形＋not＋動詞の ing 形〉で表す。

Was she playing a video game?	彼女はテレビゲームをしていましたか。
▸ **Yes, she was.**	はい，していました。
▸ **No, she wasn't.**	いいえ，していませんでした。

● 過去進行形の疑問文は〈be 動詞の過去形＋主語＋動詞の ing 形～？〉で表し，Yes/No で答える。

KUWASHII ENGLISH

中学英文法

4章 現在完了

UNIT 1　現在完了の意味・働き・形
UNIT 2　完了・結果を表す現在完了
UNIT 3　経験を表す現在完了
UNIT 4　継続を表す現在完了
UNIT 5　現在完了進行形

UNIT 1

現在完了の意味・働き・形

Can-Do 過去のある時点から現在へつながっていることについて表現できる。

基本例文

① I have lived in Yokohama for five years.
② He has seen the movie twice.

意味
① **私は5年間**ずっと**横浜に住んでいます。**
② **彼はその映画を2回**見たことがあります。

1 現在完了とは

現在完了は〈時〉の表し方の1つで，**現在の状況が過去の出来事や状態とつながっていることを述べる表現**です。**〈have [has] + 過去分詞〉**の形で表され，**「完了・結果」**，**「経験」**，**「継続」**の3つの用法があります。それぞれの用法の意味については，p.48以降でくわしく説明します。

2 現在完了の働き

現在完了は，日本語にはない表現なので，日本語の意味だけを見ても，表されている状況がわからないことがあります。次の3つの文を比較してみましょう。

(1) 現在　**(私は今ロンドンに住んでいます。)**

I	／	live	in London	now.

(2) 過去　**(私は2年前ロンドンに住んでいました。)**

I	／	lived	in London	two years ago.

(3) 現在完了　**(私は2年間ずっとロンドンに住んでいます。)**

I	have	lived	in London	for two years.

現在完了の焦点は「現在」

現在完了は，過去と現在のことを同時に述べる表現だが，話の焦点はあくまでも「現在」にあり，過去と結びついた現在の状況を表している。

過去の時点を表す語句は使えない

現在完了の文は，過去と現在のつながりを述べる表現なので，yesterday や ～ ago のような，過去のある時点を示す語句は現在完了の文では使えない。

3 現在完了の形

肯定文　（彼らは到着しました。）※「（もう）到着している」状態

They	**have**		arrived.

否定文　（彼らは到着していません。）

They	have	not	arrived.

↑ have [has] のあとに not を入れる

疑問文　（彼らは到着しましたか。）※「（もう）到着しているか？」

Have	they		arrived?

↑ Have [Has] を主語の前に出す　最後にクエスチョンマークをつける↑

答え方

➡ **Yes, they** have.　（はい，到着しています。）

➡ **No, they** haven't.　（いいえ，到着していません。）

もっと！

現在完了でよく使う語句

just（ちょうど，たった今）
already（もう，すでに）
yet（もう，まだ）
once（一度，１回）
twice（２回）
～ times（～度，～回）
never（一度も～ない）
ever（今までに）

短縮形

〈主語＋have [has]〉，〈have [has]＋not〉は短縮形もよく使われます。

I have → I've
you have → you've
he has → he's
have not → haven't
has not → hasn't

POINT

1. **現在の状況が過去の出来事や状態とつながっていることを述べるとき**に現在完了を使う。
2. 現在完了は〈**have [has]＋過去分詞**〉で表す。
3. 現在完了には「**完了・結果**」，「**経験**」，「**継続**」の３つの用法がある。

CHECK 012

解答 ➡ p.275

（　　）内の単語から適切なものを１つ選んで〇で囲みましょう。

□ (1) I have (write, wrote, written) a letter.

□ (2) She (didn't, hasn't, haven't) eaten sushi.

TRY! 表現力

「〇〇に～年間住んでいます。」と，自分が住んでいる場所や年数を表現してみましょう。

WORD LIST：have lived in ～, for ～ years

例　I have lived in Saitama for fifteen years.

4章 現在完了

UNIT 2

完了・結果を表す現在完了

Can-Do 動作や行為が完了していることについて表現できる。

基本例文

① **We** have **just** finished **lunch.**
② **She** has gone **to school.**

意味
① **私たちはちょうど昼食を**終えたところです。
② **彼女は学校へ**行ってしまいました。

1 「完了」の意味と用法

完了 （**彼女はちょうど自分の部屋を**掃除したところです。）

She	has	just	cleaned	her room.

「～したところです」「～してしまいました」と，過去に始まった動作が現在までに完了していることを表すのが，現在完了の「完了」を表す用法です。

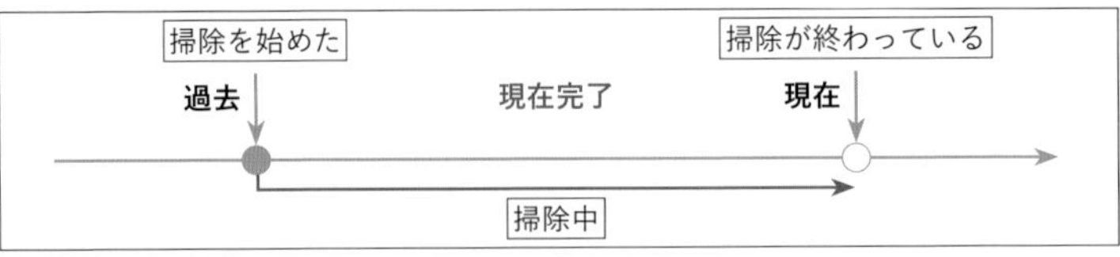

2 「結果」の意味と用法

結果 （**彼はかぎを**なくしてしまいました。）

He	has	lost	his key.

「～してしまいました（その結果，今は…）」と，過去に完了した動作の結果が現在も残っていることを表すのが，現在完了の「結果」を表す用法です。

have gone to ～ の意味

have gone to ～ はふつう「～へ行ってしまった（その結果，今はここにいない）」という意味を表す「結果」の用法で使う。「～へ行ってきたところだ（今はここにいる）」という意味は have been to ～ で表す。

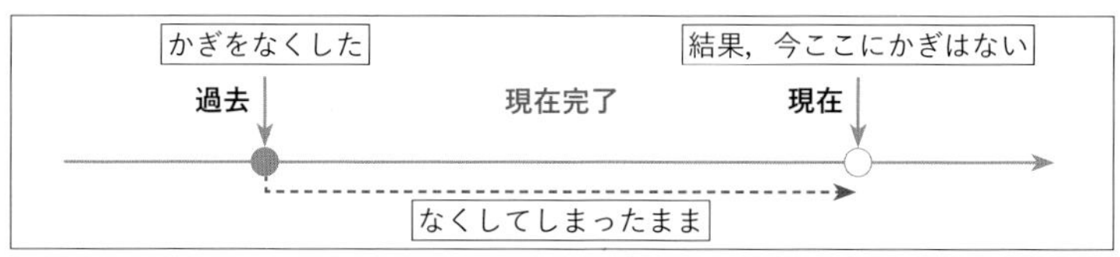

3 「完了」によく使われる副詞

「完了」を表す現在完了の文では，just，already，yet がよく使われます。

We **have** just **heard** the news.
（私たちはちょうどその知らせを**聞いたところです。**）

I **have** already **come** home.（私はすでに**帰宅しました。**）

I **haven't eaten** breakfast **yet**.
（私はまだ朝食を**食べていません。**）

Have you **heard** the news **yet**?
（あなたはもうその知らせを**聞きましたか。**）

過去の文と現在完了（結果）のちがい

左ページの現在完了の文と，下の過去の文とを比較しよう。

He **lost** the key.
（彼はかぎを**なくした。**）
→かぎが見つかったのか，なくしたままなのかは不明。

疑問文中の already

already はふつう肯定文に使うが，疑問文に使って，意外な早さに対する驚きを表す場合もある。

Has she left home **already**?
（彼女は**もう**家を出てしまったの？〔早いなあ。〕）

POINT

1. 過去に始まった**動作が現在までに完了していることを表す**のが「完了」用法。
2. 過去に完了した**動作の結果が現在も残っていることを表す**のが「結果」用法。
3. 「完了」用法では，**just, already, yet** がよく使われる。

CHECK 013

解答 ➜ p.275

（　）内の単語から適切なものを１つ選んで○で囲みましょう。

□ 私はそれをすでに試しました。

I have (just, already, yet) tried that.

TRY! 表現力

クラスの友だちに「もう～してしまったの？」とたずねてみましょう。

WORD LIST：finished, played, read

例 Have you finished your homework yet?

UNIT 3

経験を表す現在完了

Can-Do これまでに経験したことについて表現できる。

基本例文

A: Have you ever visited Kyoto?
B: No. I have never been there.

意味
A：きみは今までに京都を訪れたことはある？
B：いいえ。そこへ行ったことは一度もないわ。

1 「経験」の意味と用法

経験 （私はこの映画を2回見たことがあります。）

I	have	seen	this movie	twice.

「(今までに) ～したことがあります」と，過去から現在までの経験を表すのが，現在完了の「経験」の用法です。

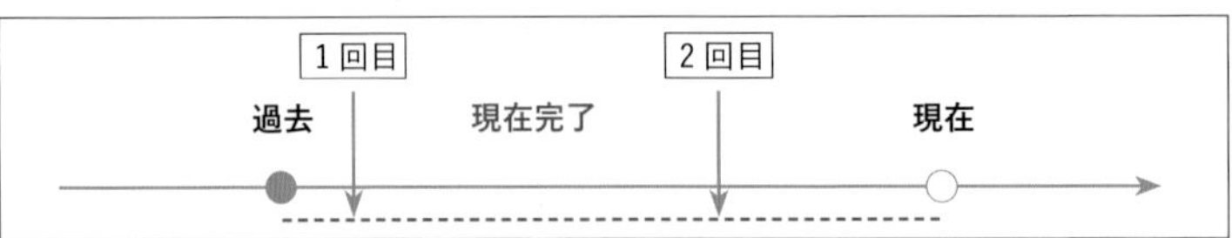

2 「経験」によく使われる副詞（句）

「経験」を表す現在完了の文では，次のような副詞（句）がよく使われます。

Have you **ever read** this book?
（あなたは**これまでに**この本を**読んだことがありますか。**）

I **have never climbed** Mt. Fuji.
（私は1度も富士山に**登ったことが**ありません。）

ever と never の使い方

ever は「これまでに」の意味で疑問文に使う。
never は「一度も～ない」の意味で否定文に使う。
いずれも過去分詞の前に置く。

I **have met** the woman **before.**
（私は以前その女性に**会ったことがあります。**）

once（1回），**twice**（2回），**～times**（～回）など
She **has visited** the city **seven times.**
（彼女はその都市を7回**訪れたことがあります。**）

How many times ～？（何回～？）
回数などをたずねる場合に使います。
How many times **have** you **visited** China?　―Twice.
（あなたは何回中国を**訪れたことがありますか。**　―2回です。）

文末に置く副詞

beforeや，回数を表すonce，twice，～timesなどの副詞（句）は文末に置く。

3 注意すべき have [has] been ～

現在完了の用法によってhave [has] been～ の意味は異なります。

have [has] been to ～
～へ行ってきたところです（完了）／～へ行ったことがあります（経験）

have [has] been in ～
～にずっといます（継続）／～にいたことがあります（経験）

have been to ～ と have gone to ～

「～へ行ったことがある」という経験は，goではなく，be動詞の現在完了形have [has] been to～で表す。have gone to～は「～へ行ってしまった（今はいない）」という結果を表すことが多い。

POINT

1. **過去から現在までの経験を表す**のが「経験」用法。
2. 「経験」用法では，**ever, never, before**，**回数を表す語句**がよく使われる。
3. **have been ～ を含む表現**は，文脈によって**用法や意味が異なる。**

CHECK 014

解答 ➜ p.275

（　）内から英文の意味として合うほうを選びましょう。

□ Have you visited France before?
あなたは以前にフランスを（訪れたところですか，訪れたことがありますか）。

TRY! 表現力

クラスの友だちに「何回～へ行ったことがあるの？」とたずねてみましょう。

WORD LIST：America, Australia, China, Hokkaido, Tokyo, Kyoto, Okinawa

例　How many times have you been to America?

UNIT 4

継続を表す現在完了

Can-Do 現在までずっと続いていることについて表現できる。

基本例文

A: How long have you known her?
B: For three years.

意味
A： あなたはどのくらいの間，彼女を知っているの？
B： 3年間です。

1 「継続」の意味と用法

継続 （私はここに5年間ずっと住んでいます。）

I	have	lived	here	for five years.

「ずっと～しています」と，過去のある時点で始まった状態が現在までずっと続いていることを表すのが，現在完了の「継続」の用法です。この用法でよく使われる動詞としては，be動詞，know，live，wantなどがあります。

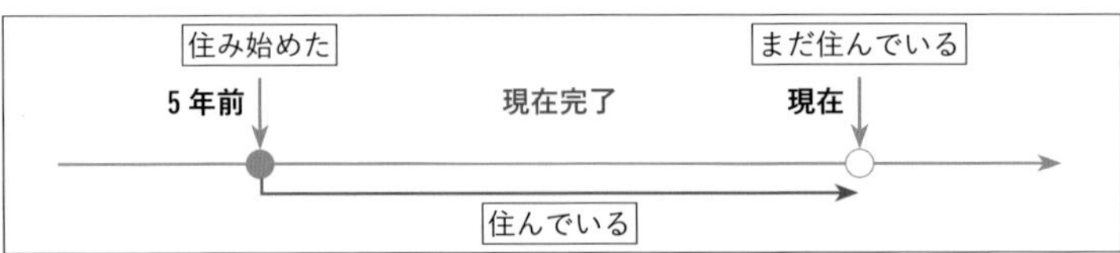

2 「継続」によく使われる副詞（句）

「継続」を表す現在完了の文には，次のような副詞（句）がよく使われます。

for＋期間（～の間）

forのあとには，～hour(s)（～時間）や～year(s)（～年）などの期間を示す語句を続けます。

状態の継続と動作の継続

現在完了形の「継続」用法は状態の継続を表す。動作の継続を表す場合には，ふつう現在完了進行形（➡p.54）を使う。

be動詞の過去分詞

be動詞の過去分詞は，主語の人称・数が何であってもbeenで表す。

次の3つの文の意味のちがいに注意しよう。

⑴ He is busy.
（彼は忙しい。）
⑵ He was busy.
（彼は忙しかった。）
⑶ He has been busy.
（彼はずっと忙しい。）

⑴は現在，⑵は過去，⑶は現在完了の文である。

I **have been** busy **for three days.**
（私は **3 日間ずっと**忙しい**です。**）

since＋過去のある時点（～から，～以来）

since のあとには，yesterday（昨日）や last ～（前の～，先～）などの過去の時点を示す語句を続けます。

Bob **has lived** in Australia **since 2000.**
（ボブは**2000年からずっと**オーストラリアに**住んでいます。**）

How long ～？（どのくらい長く［いつから］～？）

〈How long＋have［has］＋主語＋過去分詞～？〉の形の疑問文を作り，継続の期間をたずねる場合に使います。

How long **have** you **lived** in Japan? ―Since last year.
（あなたは**どのくらい長く**［**いつから**］日本に**住んでいますか。**
―昨年からです。）

since＋主語＋動詞

since のあとには，語句だけでなく，〈主語＋動詞～〉のある形を続けることもできる。

I have known Jack since he was a child.
（私はジャックを，彼が子どもだったころから知っています。）

その他によく使われる語句

always（ずっと），all day（一日中），all this week（今週ずっと），lately（最近） など

I have had a headache all day.
（私は一日中ずっと頭が痛いです。）

POINT

1. **過去のある時点から現在まで続いている状態を表す**のが「継続」用法。
2. 「継続」用法では **for, since, How long ～？** がよく使われる。
3. **How long ～？** には **for** や **since** を使って答える。

CHECK 015

解答 ➜ p.275

（　　）内の単語から適切なものを 1 つ選んで○で囲みましょう。

☐ I (live, lived, have lived) here since last month.

TRY! 表現力

自分がほしいものについて，どのくらいの期間［いつから］ほしいのかを伝えましょう。

WORD LIST：wanted, for, since

例　I have wanted a new bike for three months.

UNIT 5

現在完了進行形

Can-Do 現在までずっと続いている動作について表現できる。

基本例文

① We have been playing soccer since nine o'clock.
② How long have you been watching TV?

意味
① 私たちは9時からずっとサッカーをしています。
② あなたはどのくらい長く［いつから］テレビを見ているのですか。

1 現在完了進行形の意味と用法

現在完了進行形 （彼女は3時間ずっと踊っています。）

She	has	been	dancing	for three hours.

現在完了進行形は，「ずっと～しています」と過去に始まった動作が現在もまだ続いていることを述べる表現です。〈have [has] been＋動詞の ing 形〉で表します。現在完了進行形で使われる動詞は，ふつう動作を表す動詞です。

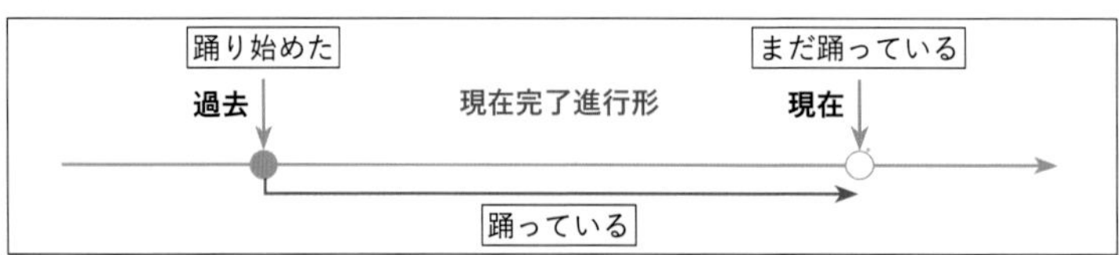

現在完了【完了・結果】 （彼はお皿を洗いました。）

He	has		washed	the dishes.

⇒現在は洗っていない。

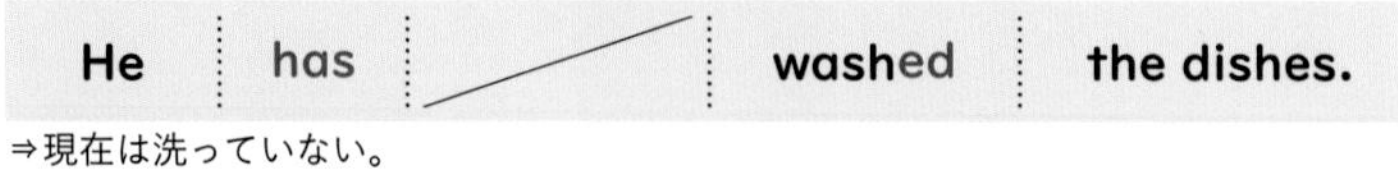

現在完了進行形 （彼はずっとお皿を洗っています。）

He	has	been	washing	the dishes.

⇒現在も洗っている。

解説

現在完了進行形
＝現在完了形＋進行形

現在完了進行形は，現在完了の〈have＋過去分詞〉と進行形の〈be＋動詞の ing 形〉の合体形と考えればよい。

もっと！

現在完了形と現在完了進行形の両方に使われる動詞

次のような動詞が「一定期間継続する動作」を表す場合には，現在完了形と現在完了進行形のどちらでも使える。
learn（学ぶ），study（勉強する），work（働く），teach（教える），wait（待つ）など

2 現在完了進行形によく使われる副詞（句）

現在完了進行形の文で使う副詞（句）は，現在完了形の「継続」用法で使うものと同じです。for ～（～の間），since ～（～以来），How long ～？（どのくらい長く［いつから］～？）などをよく使います。

I have been listening to music for an hour.
（私は1時間ずっと音楽を聞いています。）
It has been raining since this morning.
（今朝からずっと雨が降っています。）

POINT

1. **過去に始まった動作が現在もまだ続いていること**を表すときに現在完了進行形を使う。
2. 現在完了進行形は〈**have［has］been＋動詞の ing 形**〉で表す。
3. 現在完了進行形では，**for**，**since**，**How long ～？**がよく使われる。

CHECK 016

解答 ➜ p.275

（　　）内の語句から適切なものを1つ選んで○で囲みましょう。

- ☐ (1) How long have you (working, been working) here?
- ☐ (2) She (has wrote, has writing, has been writing) a letter for an hour.

TRY! 表現力

自分が今日ずっとしていることを「私は…時からずっと～しています。」と伝えてみましょう。

WORD LIST：watching, playing, studying

例　I have been studying English since one o'clock.

実力アップ問題

解答 ➡ p.275

問 1 動詞の形

(　　) 内の動詞を適切な形にかえて____に書きなさい。

(1) I have ____________ her for ten years.　(know)
(2) I have ____________ the book before.　(read)
(3) She has just ____________ her house.　(leave)
(4) He has been ____________ soccer for two hours.　(play)
(5) I have ____________ to America twice.　(be)

問 2 よく使われる語句

日本語に合うように，____に適切な１語を入れなさい。

(1) 私はちょうどエミに話しかけたところです。
I have ____________ talked to Emi.
(2) ジョンはもう宿題を終えてしまいましたか。
Has John finished his homework ____________ ?
(3) 私は一度もパンダを見たことがありません。
I have ____________ seen a panda.
(4) 彼らは５回イギリスへ行ったことがあります。
They have been to Britain ____________ ____________ .

問 3 現在完了の文の形

日本語に合うように，____に適切な１語を入れなさい。

(1) 彼女はちょうど名古屋へ行ってきたところです。
She has ____________ ____________ to Nagoya.
(2) 彼は沖縄へ行ってしまいました。
He has ____________ to Okinawa.
(3) 私たちは彼から１週間連絡がありません。
We have ____________ ____________ from him for a week.
(4) あなたはどのくらい前からテレビを見ているのですか。
How long have you ____________ ____________ TV?

問 4 否定文と疑問文

日本語に合うように，(　　) 内の語句を並べかえなさい。

(1) 私はまだ宿題を終えていません。

(my homework / have / finished / I / not / yet).

____ .

(2) 彼女は24時間ずっと眠っているのですか。

(sleeping / for / she / been / has) twenty-four hours?

_______________________________ twenty-four hours?

(3) あなたは今までに何回京都へ行ったことがありますか。

(many / have / how / been / times / you) to Kyoto?

____________________________________ to Kyoto?

(4) いつからあなたはここにいますか。

(here / been / long / how / have / you)?

____ ?

問 5 英作文

次のように言いたいとき，英語で何と言いますか。

(1) ALT に「日本に15年間住んでいる」ことを伝えたいとき。

____

(2) 家族に「今朝からずっと勉強をしている」ことを伝えたいとき。

____

(3) 友だちに「今までに広島を訪れたことはありますか」とたずねたいとき。

____

この章の整理 CHAPTER 4

現在完了

この章で学習したことを，もう一度チェックしてみよう！

UNIT 1 現在完了の意味・働き・形

I have lived here for five years. 私はここに5年間ずっと住んでいます。

- 現在の状況が過去のできごとや状態とつながっていることを述べるときに現在完了を使う。
- 現在完了は〈have[has]＋過去分詞〉で表す。
- 否定文は〈主語＋have[has]＋not＋過去分詞～.〉，疑問文は〈Have[Has]＋主語＋過去分詞～？〉。

UNIT 2 完了・結果を表す現在完了

He has just finished his work. 彼はちょうど仕事をし終えたところです。

- 「～したところです」と，過去に始まった動作が現在までに完了していることを表すのが「完了」用法。
- 「完了」用法では，just（ちょうど），already（すでに），yet（まだ，もう）がよく使われる。

UNIT 3 経験を表す現在完了

She has visited Osaka twice. 彼女は2回大阪を訪れたことがあります。

- 「(今までに)～したことがあります」と，過去から現在までの経験を表すのが「経験」用法。
- ever（これまでに），never（一度も～ない），before（以前に），回数を表す語句がよく使われる。

UNIT 4 継続を表す現在完了

I have lived here for six years. 私はここに6年間ずっと住んでいます。

- 「ずっと～しています」と，過去の一時点から現在までずっと続いている状態を表すのが「継続」用法。
- for（～の間），since（～以来），How long ～？（どのくらい長く～？）がよく使われる。

UNIT 5 現在完了進行形

It has been raining since yesterday. 昨日からずっと雨が降り続いています。

- 「ずっと～し（続け）ています」と過去に始まった動作が現在も続いていることを表すときは〈have[has] been＋動詞のing形〉を使う。
- for（～の間），since（～以来），How long ～？（どのくらい長く～？）がよく使われる。

KUWASHII ENGLISH

中学英文法

5章

助動詞

UNIT 1

can, may, must

Can-Do 助動詞を使って話し手の主観や判断について表現できる。

基本例文

① My sister **can** swim fast.
② **May** I use this computer? — Sure.
③ You **must** finish your work now.

意味

① 私の姉［妹］は速く泳ぐことができます。
② このコンピューターを使ってもいいですか。 —いいですよ。
③ あなたは今，課題を終わらせなければなりません。

1 助動詞とは

can, may, must や未来を表す will（➡p.32）のように，動詞の前に置いて意味を加える語を**助動詞**といいます。文字通り「動詞を助ける語」です。助動詞のあとにくる動詞は原形で，〈**助動詞＋動詞の原形**〉になります。

2 can

can には**能力・可能**，**許可**，**推量**などの意味があります。また，can の過去形は **could** です。

⑴ **能力・可能** 「**～できる**」
He **can** speak French. （彼はフランス語が話せます。）

⑵ **許可** 「**～してもよい**」
Can I open the window? （窓を開けてもいいですか。）

⑶ **可能性・推量** 「（肯定文で）**～のこともある**」「（疑問文で）**～かしら**」「（否定文で）**～のはずがない**」
He **can't** be hungry. （彼は空腹であるはずがありません。）

⑷ **依頼** 「（疑問文で）**～してもらえますか**」
Can you open the window? （窓を開けてもらえますか。）

否定文は助動詞の後ろに not を置き，疑問文は〈助動詞＋主語＋動詞の原形～？〉になるよ。

can と may，どちらがていねい？

許可を求めるときは may の方がていねい。目上の人に許可を求めるときは Can I～？より May I～？を使おう。

3 may

mayには，許可，推量などの意味があります。

⑴ **許可 「～してもよい」**

May I use this dictionary?（この辞書を使ってもいいですか。）

⑵ **推量 「～かもしれない」**

He may come here.（彼はここに来るかもしれません。）

4 must

mustには，必要・義務，禁止，強い推量などの意味があります。

⑴ **必要・義務 「～しなければならない」**

I must carry this box.（私はこの箱を運ばなければなりません。）

⑵ **禁止 「(否定文で) ～してはいけない」**

You mustn't [must not] run here.（ここで走ってはいけません。）

⑶ **強い推量 「～にちがいない」**

He must be tired.（彼は疲れているにちがいありません。）

もっと！

mustの文と命令文

You must ～ と You must not ～ の文は命令文に言いかえられる。

You must wash your shoes.
＝Wash your shoes.
（靴を洗いなさい。）

You must not swim here.
＝Don't swim here.
（ここで泳いではいけません。）

5章 助動詞

POINT

❶ can は「**～できる**」，「**～してもよい**」，「**～のこともある**」などの意味を表す。

❷ may は「**～してもよい**」，「**～かもしれない**」の意味を表す。

❸ must は「**～しなければならない**」，「**～にちがいない**」などの意味を表す。

CHECK 017

解答 ➜ p.276

(　　)に1語を入れて，日本文に合う英文を完成させましょう。

☐ ⑴ Yuri (　　　　) speak Chinese.（ユリは中国語を話すことができます。）

☐ ⑵ It (　　　　) be snowing.（雪が降っているかもしれません。）

TRY! 表現力

自分の家族に「～してもいい？」とたずねてみましょう。

WORD LIST：eat, play a video game, go to ～

例 Can I play a video game?

UNIT 2

would, should

Can-Do 助動詞を使って過去の時点での意志，依頼や義務について表現できる。

基本例文

① I thought that she would get well soon.
② You should clean your room every day.

意味
① 私は彼女はすぐによくなるだろうと思いました。
② あなたは毎日部屋を掃除するべきです。

1 would の用法

would は will の過去形ですが，現在の文に使われることもあります。主に次のような用法があります。

(1) 時制の一致

現在 （彼はもうすぐ雨が降るでしょうと言っています。）

He	says	that	it	will	rain	soon.

過去 （彼はもうすぐ雨が降るでしょうと言いました。）

He	said	that	it	would	rain	soon.

↑ 前の動詞が過去形　　↑ that のあとの助動詞も will から would（過去形）に

前の動詞が過去形になると，that などのあとの（助）動詞も過去形になります。これを「**時制の一致**」といいます。

(2) ていねいな表現

Would you wash the dishes? 〔依頼〕
（お皿を洗っていただけますか。）

Would you ～？は「～していただけますか。」という**依頼**の意味を表します。**Will [Can] you ～？**「**～してくれますか。**」よりもていねいな表現です。

用語解説

時制の一致

I think that ～. など接続詞の that を含む文で，前の動詞が過去形になると，that 以下の（助）動詞も過去形になるというルール。助動詞だけでなく，be 動詞や一般動詞も同じように時制を一致させる。
I know that he is busy.
（私は彼が忙しいと知っています。）
I knew that he was busy.
（私は彼が忙しいと知っていました。）

(3) そのほかの慣用表現

Would you like some water?　(お水**はいかがですか**。)

Would you like to come with me?

(私といっしょに来**たいですか**。)

I would like to help her.　(**私は**彼女を助け**たいです**。)

I would like you to help her.

(**私はあなたに**彼女を助け**てもらいたいです**。)

2 should の用法

You **should** wash your hands before lunch.〔義務・助言〕

(あなたは昼食の前に手を洗う**べきです**。)

should は shall (➜p.67) の過去形の形ですが，**現在の文**で使い，「～すべきだ」という**義務・助言**の意味を表します。

I would の短縮形

I would ～ は I'd ～ のように短縮して使うこともある。

疑問詞＋would を含む表現

「何が～？」とたずねるときは，What のあとに would you like ～という疑問文の形を続ける。

What would you like?
(何がほしいですか。)

What would you like to do?
(何がしたいですか。)

5章 助動詞

POINT

1. would は **will の過去形**だが，**過去の文にも現在の文にも使われる。**
2. would には，**ていねいな依頼や提案**の意味がある。
3. should は「～すべきだ」という**義務・助言**の意味を表す。

CHECK 018

解答 ➜ p.276

(　　) 内の単語から適切なものを１つ選んで○で囲みましょう。

□ (1) Emi told us that she (had, would) do her best.

□ (2) You look sick. You (would, should) see the doctor.

TRY! 表現力

自分の家族に「寝る前に～すべきだよ。」とアドバイスしてみましょう。

WORD LIST : brush your teeth, do your homework, drink water

例　You should brush your teeth before you go to bed.

UNIT 3

have to, be able to の用法

Can-Do 助動詞と同じ意味を表す語句を使って義務や能力・可能などを表現できる。

基本例文

① **We** had to **leave at once.**
② **I** am able to **speak Chinese.**

意味
① **私たちはすぐに出発し**なければなりませんでした。
② **私は中国語を話す**ことができます。

1 have to

have to の 2 語で，must と同じ「～しなければならない」〔必要・義務〕」の意味を表します。また，have to のあとには動詞の原形を置きます。

You **have to** go to bed early.
(あなたは早く寝**なければなりません**。)

主語が 3 人称単数のときには **has to** となり，「～しなければならなかった」と過去を表すときには **had to** となります。

He **has to** go to bed early.
(彼は早く寝**なければなりません**。)
I **had to** go to bed early yesterday.
(私は昨日，早く寝**なければなりませんでした**。)

have[has] to の疑問文は〈**Do [Does] + 主語 + have to + 動詞の原形～ ?**〉の形で，「～しなければなりませんか」の意味を表します。答えるときは，do[does] を使って Yes/No で答えます。

Do I **have to** go to bed early?
(私は早く寝**なければなりませんか**。)
— Yes, you **do**. / No, you **don't (have to)**.
(はい，**そうです**。) ／ (いいえ，**その必要はありません**。)

もっと！

will must の形はない

must などの助動詞はほかの助動詞とはいっしょに使うことはできない。
(×) You will must go.
→ must の代わりに have to を使う。
(○) You will have to go.
(あなたは行かなければならないでしょう。)

have[has] toの否定文は〈don't[doesn't] have to＋動詞の原形〉の形で,「〜する必要がない［しなくてもよい］」の意味を表します。

You **don't have to** go to bed early.
（あなたは早く寝る**必要はありません**。）

2 be able to

be able toの3語で，canと同じ「**〜することができる〔能力・可能〕**」の意味を表します。be動詞は主語の人称・数によって使い分け，be able toのあとには動詞の原形を置きます。

My sister **is able to** sing English songs.
（私の姉［妹］は英語の歌を歌う**ことができます**。）

「〜することができた」と過去を表すときには，**be動詞を過去形**にします。

Were you **able to** answer the question?
（あなたはその質問に答える**ことができましたか**。）

否定文のちがい

mustとhave toはどちらも「〜しなければならない」という意味だが，mustの否定形must notは「〜してはいけない〔禁止〕」を表すのに対し，have toの否定形don't have toは「〜する必要がない〔不必要〕」を表す。

be able toの否定文・疑問文の作り方はbe動詞の文と同じだよ！

5章 助動詞

POINT

1. have toは「**〜しなければならない〔必要・義務〕**」の意味を表す。
2. have toの否定文は「**〜する必要はない〔不必要〕**」の意味を表す。
3. be able toは「**〜することができる〔能力・可能〕**」の意味を表す。

CHECK 019

解答 ➜ p.276

（　　）内の単語から適切なものを1つ選んで○で囲みましょう。

□ (1) We (must, have, has) to leave soon.
□ (2) He (can, is, was) able to get to the station in time yesterday.

TRY! 表現力

自分の家族に「〜しなければなりませんか。」とたずねてみましょう。

WORD LIST：study, finish, go to 〜

例　Do I have to finish my homework before dinner?

UNIT 4

Will you ～？/ Shall we ～？などの表現

Can-Do 助動詞を使って依頼や勧誘，提案等について表現できる。

① Will you **open the door?**
② Shall we **go fishing tomorrow?**

① ドアを開けてくれませんか。
② 明日釣りに行きましょうか。

1 依頼や勧誘を表す will

will には未来を表す用法以外に，**Will you ～？**の形で**依頼・勧誘**の意味を表す用法があります。続く動詞は原形にします。

依頼 （私のかばんを運んでくれますか。）

Will	you	carry	my bag?

➡ **Sure. / OK. / All right.** （いいですよ。）
➡ **I'm sorry, I can't.** （すみませんが，できません。）

「**～してくれますか**」と依頼するときに Will you ～？を使います。ただし，あまりていねいな言い方ではないので，注意が必要です。

勧誘 （紅茶を１杯飲みませんか。）

Will	you	have	a cup of tea?

➡ **Yes, please.** （はい，お願いします。）
➡ **No, thank you.** （いいえ，けっこうです。）

「**～しませんか**」と勧誘するときは，Will you ～？を使います。

Will you please ～？

依頼を表す Will you ～？には，please をよくつける。
Will you **please** shut the door? = Will you shut the door, **please**?
（すみませんがドアを閉めてくれますか。）

そのほかの勧誘表現

Will you ～？よりもていねいな表現に Would you ～？（～していただけますか。）（➡p.62）がある。また，Won't you ～？（～しませんか？）というくだけた表現もよく使う。
Won't you come to the party?
（パーティーに来ませんか。）

2 提案や申し出を表す shall

shallには，**Shall we～?** や**Shall I～?** の形で提案や申し出の意味を表す用法があります。続く動詞は原形にします。

提案　(**(いっしょに) 買い物に行き**ましょうか。)

Shall	we	go	shopping?

「**(いっしょに) ～しましょうか**」と勧誘するときは，Shall we～? を使います。Let's～. とほぼ同じ意味で使うことができます。

申し出　(**チケットを買い**ましょうか。)

Shall	I	get	the ticket?

「**(私が) ～しましょうか**」と申し出るときはShall I～? を使います。

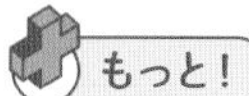

Shall we～?
=Let's～.

Shall we play soccer?
=**Let's** play soccer.
((いっしょに) サッカーをしましょう。)

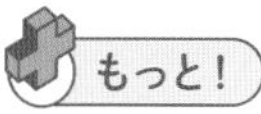

Shall we～? への答え方

Yes, let's.
(はい，そうしましょう。)
No, let's not.
(いいえ，やめましょう。)

Shall I～? への答え方

Yes, please.
(はい，お願いします。)
No, thank you.
(いいえ，けっこうです。)

5章 助動詞

POINT

1. Will you～? は「**～してくれますか〔依頼〕**」，「**～しませんか〔勧誘〕**」を表す。
2. Shall we～? は「**(いっしょに) ～しましょうか〔提案〕**」を表す。
3. Shall I～? は「**(私が) ～しましょうか〔申し出〕**」を表す。

CHECK 020

解答 ➔ p.276

(　　) 内の語句から適切なものを1つ選んで○で囲みましょう。

□ (Will I, Shall I) help you?　(手伝いましょうか。)

TRY! 表現力

友だちに「明日～しましょうか。」と提案してみましょう。

WORD LIST : go to the library, do our homework together, play tennis

例　Shall we go to the library tomorrow?

実力アップ問題

解答 ➡ p.276

問 1 助動詞の意味

日本語に合うように，____に適切な1語を入れなさい。

(1) 今夜は雨が降るかもしれません。
It ____________ rain tonight.

(2) あなたはここに2時間いなければなりません。
You ____________ stay here for two hours.

(3) あなたはすぐに（手紙の）返事を書くべきです。
You ____________ write back soon.

(4) （いっしょに）本屋へ行きませんか。
____________ ____________ go to the bookstore?

問 2 助動詞の使い方

次の文の（　　）内のうち適切なものを選び，〇で囲みなさい。

(1) He can (play, plays, playing) soccer very well.
(2) My brother (have, has, having) to clean his room.
(3) We (am, is, are) able to speak French.
(4) He said that it (can, will, would) rain soon.
(5) Mike (don't, doesn't, isn't) have to wash the car.

問 3 助動詞の疑問文に対する答え方

次の質問に対する適切な答えを下から選び，記号で答えなさい。

(1) May I use this computer? (　　　)
(2) Must I carry the bag? (　　　)
(3) Shall we play baseball at the park? (　　　)
(4) Would you open the window? (　　　)

ア Sorry, I can't. It's very windy.
イ No, you don't have to.
ウ Yes, of course.
エ Yes, let's!

問4 助動詞を使った文の形

日本語に合うように，(　　) 内の語句を並べかえなさい。

(1) あなたといっしょに行きましょうか。

(I / with / go / shall / you)?

____ ?

(2) コーヒーはいかがですか。

(of / a / will / have / you / coffee / cup)?

____ ?

(3) ここで走ってはいけません。

(not / you / here / must / run).

____ .

(4) 私たちはあなたに手伝ってほしいです。

(help / we / like / to / would / you) us.

____ us.

(5) あなたはもっと上手に泳げるようになりますよ。

(to / will / swim / be / able / you) better.

____ better.

5章 助動詞

問5 英作文

次のように言いたいとき，英語で何と言いますか。

(1) 友だちに「お茶を飲みませんか」と誘うとき。

____

(2) 「ここでは静かにしなければならないよ」と注意するとき。

____

この章の整理 CHAPTER 5

助動詞

この章で学習したことを，もう一度チェックしてみよう！

UNIT 1 can, may, must

My sister **can** swim fast.	私の姉［妹］は速く泳ぐことができます。
May I use your phone?	電話をお借りしてもいいでしょうか。
You **must** call him.	あなたは彼に電話しなければなりません。

- can は「～できる〔能力・可能〕」，「～してもよい〔許可〕」などの意味を表す。
- may は「～してもよい〔許可〕」，「～かもしれない〔推量〕」を表す。
- must は「～しなければならない〔必要・義務〕」，「（否定文で）～してはいけない〔禁止〕」，「～にちがいない〔強い推量〕」を表す。

UNIT 2 would, should

She said that it **would** rain soon.	彼女はもうすぐ雨が降るでしょうと言いました。
You **should** clean your room.	あなたは自分の部屋を掃除するべきです。

- would は will の過去形。Would you ～？の形で「～していただけますか〔依頼〕」を表す。
- should は「～すべきだ」という義務・助言の意味を表し，ought to に書きかえることもできる。

UNIT 3 have to, be able to

You **have to** go to bed early.	あなたは早く寝なければなりません。
She **was able to** get up early.	彼女は早く起きることができました。

- have to は must とほぼ同じ「～しなければならない〔必要・義務〕」を表す。
- be able to は can とほぼ同じ「～できる〔可能〕」という意味を表す。

UNIT 4 Will you ～？ / Shall we ～？などの表現

Will you open the door?	ドアを開けてくれませんか。
Shall we go to school together?	いっしょに学校に行きましょうか。

- Will you ～？は「～してくれますか〔依頼〕」，「～しませんか〔勧誘〕」を表す。
- Shall we ～？は Let's ～. とほぼ同じ意味で，「（いっしょに）～しましょうか〔提案〕」を表す。

6章

受け身

UNIT 1

受け身の意味・働き・形①

Can-Do 「されていること」や「されたこと」について表現できる。

基本例文

① **The car is washed by Jim every week.**
② **English and French are spoken in Canada.**

① **その車は，毎週ジムによって洗われます。**
② **カナダでは英語とフランス語が話されています。**

1 受け身［受動態］とは

動作を表すのには２通りの言い方があります。
⑴　ボブはこの本を書きました。
⑵　この本はボブによって書かれました。
⑴のように，**動作・行為をする側（動作主）**を主語にした「…が～する」という文の形を能動態といいます。⑵のように，**動作・行為をされる側**を主語にした「～される」という文の形を受け身［受動態］といいます。

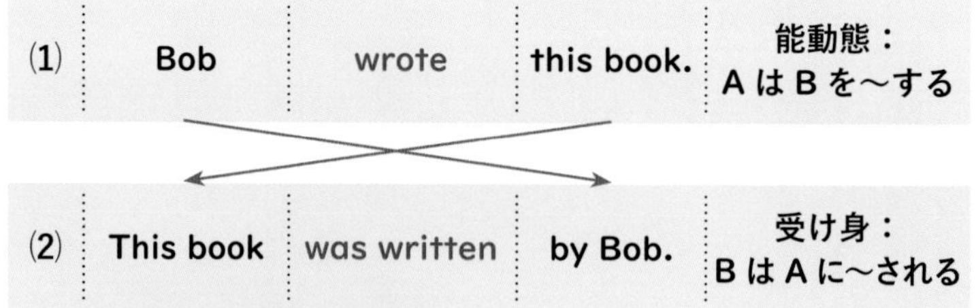

⑴	Bob	wrote	this book.	能動態：A は B を～する
⑵	This book	was written	by Bob.	受け身：B は A に～される

2 受け身の形と意味

English **is spoken** all over the world.　〔状態〕
（英語は世界中で**話されています**。）
Kinkakuji **was built** in the fourteenth century.　〔動作〕
（金閣寺は14世紀に**建てられました**。）

用語解説

態

文法上，主語がその動作を相手に対して行うのか，相手から受けるのかを示す形のこと。主語が「～する」という形を**能動態**，主語が「～される」という形を**受け身［受動態］**という。

用語解説

動作主

「動作・行為をする側」を**動作主**ということがあり，受け身の文では，〈by+動作主〉の形で「～によって」という意味になる。

受け身［受動態］の文は，〈**be 動詞＋過去分詞**〉で表します。be 動詞は人称・数・時制によって使い分けます。

3 動作主（by ～）の省略

Ms. Tanaka **is loved by** everyone in class.
（田中先生はクラスのみんなに**愛されています。**）

「動作をする側」を示す場合，〈by＋動作主〉の形で「～によって」という意味を表しますが，次の場合は by ～ を省略します。

⑴ 動作主が明らかな場合
This store **is opened** at ten.
（この店は10時に**開けられます。**） ※ by the store staff の省略

⑵ 動作主がばくぜんとした一般の人の場合
Japanese **is spoken** in Japan.
（日本では日本語が**話されています。**） ※ by people の省略

⑶ 動作主がわからなかったり，はっきりさせる必要がない場合
The window **was broken** yesterday.
（その窓は昨日**割られました。**） ※直接だれに割られたかは不明

by 以外の前置詞

〈be 動詞＋過去分詞〉の後ろに by 以外の前置詞を使うものも多いので，熟語として覚えておこう。

be covered with ～
（～におおわれている）
be known to ～
（～に知られている）
be filled with ～
（～でいっぱいである）

【例】
The glass **is filled with** water.
（そのコップは水**でいっぱいです。**）

POINT

❶「何かをされる側」を主語にした文を**受け身［受動態］**という。
❷ 受け身［受動態］は〈**be 動詞＋過去分詞**〉の形を使う。
❸〈by＋動作主〉で「**～によって**」という意味を表す。

CHECK 021

解答 ➡ p.277

（　）内の単語から適切なものを１つ選んで○で囲みましょう。

☐ This cake was (eat, ate, eaten) by Kenta.

TRY! 表現力

「～は世界中で愛されています。」と表現してみましょう。

WORD LIST：love, all over the world

例 This singer is loved all over the world.

6章 受け身

UNIT 2

受け身の意味・働き・形②

Can-Do 「されていること」についてたずねたり，「～ではない」と表現したりできる。

基本例文

A: Was this cake made by John?
B: Yes, it was.

意味
A：このケーキはジョンによって作られましたか。
B：はい，そうです。

1 受け身の否定文 / 疑問文

肯定文 （富士山はここから見られます。）

Mt. Fuji	is	／	seen	from here.

否定文 （富士山はここから見られません。）

Mt. Fuji	is	not	seen	from here.

↑ be動詞のあとにnotを入れる

疑問文 （富士山はここから見られますか。）

Is	Mt. Fuji	／	seen	from here?

↑ be動詞を主語の前に出す　　最後にクエスチョンマークをつける↑

受け身の否定文は，be動詞のあとにnotを入れて〈**be動詞＋not＋過去分詞**〉で表します。疑問文はbe動詞を主語の前に出して〈**be動詞＋主語＋過去分詞～？**〉で表します。

注意

do [does, did] は使わない

受け身の否定文・疑問文にはdo [does, did] を使わない。

注意

受け身の疑問文への答え方

be動詞を使って答え，過去分詞はふつう省略する。
Q: Is this bike used by Mary?
A: Yes, it is. / No, it isn't.
(この自転車はメアリーに使われていますか。 ―はい，使われています。／いいえ，使われていません。)

2 助動詞を含む受け身の否定文 / 疑問文

助動詞 (will, must, canなど) を含む受け身の文は，be動詞の原形beを使って〈**助動詞＋be＋過去分詞**〉の形で表します。否定文は助動詞のあとにnotを入れて表し，疑問文は助動詞を主語の前に出して表します。

3 疑問詞ではじまる受け身の疑問文

⑴ When, Where などではじまる疑問文

When was this temple **built?**
（この寺は**いつ建てられましたか。**）

When, Where などの疑問詞を文のはじめに置き，〈**疑問詞＋be 動詞＋主語＋過去分詞〜？**〉で表します。

⑵ 疑問詞が主語になる疑問文

Who is invited to the party?
（**だれが**パーティーに**招待されていますか。**）

Who, What などの主語になる疑問詞，または〈疑問詞＋名詞〉を文のはじめに置き，〈**疑問詞＋be 動詞＋過去分詞〜？**〉で表します。

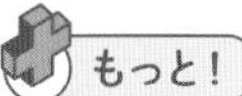

Who＋be 動詞＋主語＋過去分詞＋by?

「だれによって〜されるか［されたか］」という疑問文の形。by 〜（〜によって）の部分をたずねる場合に使われる。次のように覚えておこう。

Was it made **by Tom**?
↓
Who was it made **by**?
（それはだれによって作られましたか。）

POINT

1. 受け身（現在形）の否定文・疑問文は，**be 動詞を含む文と同じ**ように作る。
2. 助動詞を含む受け身の否定文・疑問文は，**be 動詞を原形 be** にする。
3. 疑問詞ではじまる受け身の疑問文は，**When・Where** と，Who・What などの**主語になる疑問詞**とで形が異なる。

CHECK 022

解答 ➜ p.277

次の文を指示に従って書きかえた場合，（　　）内の単語から適切なほうを選んで○で囲みましょう。

☐ The photo was taken by Takeshi.（疑問文に）
⇒ (Did, Was) the photo taken by Takeshi?

TRY! 表現力

ある国について，「○○語は〜で話されていますか。」とたずねてみましょう。

WORD LIST：English, Japanese, French

例 Is English spoken in Japan?

6章 受け身

UNIT 3

受け身の文の時制

Can-Do 過去や未来にされることについて表現できる。

① **The cake** was eaten **by Jim.** 〔過去〕
② **The gate** will be closed **at seven.** 〔未来〕

意味
① **そのケーキはジムによって**食べられました。
② **その門は7時に**閉められるでしょう。

1 受け身の3つの時制

現在 He is liked **by everybody.**
（彼は**みんなから**好かれています。）
過去 He was liked **by everybody.**
（彼は**みんなから**好かれていました。）
未来 He will be liked **by everybody.**
（彼は**みんなから**好かれるでしょう。）

受け身の形は，〈**be 動詞＋過去分詞**〉ですが，**時制は be 動詞**で表されます。

2 現在の受け身

The letter is written in English.
（その手紙は英語で書かれています。）

現在の受け身は〈am [are, is] + 過去分詞〉の形で「～されます」の意味を表します。am, are, is は主語の人称・数によって使い分けられます。

3 過去の受け身

These cups were made by my uncle.
（これらのカップは私のおじによって作られました。）

受け身の時制

現在形の受け身と過去形の受け身は be 動詞の時制が変わるだけで，過去分詞は変わらない。

過去の受け身は〈was [were]＋過去分詞〉の形で「～されました」の意味を表します。was, were は主語の人称・数によって使い分けられます。

4 未来の受け身

Our sports day **will be held** on October 11th.
（私たちの運動会は10月11日に**行われるでしょう**。）

未来の受け身は〈**will＋be＋過去分詞**〉の形で「～されるでしょう」の意味を表します。助動詞につける be 動詞は主語の人称・数に関係なく，いつも原形の be を使います。

助動詞を含む受け身

未来の受け身のように，受け身は助動詞を含むことができる。その際の語順は〈助動詞＋be＋過去分詞〉になる。

The book can be bought on the Internet.
（その本はインターネットで買うことができます。）

POINT

1. 現在の受け身は〈**am [are, is]＋過去分詞**〉となる。
2. 過去の受け身は〈**was [were]＋過去分詞**〉となる。
3. 未来の受け身は〈**will＋be＋過去分詞**〉となる。

CHECK 023

解答 ➜ p.277

（　）内の単語から適切なものを１つ選んで○で囲みましょう。

□ (1) This book (is, am, are) read in many countries.

□ (2) This photo (was, were) taken by my grandfather.

TRY! 表現力

学校行事について，「～は…に行われるでしょう。」と伝えましょう。

WORD LIST：school trip, chorus contest, held

例 Our school trip will be held on June 20th.

6章 受け身

UNIT

注意すべき受け身の表現

感情などの心理状態について受け身を用いて表現できる。

基本例文

① **I** was surprised at **the news.**
② **He** was killed **in the war.**

意味
① **私はその知らせ**に驚きました。
② **彼は戦争で**死にました。

1 日本語では能動態，英語では受け身の表現

日本語では「～します」と能動態で表すことを，英語では「～されます」と受け身の形で表すものがあります。例えば，**surprise** は「驚かす」という意味なので，日本語の「驚く」を英語で表現するときは，受け身の be surprised の形を使います。「(何かに) 驚く」を「(何かに) 驚かされる」と表現するのです。このような動詞には，次のようなものがあります。

(1) 感情・心理状態を表す動詞

感情・心理状態を表す表現は，〈be 動詞＋過去分詞＋前置詞〉の形で熟語として覚えておきましょう。

be surprised at [by] ～	～に驚く
be interested in ～	～に興味がある
be satisfied with ～	～に満足する
be excited at [about, by] ～	～に興奮する
be pleased with ～	～に喜ぶ，～が気に入る

【例】 (私たちはその知らせに驚きました。)
We were surprised at the news.

注意

「驚かす」？
「驚かされる」？

surprise や excite は能動態の文で使うこともある。
The news surprised them.
(そのニュースは彼らを驚かせました。)
The baseball game excited the children.
(その野球の試合は子どもたちを興奮させました。)

⑵ 被害を表す動詞

被害を表すとき，直接の加害者がわからない場合や言いたくない場合などにも受け身の形を使います。

be injured [hurt, wounded]	**けがをする**
be killed	**死ぬ**
be delayed	**（事故などで）遅れる**

⑶ その他の動詞

be born	**生まれる**
be married	**結婚している**
be engaged in ～	**～に従事している**

もっと！

get を使った表現

be 動詞の代わりに get を使う表現がある。〈get＋過去分詞〉は，状態ではなく動作や変化を表す。

【例】

get excited（興奮する）
get hurt（けがをする）
get married（結婚する）

POINT

❶ 日本語では能動態だが，英語では受け身になる表現がある。

❷ 感情・心理状態などを表すときに，〈**be 動詞＋過去分詞＋いろいろな前置詞**〉の形がよく使われる。

CHECK 024

解答 ➜ p.277

（　）内の語句から適切なほうを選んで○で囲みましょう。

☐ I (surprised, was surprised) at the sound.

TRY! 表現力

自分自身について，「私は～に興味があります。」と伝えましょう。

WORD LIST：sports, science, music

例 I am interested in science.

6章 受け身

実力アップ問題

解答 ➡ p.277

問 1 動詞の過去分詞

次の動詞を過去分詞にしなさい。

(1) start ______________
(2) play ______________
(3) study ______________
(4) come ______________
(5) hear ______________
(6) run ______________
(7) make ______________
(8) write ______________
(9) read ______________
(10) stand ______________

問 2 受け身の形

(　　) 内の語を適切な形にかえて____に書きなさい。

(1) Chinese is ______________ in China. (speak)

(2) This car is ______________ by Yuki. (use)

(3) The room ______________ used by the group every day. (be)

(4) This computer ______________ used by Ken yesterday. (be)

問 3 by 以外の前置詞を使う受け身

次の文の____に適切な1語を入れなさい。

(1) His song is known ______________ everyone in the country.

(2) The floor was covered ______________ a lot of paper.

(3) This house is made ______________ stone.

(4) *Senbei* is made ______________ rice.

問 4 注意すべき受け身の文

日本語に合うように，(　　) 内のうち適切なものを選び，○で囲みなさい。

(1) 彼は音楽に興味を持っていますか。
Is he interested (by, in, with) music?

(2) 彼らはその結果に喜んでいました。
They were pleased (of, in, with) the results.

(3) 私はフランスで生まれました。
I was born (by, in, with) France.

⑷ 私はその知らせに驚きました。

I was surprised (at, in, of) the news.

⑸ そのカップは冷たい水でいっぱいでした。

The cup was filled (at, in, with) cold water.

問5 受け身の文の語順

日本語に合うように，(　　) 内の語句を並べかえなさい。

⑴ この犬はその少女に世話をされました。

This dog (the girl / looked / by / was / after).

This dog ____.

⑵ その財布はだれによって見つけられましたか。

(by / the wallet / found / was / who)?

____?

⑶ 私は父からその本をもらいました。

The book (my father / by / given / was / to me).

The book ____.

⑷ そのネコはみんなからタマと呼ばれています。

The cat (called / is / by / Tama / everyone).

The cat ____.

問6 英作文

次のように言いたいとき，英語で何と言いますか。

⑴ ALT に「東京スカイツリー (Tokyo Skytree) が2012年に建てられた」と伝えたいとき。

____

⑵ 家族に「合唱祭 (chorus festival) が来月開催される」ことを伝えたいとき。(will を用いて)

____

この章の整理 CHAPTER 6

受け身

UNIT 1　受け身の意味・働き・形①

The car is washed by Jim.　その車はジムによって洗われます。

- 「(主語が) 〜される，〜されている」の意味で「何かをされる側」を主語にした文を受け身という。
- 受け身は〈be 動詞＋過去分詞〉で表す。
- 〈by＋動作主〉で「〜によって」という意味を表す。

UNIT 2　受け身の意味・働き・形②

This cake is not liked by my son.　このケーキは息子に好まれていません。

- 受け身の否定文は〈be 動詞＋not＋過去分詞〉で表す。

Is this cake liked by your son?　このケーキはあなたの息子に好まれていますか。

- 受け身の疑問文は〈be 動詞＋主語＋過去分詞〜 ?〉で表し，be 動詞を使って Yes/No で答える。
- 助動詞を含む受け身の疑問文は〈助動詞＋主語＋be＋過去分詞〜 ?〉で表す。

When are the streets cleaned?　通りはいつ掃除されますか。

- when などの疑問詞ではじまる受け身の疑問文は〈疑問詞＋be 動詞＋主語＋過去分詞〜 ?〉で表す。

UNIT 3　受け身の文の時制

I was invited to the party.　私はそのパーティーに招待されました。

- 過去の受け身は〈was[were]＋過去分詞〉で表す。

The gate will be closed at seven.　その門は 7 時に閉められるでしょう。

- 未来の受け身は〈will be＋過去分詞〉で表す。

UNIT 4　注意すべき受け身の表現

I was surprised at the news.　私はそのニュースに驚きました。

- 感情・心理状態などを表す表現には〈be 動詞＋過去分詞＋（by 以外の）前置詞〜〉がある。

KUWASHII ENGLISH

中学英文法

7章

疑問文

UNIT 1

Yes / No で答える疑問文①

Can-Do ➤ be 動詞を用いた Yes / No で答える疑問文を表現できる。

基本例文

A: Is he your brother?
B: Yes, he is. He is good at basketball.

意味
A：彼はあなたのお兄さんなの？
B：うん，そうだよ。彼はバスケットボールが得意なんだ。

1 be 動詞を用いた疑問文の作り方

平叙文（ふつうの文）　（彼は医者です。）

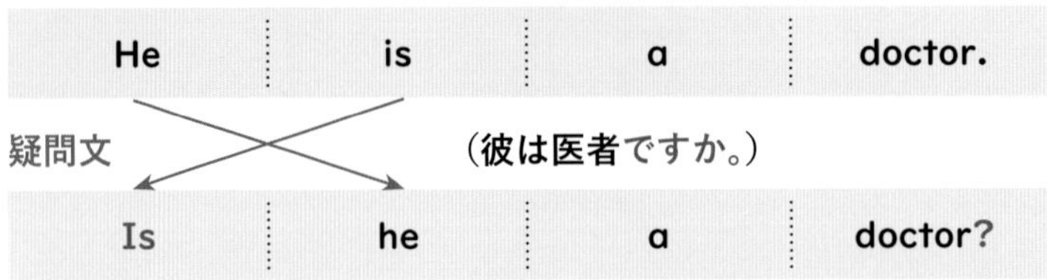

be 動詞の疑問文は〈be 動詞＋主語～？〉の形を使います。平叙文の主語と be 動詞を入れかえると疑問文になります。

また，進行形や受け身の疑問文も，平叙文の be 動詞と主語を入れかえて作ります。

進行形の疑問文〈be 動詞＋主語＋動詞の ing 形～？〉
Is it raining now?（今，雨が降っていますか。）

受け身の疑問文〈be 動詞＋主語＋過去分詞～？〉
Is this car made in Japan?（この車は日本製ですか。）

There is[are] ～. の疑問文〈be 動詞＋there ～？〉
Is there a restaurant near here?
（この近くにレストランはありますか。）

4つの文の種類

⑴平叙文
事実をありのまま述べる文のことをいう。「ふつうの文」と呼ばれることも多い。ピリオド（.）で終わる。

⑵疑問文
ものをたずねる文。クエスチョンマーク（?）で終わる。

⑶命令文
命令や依頼などを表す文。ピリオドや感嘆符（!）で終わる。

⑷感嘆文
驚きや喜びなどの強い感情を表す。感嘆符（!）で終わる。

疑問文の読み方

Yes / No で答える疑問文は，文の終わりを上げて（↗）読む。

このthereは主語ではありませんが，この場合も，thereとbe動詞を入れかえると疑問文になります。

2 be動詞を用いた疑問文の答え方

Are you watching TV now?
（あなたは今，テレビを見ていますか。）
— **Yes, I am. / No, I'm not.**
（はい，見ています。／いいえ，見ていません。）

be動詞のある疑問文に「はい」で答えるときは〈**Yes,**＋**主語**＋**be動詞.**〉，「いいえ」で答えるときは〈**No,**＋**主語**＋**be動詞**＋**not.**〉で表します。Noの答えでは，be動詞が前後の語とともに短縮形で用いられることがふつうです。

【例】 he is not → he isn't　　they are not → they aren't

注意

There is［are］～.の文

「～がいる［ある］」という意味を表すThere is［are］～.の文では，文頭のthereは主語ではない。be動詞のあとの名詞が主語である。

もっと！

be動詞を含む短縮形

be動詞を含む短縮形には，〈主語＋be動詞〉と〈be動詞＋not〉の2パターンがある。
【例】she is not
→ she isn't，she's not
ただし，I am notの短縮形はI'm notのみ。

POINT

1. be動詞の疑問文は〈**be動詞**＋**主語～？**〉で表す。
2. 「はい」と答えるときは〈**Yes,**＋**主語**＋**be動詞.**〉で表す。
3. 「いいえ」と答えるときは〈**No,**＋**主語**＋**be動詞**＋**not.**〉で表す。

CHECK 025

解答 ➜ p.278

（　　）内の単語から適切なものを1つ選んで○で囲みましょう。
□ (1) (Am, Are, Is) you Japanese?
□ (2) (Was, Were) Miho studying English then?

TRY! 表現力

友だちに「あなたは～が得意ですか。」とたずねてみましょう。

WORD LIST：good at, soccer, playing the piano, science

例　Are you good at soccer?

UNIT 2

Yes / No で答える疑問文②

Can-Do 一般動詞を用いた Yes / No で答える疑問文を表現できる。

基本例文

A: I watched the soccer game last night. Did you watch it?
B: No, I didn't. I was doing my homework then.

意味
A：昨晩，サッカーの試合を見たよ。きみは見た？
B：ううん，見なかったよ。そのとき，宿題をやっていたんだ。

1 一般動詞を用いた疑問文の作り方

平叙文　　（彼女はピアノをひきます。）

	She	plays	the piano.

疑問文　　（彼女はピアノをひきますか。）

Does	she	play	the piano?

一般動詞の疑問文は〈Do [Does, Did] ＋主語＋動詞の原形～？〉の形を使います。主語の前に Do [Does, Did] を置き，動詞を原形に変えると疑問文になります。主語が 3 人称単数のときには does を，時制が過去のときには did を使います。

2 一般動詞を用いた疑問文の答え方

Do you like jogging?　（ジョギングは好きですか。）
— Yes, I do. / No, I don't.
（はい，好きです。／いいえ，好きではありません。）

一般動詞の疑問文に「はい」で答えるときは〈**Yes,＋主語＋do [does, did].**〉，「いいえ」で答えるときは〈**No,＋主語＋do [does, did]＋not.**〉で表します。

be 動詞の疑問文と混同しない

もとの文（平叙文）が be 動詞の文ではないのに，疑問文の文頭に be 動詞を置かない。
（×）Is she play the piano?

you で聞かれたら I [we] で答える

疑問文の主語が「あなた（たち）」の場合，答える人は自分自身について答えるので，答えの文の主語は「私（たち）」になる。

短縮形

〈do [does, did]＋not〉は，ふつう短縮形で使う。
do not → don't
does not → doesn't
did not → didn't

3 助動詞を用いた疑問文の作り方と答え方

平叙文　　（あなたは速く走れます。）

疑問文　　（あなたは速く走れますか。）

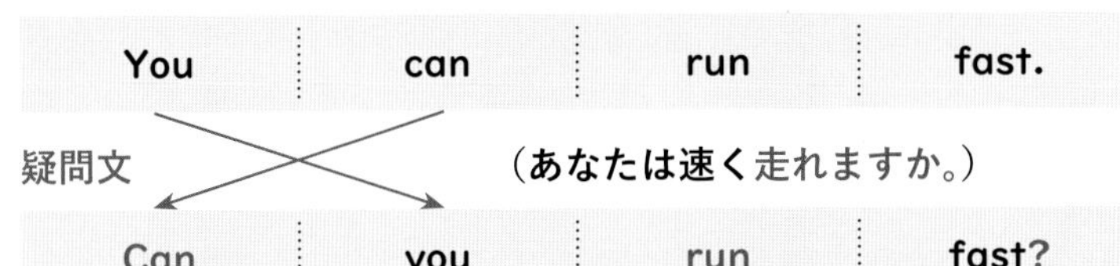

助動詞の疑問文は〈**助動詞＋主語＋動詞の原形〜？**〉の形を使います。平叙文の主語と助動詞を入れかえると疑問文になります。

助動詞の疑問文に「はい」で答えるときは〈**Yes,＋主語＋助動詞 .**〉, 「いいえ」で答えるときは〈**No,＋主語＋助動詞＋not.**〉で表します。

もっと！

短縮形

〈助動詞＋not〉は，短縮形で用いられることもある。

cannot → can't

will not → won't

POINT

1. 一般動詞の疑問文は〈**Do [Does, Did]＋主語＋動詞の原形〜 ?**〉で表す。
2. 一般動詞の疑問文には〈**Yes,＋主語＋do [does, did].**〉または〈**No,＋主語＋do [does, did]＋not.**〉で答える。
3. 助動詞の疑問文は〈**助動詞＋主語＋動詞の原形〜？**〉で表す。

CHECK 026

解答 ➜ p.278

(　　) 内の単語から適切なものを１つ選んで〇で囲みましょう。

☐ Q: Will you play tennis tomorrow?

A: Yes, I (will, can, do).

TRY! 表現力

友だちに「あなたは昨日〜しましたか。」とたずねましょう。

WORD LIST：go to, study, play

例　Did you go to the station yesterday?

UNIT 3

疑問詞を使った疑問文①

Can-Do 「何を」「だれが」「どちらが」「だれの」とたずねることができる。

基本例文

A: What can you see from here?
B: I can see a tall tower. That's Tokyo Skytree!

意味
A：ここから何が見える？
B：高いタワーが見える。あれは東京スカイツリーだ！

1 疑問詞の種類

「だれが」「何を」「いつ」などのように，相手から具体的な情報を引き出したいときは**疑問詞**を使います。疑問詞には **what，who，which，whose，when，where，why，how** などがあります。疑問詞は文のはじめに置き，疑問詞ではじまる疑問文には Yes/No ではなく，具体的な「人・もの・こと」などで答えます。

疑問文の読み方

疑問詞ではじまる疑問文は，ふつう，文の終わりを下げて（↘）読む。

2 What ～？

what は「**何**」という意味を表す疑問詞です。また，〈**what＋名詞**〉で「**何の［どんな］～**」という意味を表します。

What happened yesterday?　（昨日**何が**起きたのですか。）
What is your favorite subject?
（あなたの好きな教科は**何**ですか。）
What do you do after school?
（あなたは放課後に**何を**しますか。）
What sports do you like?
（あなたは**何のスポーツ**が好きですか。）

単数で聞くか，複数で聞くか

What sport do you like? と単数で聞くこともできる。質問者が単数と複数，どちらの答えを想定しているかによって使い分ける。

3 Who ～？

who は「**だれ**」という意味を表す疑問詞です。

Who broke the window?　(だれが窓を割ったのですか。)
Who is that man?　(あの男性はだれですか。)

4 Which ～？

which は「どちら［どれ］」という意味を表す疑問詞です。また，〈which＋名詞〉で「どちらの［どの］～」という意味を表します。

Which is your book?　(どちらがあなたの本ですか。)
Which book is yours?　(どちらの本があなたのものですか。)

5 Whose ～？

whose は〈whose＋名詞〉で「だれの～」という意味を表す疑問詞です。また，単独では「だれのもの」という意味を表します。

Whose pencil is this?　(これはだれの鉛筆ですか。)
Whose is this pencil?　(この鉛筆はだれのものですか。)

A か B のどちらか

Which の疑問文のあとに，〈, A or B?〉をつけて，「A と B のどちらが～ですか？」という意味を表せる。
Which do you like, English or math?
(英語と数学のどちらが好きですか。)

POINT

1. 相手から具体的な情報を引き出したいときは**疑問詞**を使う。
2. 疑問詞のある疑問文は，**疑問詞を文のはじめに置く。**
3. 疑問詞で始まる疑問文には **Yes / No では答えない。**

CHECK 027

解答 ➜ p.278

(　　) 内の語を正しく並べかえましょう。

☐ Q: (looking / who / you / for / are)?　　A: I'm looking for my cousin.

TRY! 表現力

友だちに「あなたは何の～が好き？」とたずねてみましょう。

WORD LIST：fruit, game, song, sport, subject

例　What song do you like?

UNIT 4

疑問詞を使った疑問文②

Can-Do 「いつ」「どこ」「なぜ」「どうやって」とたずねることができる。

基本例文

A: When does the concert begin?
B: It begins at ten.

意味
A：コンサートはいつはじまるの？
B：10時にはじまるよ。

1 When ～？

whenは「いつ」という意味で『時』をたずねる疑問詞です。

When is your birthday?（あなたの誕生日はいつですか。）

When do you study math?
（あなたはいつ数学を勉強しますか。）

2 Where ～？

whereは「どこに［で］」という意味で『場所』をたずねる疑問詞です。

Where is my jacket?（私のジャケットはどこですか。）

Where did you go during winter vacation?
（あなたは冬休みにどこへ行きましたか。）

3 Why ～？

whyは「なぜ」という意味で『理由』をたずねる疑問詞です。

Why is she crying?（彼女はなぜ泣いているのですか。）

もっと！

出身地のたずね方

出身地はWhere are you from?やWhere do you come from?のように，現在時制を使う。

もっと！

Why ～？への答え方

Why ～？に対しては，Because ～．で答えることが多い。
— Because she lost her smartphone.
（スマホをなくしたからです。）

4 How ～？

how は「どう［どんなふうで］」という意味で『状態』をたずねたり，「どのように［どうやって］」という意味で『方法』をたずねたりする疑問詞です。

How is the weather?　（天気はどうですか。）

How did you come here?

（あなたはどうやってここへ来ましたか。）

また，〈how＋形容詞［副詞］〉の形で年齢，身長，値段，数量など，以下のようないろいろな意味を表します。

how many＋複数名詞　〈数〉
how much　〈値段，量〉
how tall　〈身長，高さ〉
how old　〈年齢，古さ〉
how long　〈もの・時間の長さ〉
how far　〈距離〉
how often　〈頻度〉
など

POINT

1. **when** は『**時**』，**where** は『**場所**』，**why** は『**理由**』をたずねる疑問詞。
2. **how** は『**状態**』や『**方法**』をたずねる疑問詞。
3. 〈**how＋形容詞［副詞］**〉にはさまざまな表現がある。

CHECK 028

解答 ➡ p.278

（　　）内の語句を正しく並べかえましょう。

□ Q: (eat / breakfast / do / every day / where / you)?　　A: I eat it at home.

TRY! 表現力

友だちに「どうやって～へ行くつもりなの？」とたずねてみましょう。

WORD LIST：how, will, go to

例　How will you go to Hokkaido?

UNIT **5**

付加疑問

Can-Do 相手に念を押したり，意見をたずねたりする文を表現できる。

基本例文

A: You want to play volleyball, don't you?
B: Yes, I do.

意味
A：あなたはバレーボールをしたいんですよね。
B：はい，そうです。

1 付加疑問とは

「～ですよね」と軽く相手に念を押したり，意見をたずねるために，肯定文のあとにつける簡単な2語の疑問形を**付加疑問**といいます。付加疑問には否定形と肯定形があり，どちらかを使うかは前の文によって決まります。

2 付加疑問のつけ方

(1) 前の文が肯定文か否定文かを確認する。

It's warm today, isn't it? （今日は暖かいですよね。）
肯定文 ――→ 否定の疑問形

It wasn't sunny yesterday, was it?
否定文 ――→ 肯定の疑問形
（昨日は晴れなかったよね。）

前の文が**肯定文なら否定の疑問形**を，**否定文なら肯定の疑問形**をつけます。

(2) 前の文の（助）動詞を見て，付加疑問の（助）動詞を決める。

Taro can't speak Chinese, can he?
助動詞 can ――→ 同じ助動詞 can を使う
（太郎は中国語を話せませんよね。）

Mr. Brown teaches math, doesn't he?
3単現の一般動詞 ――→ does を使う
（ブラウン先生は数学を教えているんですよね。）

付加疑問の文の読み方

相手に念を押すときは，文の終わりを下げ（↘），相手に Yes / No の答えを期待するときは，文の終わりを上げて（↗）読む。

否定の付加疑問は短縮形

否定の付加疑問には必ず（助）動詞の短縮形を使う。

are not = aren't
is not = isn't
was not = wasn't
were not = weren't
do not = don't
does not = doesn't
did not = didn't
can not = can't
will not = won't
have not = haven't
has not = hasn't

You went to Tokyo last week, didn't you?
過去形の一般動詞 ──→ did を使う
(あなたは先週，東京へ行ったんですよね。)

前の文に be 動詞・助動詞があれば，そのまま同じ be 動詞・助動詞を使い，一般動詞の場合は，人称・数・時制に合わせて do [does, did] を使い分けます。

(3) 主語の形を人称代名詞にする。

Your mother cooks very well, doesn't she?
(あなたのお母さんは料理がとても上手ですよね。)

前の文の主語が名詞の場合は，名詞を代名詞に変えます。

3 付加疑問への答え方

You are busy, aren't you? ↗ (あなたは忙しいですよね。)
—Yes, I am. / No, I'm not.
(はい，そうです。／いいえ，そうではありません。)

付加疑問の文への答え方は，ふつうの疑問文と同様に考えましょう。たとえば be 動詞で聞かれた場合は，be 動詞で答えます。

注意

日本語の「はい／いいえ」が英語では逆の意味になることがある

日本語では相手に同意するときに「はい」と言う。しかし，英語で付加疑問の文に答える場合は，前の文の動詞を肯定するときには Yes，否定するときには No を使う。
You aren't tired, are you?
(あなたは疲れていないですよね。)
疲れていないとき
—No, I'm not.
(はい，疲れていません。)
疲れているとき
—Yes, I am.
(いいえ，疲れています。)

POINT

1. 相手に念を押したり意見をたずねたりするときに，**付加疑問**を使う。
2. 付加疑問は，前の文によって，**否定形にするか肯定形にするか**が決まる。
3. 付加疑問を作るときは，前の文の動詞や主語に注意する。

CHECK 029

解答 → p.278

(　　) 内の単語から適切なものを 1 つ選んで○で囲みましょう。

□ Your parents are from Hokkaido, (are, aren't, don't) they?

TRY! 表現力

友だちに「あなたは～が得意ですよね。」とたずねてみましょう。

WORD LIST : be good at, English, cooking, dancing

例 You are good at cooking, aren't you?

7章 疑問文

実力アップ問題

解答 ➡ p.278

問 1 疑問文に対する答え方①

次の質問に対する適切な答えを下から選び，記号で答えなさい。

(1) What is Taro looking for? (　　)
(2) Whose pencil is this? (　　)
(3) Why is Kaho absent? (　　)
(4) Which season do you like better, spring or summer? (　　)
(5) It's hot today, isn't it? (　　)

ア I like summer better.
イ It's mine.
ウ No, I'm not.
エ He is looking for his bag.
オ Because she has a cold.
カ Yes, it is.

問 2 疑問文に対する答え方②

次の質問に対する適切な答えを下から選び，記号を○で囲みなさい。

(1) Are Yui and Tom good friends?
ア Yes, they do.　　イ Yes, they are.　　ウ They are friends.

(2) Did your sister go to the restaurant with her friends?
ア No, she didn't.　　イ No, she isn't.　　ウ She went to the park.

(3) Does Mike play baseball or soccer?
ア Yes, he does.　　イ Yes, he did.　　ウ He plays soccer.

(4) Which book did you read?
ア Yes, I did.　　イ Yes, it is.　　ウ I read this one.

(5) Who used this computer yesterday?
ア It's Ken.　　イ Ken did.　　ウ Ken is.

問 3 疑問詞で始まる疑問文

次の対話の意味が通るように，____に最も適当な語を 1 語書きなさい。

(1) A: __________ __________ sisters do you have?
B: I have two.

(2) A: __________ __________ do you go fishing in a month?
B: I go two or three times.

(3) A: __________ __________ does it take from here to the station?
B: It takes about 10 minutes on foot.

(4) A: __________ __________ is your school?
B: It's fifty years old.

問 4 疑問文の語順

日本語に合うように，(　　) 内の語句を並べかえなさい。

(1) あなたは駅でだれを持っていたのですか。
(were / for / you / waiting / at / who) the station?
______________________________ the station?

(2) この DVD はいくらですか。
(much / DVD / is / how / this)?
______________________________ ?

(3) あなたはいつ京都を訪れますか。
(are / you / to / when / going / visit) Kyoto?
______________________________ Kyoto?

(4) デイビス先生はどのように学校へ来ていますか。
(come / does / to / how / school / Mr. Davis)?
______________________________ ?

問 5 英作文

次のように言いたいとき，英語で何と言いますか。

(1) 友だちのお姉さんに「あなたは車の運転ができますよね」と確認したいとき。

____

(2) (1)の疑問文に「うん，できるよ」と答えるとき。

____

この章の整理 CHAPTER 7

疑問文

UNIT 1 Yes / No で答える疑問文①

Is he your brother? — Yes, he is.

彼はあなたの兄弟ですか。
—はい，そうです。

- be 動詞の疑問文は〈be 動詞＋主語～？〉で表す。
- 「はい」は〈Yes,＋主語＋be 動詞.〉の形で，「いいえ」は〈No,＋主語＋be 動詞＋not.〉の形で答える。

UNIT 2 Yes / No で答える疑問文②

Did you watch the game?
— No, I didn't.

あなたはその試合を見ましたか。
—いいえ，見ませんでした。

- 一般動詞の疑問文は〈Do [Does, Did]＋主語＋動詞の原形～？〉で表す。
- 〈Yes,＋主語＋do [does, did].〉または〈No,＋主語＋do [does, did]＋not.〉で答える。

Can you swim? — Yes, I can.

あなたは泳ぐことができますか。
—はい，できます。

- 助動詞の疑問文は〈助動詞＋主語＋動詞の原形～？〉で表す。

UNIT 3 疑問詞を使った疑問文①

What can you see from here?

ここから何が見えますか。

- 疑問詞のある疑問文は，疑問詞を文のはじめに置き，Yes / No ではなく具体的なものを答える。

UNIT 4 疑問詞を使った疑問文②

When does the concert begin?

コンサートはいつはじまりますか。

- when は『時』，where は『場所』，why は『理由』，how は『状態』や『方法』をたずねる疑問詞。

UNIT 5 付加疑問

You play volleyball, don't you?

あなたはバレーボールをするのですよね。

- 付加疑問は，前の文が肯定文であれば否定形に，否定文であれば肯定形にする。
- 前の文の（助）動詞に合わせて，付加疑問の（助）動詞を決める。

8章

否定文

UNIT 1

be 動詞と一般動詞の否定文

Can-Do ＞ be 動詞や一般動詞を正しく使い分けて「否定」の表現ができる。

基本例文

A: I am not good at cooking.
B: Really? I don't cook at all.

意味
A：私は料理が得意ではないんです。
B：本当？　ぼくはまったく料理をしないんです。

1 be 動詞を使った否定文

現在形　（私は具合が悪くありません。）

I	am	not	sick.

過去形　（試験は簡単ではありませんでした。）

The exams	were	not	easy.

未来の be going to　（彼らはヨーロッパに行く予定はありません。）

They	are	not	going to	Europe.

進行形　（カレンは今，勉強していません。）

Karen	is	not	studying	now.

受け身　（このおもちゃは店では売られていません。）

This toy	is	not	sold	in stores.

be 動詞を使った文の否定文は，基本的にいつも **be 動詞（am, is, are, was, were）** のあとに **not** を置きます。

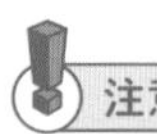

be 動詞＋not の短縮形

is not＝　isn't
are not＝　aren't
was not＝　wasn't
were not＝weren't
※ am not には短縮形がないので注意。I am not は I'm not とする。
I'm not good at cooking.

助動詞＋be 動詞の否定文

Don't be noisy.
（うるさくしないで。）
He will not be invited.
（彼は招かれないでしょう。）
上のように助動詞をともなう場合は，be 動詞を使っていても，not は助動詞の直後に置く。

2 一般動詞の否定文

現在形（1人称・2人称・複数）　（私はフランス語を話しません。）

I	do not	speak	French.

現在形（3人称単数）　（彼はフランス語を話しません。）

He	does not	speak	French.

一般動詞の現在形の否定文は，主語がIかyouか複数なら**動詞の前にdo not[don't]**，3人称単数なら**does not[doesn't]**，過去形の文では，主語が何であれ**did not[didn't]**を置きます。

3 notを使わない否定表現

I have **no** brothers or sisters.（私には兄弟も姉妹も（1人も）**いません。**）

notを使わずに否定を表す形容詞noを使うと，あとに続く名詞を「(まったく) ～ない」と打ち消すことができます。

注意

do[does, did]＋not

主語	使うもの
I（現在） You（現在） 複数（現在）	do not (＝don't)
3人称単数 （現在）	does not (＝doesn't)
すべて （過去）	did not (＝didn't)

few と little

fewは数えられる名詞に，littleは数えられない名詞に使い，「ほとんど～ない」と否定的な表現になる。

I have few friends.

（私には友だちがほとんどいません。）

POINT

1. be動詞の否定文は，**be動詞のあとにnot**を置く。
2. 一般動詞の否定文は，**動詞の前にdo[does/did] not**を置く。**動詞は原形。**
3. **no**などを用いた，notを使わない否定表現もある。

CHECK 030

解答 ➜ p.279

（　　）内の語を正しく並べかえましょう。

☐ (1) I (not / am / tired) now.

☐ (2) She (finish / not / did) her homework yesterday.

TRY! 表現力

「今，私には～がまったくありません。」と言ってみましょう。

WORD LIST：have, money, time, power, now, no, not

例 I don't have any money now. / I have no money now.

8章 否定文

UNIT 2

助動詞と現在完了の否定文

Can-Do 助動詞や現在完了の文の「否定」を正しく表現できる。

基本例文

A: I've not eaten lunch yet.
B: I won't eat at a café with you.
I have many things to do.

意味
A：ぼくは昼食をまだ食べていないんだよ。
B：私はあなたといっしょにカフェで食べるつもりはないんです。
やることがたくさんあるので。

1 助動詞を使った文の否定文

will （私はカフェで食べるつもりはありません。）

I	will not	eat	at a café.

can （ここでは泳げません。）

You	cannot	swim	here.

↑ can＋not はふつう cannot と１語で表す。

must （ここで泳いではいけません。）

You	must not	swim	here.

would （私はそれを見たくありません。）

I	would not	like	to see it.

助動詞を使った文を否定文にするには，助動詞（do, does, did, will, can, must, may, would, could, should など）のあとに not を入れます。続く動詞は原形です。

助動詞＋not の短縮形

cannot＝ can't
will not＝ won't
must not＝ mustn't
would not＝ wouldn't
could not＝ couldn't
should not＝shouldn't
※よく使われるもののみ掲載。

have to ～ などの否定文

I'm not going to study math.
（私は数学を勉強する予定ではない。）
She doesn't have to go there.
（彼女はそこへ行かなくてよい。）
上のように，助動詞と同じ働きをする表現を使った文の否定文は，be 動詞の文か一般動詞の文かによって作り方を使い分ける。

2 現在完了の否定文

1人称・2人称・複数　**（私はまだ昼食を食べていません。）**

I	have not	eaten	lunch	yet.

3人称単数　**（彼女はまだ昼食を食べていません。）**

She	has not	eaten	lunch	yet.

現在完了の否定文は，**have** や **has のあとに not** を入れます。短縮形は **haven't** と **hasn't** です。

3 never を使った否定表現

現在完了　I have **never** seen such a long bridge.
（私はそのような長い橋を**一度も**見たことは**ありません**。）

命令文　**Never** give up.（決してあきらめるな。）

not を使わずに **never** を使った否定表現もあります。「**一度も～したことがない**」，「**決して～するな**」と動詞を打ち消すことができます。

注意

一般動詞 have との使い分け

（私はペンを持っていない。）
（○）I don't have a pen.
（×）I haven't a pen.
※特に現在完了を学んだあとによく見られる文法上の誤り。haven't となるのは現在完了の文だけなので，一般動詞 have の否定文とは区別しよう。

POINT

1. 助動詞を使った文の否定文は，**助動詞のあとに not** を置く。続く**動詞は原形。**
2. 現在完了の否定文は，have［has］のあとに not を置く。続く**動詞は過去分詞。**
3. **never** を用いた，not を使わない否定表現もある。

CHECK 031

解答 ➜ p.279

（　）内の語を並べかえて正しい文にしましょう。

□ (1) She (not / will / go) to the party today.

□ (2) She (finished / not / has) her homework yet.

TRY! 表現力

今日はテスト前日です。「今夜は～するつもりはありません。」と家族に伝えましょう。

WORD LIST：tonight, play, use, watch TV

例　I won't play video games tonight.

実力アップ問題

解答 ➡ p.279

問 1 be 動詞 / 一般動詞の否定文①

次の文の（　　）内のうち適切なものを選び，〇で囲みなさい。

(1) I (am not, is not, do not, does not) study math every day.

(2) Ken (don't, doesn't, aren't, isn't) like sports.

(3) Your brothers (aren't, isn't, don't, doesn't) play soccer.

(4) Yuki and Kumi (isn't, aren't, don't, doesn't) students.

(5) Ken (aren't, isn't, don't, doesn't) helping his father now.

(6) This ticket (aren't, isn't, don't, doesn't) sold now.

問 2 be 動詞 / 一般動詞の否定文②

日本語に合うように，____に適切な 1 語を入れなさい。

(1) その図書館は公園の中にはありません。

The library ______ ______ in the park.

(2) 彼らは私の弟の友だちではありません。

They ______ ______ my brother's friends.

(3) 私の姉はあまりその本屋に行きません。

My sister ______ ______ to the bookshop often.

(4) 彼らは朝食にご飯を食べません。

They ______ ______ rice for breakfast.

(5) ルーシーとトムはスペイン語を習っていません。

Lucy and Tom ______ ______ Spanish.

問 3 助動詞 / 現在完了の否定文

日本語に合うように，____に適切な 1 語を入れなさい。

(1) 私たちは，明日は学校に行きません。

We ______ ______ go to school tomorrow.

(2) あなたたちはその川で泳ぐべきではありません。

You ______ ______ swim in the river.

(3) 私は冷たいお茶はほしくないのですが。

I ______ ______ like cold tea.

⑷ 彼はまだその部屋の掃除をしていません。

He ______ ______ cleaned the room yet.

⑸ 私はその映画を一度も見たことがありません。

I ______ ______ seen the movie.

問4 否定文の語順

日本語に合うように，(　　) 内の語句を並べかえなさい。

⑴ 私はテニス部の一員ではありません。

I (a member / not / of / am / the tennis club).

I ______________________________.

⑵ 私の友だちはチケットを持っていません。

(friend / have / my / a ticket / doesn't).

______________________________.

⑶ 私の両親は来月，アメリカには行きません。

(will / to / my parents / go / not / America) next month.

______________________________ next month.

⑷ 私の母はまだ昼食を食べていません。

My mother (eaten / has / lunch / yet / not).

My mother ______________________________.

⑸ 彼らはそこでは待っていません。

(are / there / not / they / waiting).

______________________________.

⑹ 私たちは一度もその海岸へ行ったことがありません。

We (the beach / been / have / never / to).

We ______________________________.

問5 英作文

次の日本語を英語にしなさい。

⑴ 私の弟は今，テレビゲーム (a video game) をしていません。

____

⑵ あなたはそのアニメ (the animation film) をインターネット上で見ることはできません。

____

⑶ だれもそこに行くことはできません。

____

この章の整理

CHAPTER 8

否定文

この章で学習したことを，もう一度チェックしてみよう！

UNIT 1 be 動詞と一般動詞の否定文

I am not good at cooking. 私は料理が得意ではありません。
We aren't [are not] going to swim. 私たちは泳ぐつもりはありません。

- be 動詞を使った文の否定文は，be 動詞のあとに not を置く。

I don't [do not] cook at all. 私はまったく料理しません。

- 一般動詞の否定文は，動詞の前に do [does / did] not を置く。動詞は原形にする。

I have no pets. 私はペットを（1匹も）飼っていません。

- not を使わずに，no「(まったく) ～ない」などを用いた否定表現もある。

UNIT 2 助動詞と現在完了の否定文

I won't [will not] eat at a café. 私はカフェで食べるつもりはありません。

- 助動詞を使った文の否定文は，助動詞のあとに not を置く。

I haven't [have not] eaten lunch yet. 私はまだ昼食を食べていません。

- 現在完了の否定文は，have [has] のあとに not を置く。
- have [has] のあとの動詞は，現在完了の肯定文と同じで，過去分詞を使う。

I have never been there. 私は一度もそこに行ったことがありません。

- not を使わずに，never「一度も～したことがない」などを用いた否定表現もある。

9章

名詞とa, an, the

UNIT 1

名詞の種類

Can-Do 人や物の名前を表す語の種類を理解して，使うことができる。

基本例文

① **She has a dog and two cats.**
② **Yuki has a glass of milk every morning.**

意味
① 彼女は，1匹の犬と2匹のネコを飼っています。
② ユキは，毎朝一杯の牛乳を飲みます。

1 名詞の種類

人やものの名前を表す語を「名詞」といいます。名詞には**数えられる名詞**（可算名詞）と，**数えられない名詞**（不可算名詞）があります。

◎数えられる名詞

普通名詞	人やものなど一定の形があるもの dog, cat, desk, book, student, pencil など
集合名詞	同じ種類の人・ものの集合体 family, class, team, people など

◎数えられない名詞

物質名詞	一定の形がない物質や材料 milk, tea, coffee, sugar, wine, air など
抽象名詞	具体的な形のない抽象的なものやこと happiness, love, peace, music など
固有名詞	人名や地名など，1つしかないもの London, New Zealand, Mt. Fuji, Yuki など

単数形の複数扱い

集合名詞は，個々の構成員をさす場合に，単数形のまま複数として扱うことがあるので覚えておこう。

My family is large.
（私のうちは大家族です。）
➡家族全体をひとまとまりととらえ，単数扱いなので動詞は is。

My family are all tall.
（私の家族はみな背が高い。）
➡家族の1人ひとりをさしているので，family は単数形でも複数扱いで，動詞は are。

2 数えられる名詞

数えられる名詞には，１つのとき（単数形）と２つ以上のとき（複数形）の区別があります。

単数形　a **boy** / an **apple** / a **family**

１つのものを表し，冠詞の **a, an** を前につけます。

複数形　**boys** / **two apples** / **some families**

２つ以上のものを表し，基本的には名詞の終わりに **s, es** をつけます。

3 数えられない名詞

(○) I want some **water.**

(×) I want some **waters.**

上の文の water のように，数えられない名詞は原則的には常に単数形で，不定冠詞（a, an）や語尾の s, es はつけません。

もっと！

物質名詞の数え方

物質名詞はそのままでは数えることができないが，cup，piece などの容器や単位を示す語を使うと，数量が表せる。

a glass of milk
（グラス１杯の牛乳）
a cup of coffee
（カップ１杯のコーヒー）
a sheet of paper
（１枚の紙）

POINT

1. 名詞には「**数えられる名詞**」と「**数えられない名詞**」がある。
2. 数えられる名詞には，**冠詞 a, an をつける。**
3. 数えられない名詞の一定の数量は，**単位を示す語**を使って表す。

CHECK 032

解答 ➜ p.280

（　　）内の単語から適切なものを１つ選んで○で囲みましょう。

☐ (1) I have a (pen, pencils, eraser) and two (notebook, notebooks).

☐ (2) There (are, is) three bottles of (wine, wines) on the table.

TRY! 表現力

レストランで「私は～がほしいです。」と，飲み物を頼んでみましょう。

WORD LIST：coffee, orange juice, milk, water, tea

例　I'd like to have a glass of orange juice.

UNIT 2

名詞の複数形

Can-Do 同じものが2つ以上あるときに正しく英語で言うことができる。

基本例文

① Takashi and Emi are my friends.
② They have three children.

意味
① タカシとエミは私の友だちです。
② 彼らには3人の子どもがいます。

1 名詞の複数形の作り方

規則変化

語尾	s のつけ方	例
①(原則)	s をつける	book - books girl - girls
② s, x, sh, ch, 子音字+o	es をつける	bus - buses church - churches
③ f, fe	f, fe を v に変えて es をつける	leaf - leaves knife - knives
④子音字+y	y を i に変えて es をつける	city - cities lady - ladies

不規則変化

変化	例
①母音を変える	man - men　woman - women foot - feet　tooth - teeth mouse - mice

注意

ルールの例外

左の表のルールに当てはまらない語もある。
①語尾が子音字+o だが s のみをつける
piano → pianos
photo → photos
②語尾が f だが s のみをつける
roof → roofs

不規則変化する複数形は，ルールを考えずにそのまま覚えてしまおう！

② en, ren をつける	child − children
③単数・複数が同形	sheep − sheep　deer − deer fish − fish　Japanese − Japanese

2 名詞の所有格

「父の時計」の「父の」のように，「～の」という意味を表す形を名詞の所有格といいます。次のように，**名詞の語尾に 's**（アポストロフィー・エス）をつけて作ります。

(1) 単数名詞には 's をつける
my father's car　（私の父の車）
(2) s, es で終わる複数名詞には ' だけをつける。
a girls' school　（女子校）
(3) 不規則変化の複数名詞には 's をつける。
the children's room　（子どもたちの部屋）

「～のもの」を表す所有格

名詞の所有格は，「～の」という意味のほかに，「～のもの」という意味も表す。
(1) 所有格＋名詞「～の」
This is Andy's bag.
（これはアンディのかばんです。）
(2) 単独の所有格
「～のもの」
This bag is Andy's.
（このかばんはアンディのものです。）

POINT

1. 名詞の複数形には**規則変化**と**不規則変化**がある。
2. 規則変化では，**名詞の語尾に s, es** をつける。
3. 「～の」という所有格を表すときは，**名詞に 's** をつける。

CHECK 033　解答 → p.280

下線部の語を正しい形にしましょう。
□ (1) There are three beautiful church in this city. ＿＿＿＿＿＿
□ (2) I have lost four of my tooth. ＿＿＿＿＿＿

TRY! 表現力

自分や友だちの持ち物について，「～は…を（いくつ）持っています。」と表現してみましょう。

WORD LIST：textbook, CD, desk, bag, dog, cat

例　I have four textbooks in my bag.

UNIT 3

a, an, the

Can-Do 名詞の前に置く冠詞を正しく使うことができる。

基本例文

I bought a lemon and an orange.
I need the lemon and the orange.

意味
私は（1つの）レモンと（1つの）オレンジを買いました。
私は，そのレモンとオレンジが必要です。

1 冠詞とは

冠詞とは，名詞の前につくもので，a，an，theの3つです。その働きから，不定冠詞（a，an）と定冠詞（the）の2種類に分けられます。

2 a, an（不定冠詞）の用法

不特定の1つのものをさし，数えられる名詞の単数形の前に置きます。**aは子音ではじまる語の前に，anは母音ではじまる語の前に**置きます。

基本的には，「1つの」という意味ですが，いろいろな使い方があります。

⑴「1つの」の意味だが日本語ではとりたてて言わない場合

My father is **a** doctor.（私の父は医者です。）

⑵「1つの」の意味をはっきり表す場合

We must wait for **an** hour.
（私たちは1時間待たなければなりません。）

⑶「～につき」の意味を表す場合

I practice judo twice **a** week.
（私は週に2回柔道の練習をしています。）

注意

aとanの区別

単語が子音字ではじまっていても，発音が母音であればanを使うので，注意しよう。
an hour［アゥァ］
（1時間）

その一方で，単語が母音字ではじまっていても，発音が子音であればaを使う。
a European
［ユ（ア）ロピーアン］
（1人のヨーロッパ人）

3 the（定冠詞）の用法

theは「**その～**」「**あの～**」という意味で**特定の決まったもの**をさし，数えられる名詞にも数えられない名詞にも，単数形にも複数形にも使います。母音ではじまる単語の前では，[ザ] ではなく [ズィ] と発音します。theには次のような用法があります。

⑴ 前に出た名詞をくり返す場合

The zoo has a koala. **The** koala is very cute.
（その動物園にはコアラがいます。**その**コアラはとてもかわいいです。）

⑵ 周囲の状況で何をさしているかがわかっている場合

Please close **the** door.（ドアを閉めてください。）
※話している人同士には，どのドアかわかっている。

⑶ 修飾語（句）で限定された名詞につく場合

Who is **the** girl in the car?（その車の中の少女はだれですか。）

⑷ ただ1つしかないと思われるものをさす場合

the sun（太陽），**the** moon（月），**the** earth（地球）

注意

the my cat は不可

冠詞，a, an, the と this, that や，my, your, whose などは重ねて使えない。
（×）a my cat
the my cat
this a [the] cat
（○）a [the] cat
my cat, this cat

注意

冠詞が省略されるケース

⑴ 季節や食事など
in summer（夏に）
have lunch
（昼食を食べる）
⑵ 慣用表現
by bus（バスで）
at night（夜に）

POINT

❶ 冠詞には「**1つの**」を**意味するa, an**と，「**その～」と特定のものをさすthe**がある。
❷ **aは子音ではじまる語の前，anは母音ではじまる語の前**につける。
❸ theは**数えられる名詞**にも**数えられない名詞**にも，**単数形**にも**複数形**にも使う。

CHECK 034

解答 ➡ p.280

（　　）内の単語から適切なものを1つ選んで○で囲みましょう。

□ ⑴ I saw (a, an) elephant at the zoo. (An, The) elephant was very old.
□ ⑵ I go to the library twice (a, the) week.

TRY! 表現力

あなたは，小さくて茶色い犬を飼っています。
その犬について，I have ～ではじめて3文で紹介してみましょう。

WORD LIST：dog, small, brown

例 I have a dog. The dog is very small. The color of the dog is brown.

実力アップ問題

解答 ➡ p.280

問1 名詞の複数形

次の名詞を複数形にしなさい。

(1) glass ______　(2) potato ______
(3) baby ______　(4) sheep ______
(5) child ______　(6) leaf ______
(7) monkey ______　(8) tooth ______
(9) knife ______

問2 数えられる名詞と数えられない名詞

数えられる名詞には○を，数えられない名詞には×を書きなさい。

(1) book (　　)　(2) snow (　　)
(3) orange (　　)　(4) water (　　)
(5) sadness (　　)　(6) coffee (　　)

問3 数えられない名詞・複数形の所有格

次の文には誤りがあります。それをなおして正しい文にしなさい。

(1) I want some waters.

______

(2) He wants some piece of papers.

______

(3) I know these boy's parents.

______

問4 数えられない名詞を含む文

日本語に合うように，____に適切な1語を入れなさい。

(1) 冷蔵庫の中にいくらかの牛乳があります。
There ______ some ______ in the fridge.

(2) リンゴジュースを2杯ください。
Give me two ______ of apple ______ .

⑶ スミス先生は宿題をたくさん出しました。

Mr. Smith gave us ______ lot of ______ .

⑷ 2月にはたくさん雨が降りますか。

Do you have ______ ______ in February?

⑸ 私はコンビニでお金をいくらか使いました。

I spent ______ ______ at the convenience store.

問5 名詞と a, an, the の使い方

次の文の（　）内のうち適切なものを選び，〇で囲みなさい。

⑴ I arrived here (a, much, some, an) hour ago.

⑵ We had (many, little, a few, a lot) rain this June.

⑶ There (is, are) (a few, many, some) salt in the box.

⑷ I have never seen such (a, an, the) interesting movie before.

⑸ Will you give me a (slice, cup, sheet) of paper?

⑹ Jane has long brown (hair, hairs).

問6 a, an, the の使い方

次の文の___に a，an，the のうち適切なものを入れなさい。何も入れる必要のない場合には×印を書きなさい。

⑴ I have ______ book. ______ book is very interesting.

⑵ We can stay there for ______ hour.

⑶ My sister can play ______ piano very well.

⑷ Before you have ______ lunch, you must wash your hands.

⑸ All of us have to think about ______ earth.

⑹ Mika has ______ cat. ______ cat has blue eyes.

⑺ ______ Mt. Fuji is ______ highest mountain in ______ Japan.

問7 自己表現

次の質問に，自分の立場で英語で答えなさい。

⑴ How many brothers or sisters do you have?

____

⑵ レストランで「飲みものは何にしますか。」と言われたとき。

____

この章の整理 CHAPTER 9

名詞と a，an，the

この章で学習したことを，もう一度チェックしてみよう！

UNIT 1 名詞の種類

She has a dog and two cats.	彼女は1匹の犬と2匹のネコを飼っています。

● 名詞には「数えられる名詞」と「数えられない名詞」がある。
● 数えられる名詞は，単数のときは名詞の前に a[an] をつけ，複数のときは名詞の語尾に (e)s をつける。

I want some water.	私は水がほしいです。

● 数えられない名詞は，原則として常に単数形で，a[an] や語尾の (e)s はつけない。

Would you like a cup of coffee?	（1杯の）コーヒーはいかがですか。

● 数えられない名詞の一定の数量は，容器や単位を示す語を使って表す。

UNIT 2 名詞の複数形

They are my friends.	彼らは私の友だちです。
They have three children.	彼らには3人の子どもがいます。

● 名詞の複数形には規則変化と不規則変化がある。
● 規則変化では，名詞の語尾に (e)s をつける。

I know Takashi's sister.	私はタカシの妹［姉］を知っています。

●「〜の」という所有格を表すときは，名詞に 's をつける。

UNIT 3 a，an，the

He has a son.	彼には（1人の）息子がいます。
The son is studying abroad.	その息子は海外留学しています。

● 冠詞には「1つの」を意味する不定冠詞 a，an と，「その」と特定の決まったものをさす定冠詞 the がある。
● a は子音ではじまる語の前，an は母音ではじまる語の前につける。

10 章

代名詞

UNIT 1

人称代名詞

Can-Do 人称代名詞の使い方を理解することができる。

I often see Ken on my way home.
He lives near our school.

意味 私はよく家に帰る途中にケンと会います。
彼は私たちの学校の近くに住んでいます。

1 人称代名詞とは

名詞の代わりに使われる語を代名詞といいます。そのうち，話し手（1人称），聞き手（2人称），それ以外のもの（3人称）の区別を示すものが，人称代名詞です。

人称	数	意味	主格「～は，～が」	所有格「～の」	目的格「～を，～に」
1人称	単数	私	I	my	me
	複数	私たち	we	our	us
2人称	単数	あなた	you	your	you
	複数	あなたたち			
3人称	単数	彼	he	his	him
		彼女	she	her	her
		それ	it	its	it
	複数	彼（女）ら，それら	they	their	them

人称代名詞は，このように，「**人称**」「**数**」「**格**」によって，変化します。主語として使うときは「**主格**」，あとに名詞をつけて所有を表すときは「**所有格**」，目的語として使うときは「**目的格**」というように形が変わりますので，しっかり覚えましょう。

用語解説

格とは？

格は，文中で代名詞がほかの語とどんな関係にあるかを示すもので，
主格（～は，～が）
所有格（～の）
目的格（～を，～に）
の，3つに分けられます。

もっと！

人称代名詞を and でつなぐとき

2つ以上の単数の人称代名詞を and でつなぐときは，ふつう2人称⇒3人称⇒1人称の順にする。自分（I）を最後にすると覚えよう。
you and I
he [she] and I
you, he, and I

2 人称代名詞の特別な用法

(1) 一般の人をさす we, you, they

We should know more about the world.
((私たちは) もっと世界のことを知るべきです。)
They speak English in Singapore.
(シンガポールでは英語を話します。)
※特定の人ではなく，ばくぜんと「人々」を表します。

(2) 天候・時・距離などを表す it

It is sunny today. (今日は晴れています。) 〔天候〕
It is five o'clock. (5時です。) 〔時〕
It is two miles to the station. (駅まで2マイルです。)〔距離〕
※この場合の it は日本語では言いません。

注意

It の区別

(1) I have a bike. It is new.
(私は自転車を持っています。それは新しいです。)
この it は前文の a bike を「それ」と言いかえたもの。

(2) It is a nice day today.
(今日は天気がいいです。)
この it は天候を表すので，「それ」の意味ではない→日本語では言わない。

POINT

1. 人称代名詞は，**「人称」「数」「格」**によって変化する。
2. 格には，主語 (～は，～が) になる**「主格」**，あとに名詞をつけて所有 (～の) を表す**「所有格」**，目的語 (～を，～に) になる**「目的格」**の3つがある。
3. we，you，they は**「ばくぜんとした一般の人」**を，it は，**天候・時・距離など**を表して，日本語では言わないのがふつう。

CHECK 035

解答 ➜ p.281

(　　) 内の単語から適切なものを1つ選んで○で囲みましょう。

☐ (1) We have many books in (us, our, ours) library.
☐ (2) (He, Him, His) friends live in America.

TRY! 表現力

家族の1人について，「○○ (名前) は私の～です。」ではじめて，3文で紹介してみましょう。

WORD LIST：左ページの人称代名詞の表を参考にしましょう。

例 Tomoko is my sister. She likes reading books. Her favorite writer is Haruki Murakami.

10章 代名詞

UNIT 2

所有代名詞・再帰代名詞

Can-Do 持ち物について英語で言うことができる。

This cap is mine, not yours.
I bought it by myself.

意味

この帽子はぼくのだよ，きみのじゃない。
ぼくが自分で買ったんだ。

1 所有代名詞

人称代名詞のうち「～のもの」の意味を表すものを**所有代名詞**といいます。

人称	数	所有代名詞「～のもの」	意味
1人称	単数	mine	私のもの
	複数	ours	私たちのもの
2人称	単数	yours	あなたのもの
	複数		あなたたちのもの
3人称	単数	his	彼のもの
		hers	彼女のもの
		—	—
	複数	theirs	彼ら［彼女ら］のもの

所有代名詞は1語で〈**所有格＋名詞**〉と同じ意味になります。
Whose pencil is this? （これはだれの鉛筆ですか。）
— It's **mine**. （それは**私のもの**です。）
これは〈所有格＋名詞〉を使った以下の文と同じ意味です。
— It's **my pencil**. （それは**私の鉛筆**です。）

注意

your this book とは言わない！

「君のこの本」と言うときは，〈a, an, this, some など＋名詞＋of＋所有代名詞〉の形を使う。
(×) Lend me your this book.
(○) Lend me this book of yours.
（きみのこの本を貸して。）

② 再帰代名詞

-self（単数形），**-selves**（複数形）が語尾についた形で，「～自身」の意味を表すものを「**再帰代名詞**」といいます。再帰代名詞は名詞や代名詞を強調することができます。

人称	数	再帰代名詞「～自身」	意味
1人称	単数	myself	私自身
	複数	ourselves	私たち自身
2人称	単数	yourself	あなた自身
	複数	yourselves	あなたたち自身
3人称	単数	himself	彼自身
		herself	彼女自身
		itself	それ自身
	複数	themselves	彼ら［彼女ら，それら］自身

再帰代名詞の作り方

再帰代名詞を使うときは，人称を主語に合わせる。

(1) We enjoyed ourselves at the party.
（私たちはパーティーで楽しく過ごしました。）

(2) Did you do your homework *by yourself?
（あなたは自分で宿題をしましたか？）

*by ～self「自分自身で，独力で」

POINT

❶ 所有代名詞は1語で「**～のもの**」の意味を表すことができる。

❷ 再帰代名詞は語尾に **-self**，**-selves** がついた形で「**～自身**」の意味を表す。

CHECK 036

解答 ➜ p.281

（　　）に正しい語を入れましょう。

☐ (1) You should do it by (　　　　).　自分でやるべきだよ。

☐ (2) Your room is as large as (　　　　).　あなたの部屋は私のと同じくらい広い。

TRY! 表現力

友だちに「私はいつも自分自身で～します。」と伝えましょう。

WORD LIST：by ～self, make breakfast, wash my clothes

例　I always make breakfast by myself.

UNIT 3

指示代名詞・不定代名詞

Can-Do いろいろな代名詞を使うことができる。

基本例文

A: Which bag do you like, this one or that one?
B: Please show me another one.

意味
A：こちらとそちら，どちらのバッグがお好きですか。
B：もう１つ別のものを見せてください。

1 指示代名詞（this, these, that, those）

代名詞のうち，「これ」や「あれ」と具体的に人やものをさし示す代名詞を「**指示代名詞**」といいます。

⑴ **this**「**これ**」「**この**」／**these**「**これら**」「**これらの**」

These are my books.（**これら**は私の本です。）

These books are mine.（**これらの本**は私のです。）

this, these は比較的近くにあるものをさします。

⑵ **that**「**あれ**」「**あの**」／**those**「**あれら**」「**あれらの**」

Are **those** your classmates? —Yes, they are.

（**あれら**はあなたのクラスメイトですか。—はい，そうです。）

that, those は比較的遠くにあるものをさします。

2 不定代名詞（one, another, other など）

不特定の人，もの，数量など，ばくぜんとしたものを示す代名詞を「**不定代名詞**」といいます。

⑴ **one**「**もの**」

Do you want a big **bottle** or a small **one**?
＊one＝不特定の bottle

（大きな**ビン**と小さな**ビン**のどちらがほしいですか。）

one は前に出た名詞の代わりとして使います。特定のものではなく，前に出た名詞と同じ種類のものをばくぜんと指します。

注意

it と one を区別しよう

it は特定，one は不特定のものをさす。

Is this your pen? Can I use it?
（これは君のペン？ 使っていい？）
→ it＝your pen〔特定〕

Do you have a pen?
—Yes, I have one.
（君はペンを持っている？
—うん，（１本）持ってるよ。）
→ one＝a pen〔不特定〕

(2) **another**「もう1つの［別の］もの」

Will you have **another** piece of cake?

（もう1切れケーキをいかがですか。）

(3) **other**「ほかの［残りの］もの」

He lives on **the other** side of the river.

（彼は川の**向こう**側に住んでいます。）

【another と other を含む慣用表現】

・**each other, one another**「お互いに」

We must help **each other [one another]**.

（私たちは**お互いに**助け合わなければなりません。）

・**one ～, the other …**「（2つのうち）1つは～，もう1つは…」

I have two cats. **One** is white, and **the other** is black.

（私はネコを2匹飼っています。**1匹は**白く，**もう1匹は**黒いです。）

・**some ～, others …**「～もあれば，…もある」

Some say yes, and **others** say no.

（賛成する人たち**もいれば**，反対する人たち**もいます**。）

another＝an＋other

another はもともと〈an＋other〉からできた語なので，単数を表す。

the＋other

other は前に the をつけて「（2つあるうちの）ほかのもの」を表す。

「他人」を表す others

others に the をつけないと「他人」の意味になる。

Be kind to **others**.

（**他人**に親切にしなさい。）

POINT

1. 代名詞は，**具体的なものをさすのか，ばくぜんとしたものをさすのか**で使い分ける。
2. 指示代名詞は**具体的なもの**をさし，**話し手からの距離と数**で使い分ける。
3. 不定代名詞は，不特定の人・もの・数量などの**ばくぜんとしたもの**を表す。

CHECK 037

解答 ➡ p.281

（　　）内の単語から適切なものを1つ選んで○で囲みましょう。

☐ (1) I'd like to borrow a pen if you have (it, one).

☐ (2) One of my sisters is 9 years old, and (other, the other, others) is 5.

TRY! 表現力

あなたはお店にいます。「この［これらの］～とあの［あれらの］…を見たいです。」と店員さんに伝えましょう。

WORD LIST：I'd like to ～, this, that, these, those

例　I'd like to see this T-shirt and those pants.

実力アップ問題

解答 → p.281

問1 人称代名詞の種類

次の文の下線部を1語の代名詞に書きかえなさい。

(1) ①Kyoko is ②Ken's sister. ①＿＿＿＿ ②＿＿＿＿

(2) ①My sister learns dancing at ②my aunt's school.
①＿＿＿＿ ②＿＿＿＿

(3) Did ①you and Ken buy ②a car together?
①＿＿＿＿ ②＿＿＿＿

(4) ①Mike and his brother can play ②the guitar and the drums.
①＿＿＿＿ ②＿＿＿＿

(5) ①That book is ②my father's. ①＿＿＿＿ ②＿＿＿＿

問2 人称代名詞の用法

日本語に合うように，＿＿に適切な1語を入れなさい。

(1) 私たちはときどき学校へ行く途中に彼女の弟に会います。
We sometimes see ＿＿＿＿ brother on ＿＿＿＿ way to school.

(2) 私はよく彼らと彼らのお母さんとテニスをします。
I often play tennis with ＿＿＿＿ and ＿＿＿＿ mother.

(3) 北海道では冬にたくさん雪が降ります。
＿＿＿＿ have a lot of snow in winter in Hokkaido.

(4) オーストラリアでは英語を話します。
＿＿＿＿ speak English in Australia.

(5) 今，6時35分です。
＿＿＿＿ ＿＿＿＿ six thirty-five now.

問3 代名詞の変化

(　) 内の語を適切な形にかえなさい。かえる必要のないものはそのまま書きなさい。

(1) ①(We) have a lot of books in ②(we) library.
①＿＿＿＿ ②＿＿＿＿

(2) Some of ①(they) eat breakfast with ②(he) every morning.
①＿＿＿＿ ②＿＿＿＿

⑶ ①(This) books are ②(he).　① ______　② ______

⑷ ①(Lucy) brother is a friend of ②(I).　① ______　② ______

問4 不定代名詞の用法

次の文の（　　）内のうち適切なものを選び，〇で囲みなさい。

⑴ Is there (some, any, one) water in the bath?

⑵ You don't have (some, any, one) milk.

⑶ Sara has a book. She likes (one, it, other) very much.

⑷ Miyu has an old guitar. Do you have a new (it, one, other) ?

⑸ Would you like (other, another, the other) cup of tea?

⑹ I have two bikes. One is cheap, and (other, the other, another) is expensive.

⑺ I have four cats. One is black, and (other, others, the others) are white.

⑻ Do you know (each, one, every) other very well?

問5 代名詞を含む文

日本語に合うように，（　　）内の語句に1語加えて並べかえなさい。

⑴ 彼は自分のかばんの中に本を1冊持っています。
(in / he / a / has / book / bag).
______ .

⑵ それぞれの選手が自分自身の車を持っています。
(car / player / each / his own).
______ .

⑶ これはあなたの辞書ですか，それともあなたのお兄さんのですか。
(dictionary / this / is / or / your / brother's)?
______ ?

問6 会話表現

次の会話が成り立つように，＿＿に適切な1語の代名詞を入れなさい。

[At a department store]

Shop clerk: How about this one?

You: Oh, this shirt is too small for me.
Show me a larger ______ , please.

この章の整理 CHAPTER 10

代名詞

この章で学習したことを，もう一度チェックしてみよう！

UNIT 1 人称代名詞

He lives near our school.	彼は私たちの学校の近くに住んでいます。

● 人称代名詞は，I－my－me，you－your－you のように，「人称」「数」「格」によって変化する。

They speak English in Singapore.	シンガポールでは英語を話します。

● we，you，they はばくぜんとした一般の人をさすことがある。

It is fine today.	今日はいい天気です。

● it は「それ」とは言わずに，天候・時・距離などを表すことがある。

UNIT 2 所有代名詞・再帰代名詞

This cap is mine, not yours.	この帽子は私のもので，あなたのものではありません。

●「～のもの」の意味を表す代名詞を所有代名詞といい，１語で〈所有格＋名詞〉と同じ意味になる。

I bought it by myself.	私は自分でそれを買いました。

●「～自身」の意味を表す再帰代名詞は，人称代名詞の所有格や目的格の後ろに -self や -selves をつけた形。

UNIT 3 指示代名詞・不定代名詞

These are your books.	これらはあなたの本です。
These books are yours.	これらの本はあなたのものです。

● 指示代名詞には this，these，that，those があり，「これ（ら）」「あれ（ら）」の意味で，具体的に人やものをさす。
● 指示代名詞は，名詞の前につけて形容詞として使われることもある。

I want a smaller one.	私はもっと小さいものがほしいです。

● 不定代名詞には one，another，other などがあり，不特定の人・もの・数量などを表す。

11章

形容詞・副詞

UNIT 1

形容詞の種類と使い方

Can-Do 身のまわりのものごとについて，形容詞を使ってくわしく伝えることができる。

基本例文

A: Why are you so angry today?
B: Because my new bike was stolen this morning.

意味
A：なぜあなたは今日はそんなに怒っているの？
B：私の新しい自転車が今朝盗まれたからよ。

1 形容詞の 2 つの用法

名詞・代名詞について，その性質や状態・数・量などを説明する語を**形容詞**といい，次の 2 つの用法があります。

⑴ 名詞・代名詞を直接修飾する

a)〈形容詞＋名詞〉

a long river （長い川）　my new desk （私の新しい机）

名詞を修飾する場合は，**名詞の前**につけます。冠詞や所有格などがあるときは，〈冠詞［所有格など］＋形容詞＋名詞〉の語順です。

b)〈-thing で終わる代名詞＋形容詞〉

something black （何か黒いもの）

-thing のあとに形容詞をつけます。

⑵ 動詞のあとにきて主語について説明する

This car is expensive. （この車は高価です。）
My sister looks happy. （姉［妹］は幸せそうに見えます。）

be 動詞などのあとに形容詞を置いて，主語について説明します。主語＝形容詞の関係になります。

数量を表す名詞＋形容詞

長さ，幅，高さ，年齢などを述べるときは，〈数量を表す名詞＋形容詞〉の語順にする。
It's five meters high.
（それは 5 メートルの高さです。）
He's twelve years old.
（彼は12歳です。）

2 形容詞の種類

性質・状態	本来の形容詞： large（大きい），kind（親切な）など 固有名詞から作られたもの： Japanese（日本の），British（英国の）など 分詞が形容詞化したもの： interesting（興味深い），tired（疲れた）など
数量	数を表すもの： many（多数の），a few（少数の）など 量を表すもの： much（多量の），a little（少量の）など 数・量の両方： some（いくらかの），no（少しも～ない）など

exciting vs excited

It was an exciting game.
（それはワクワクする試合でした。）
I saw some excited people.
（私はたくさんの興奮した人々を見ました。）
動詞 excite は「興奮させる」という意味なので，現在分詞 exciting は「興奮させる」の意味で「もの，こと」につく。過去分詞 excited は，「興奮させられる」の意味で「人」につく。「する」のか「される」のかに注意して使おう。

POINT

1. 形容詞は，**名詞・代名詞を修飾**する。
2. 形容詞には，**前から名詞を修飾する用法**，**後ろから代名詞を修飾する用法**，そして**動詞のあとに置いて主語を説明する用法**がある。
3. 形容詞には，**性質・状態を表す**もの，**数量を表す**ものなどがある。

CHECK 038

解答 ➜ p.282

（　　）内の単語から適切なものを１つ選んで○で囲みましょう。

☐ (1) Please give me (hot something, something hot) to drink.

☐ (2) The movie was very (exciting, excited).

まわりの人に，迷子になった弟の身長や髪の色，着ている服の色などを伝えましょう。

WORD LIST：～ centimeters tall, hair, wearing

例　My brother is 130 centimeters tall. He has black hair. He's wearing a red T-shirt.

UNIT 2

数量を表す形容詞

Can-Do 身のまわりのものの数や分量を伝えることができる。

基本例文

A: There are many people around here.
B: That's because the parade is going to start in a few minutes.

意味
A：この辺りにはたくさんの人がいますね。
B：あと2，3分でパレードがはじまるからですよ。

1 数量を表す形容詞の種類と使い方

	意味	数を表す（数えられる名詞と使う）	量を表す（数えられない名詞と使う）
多 ↑	たくさんの	many	much
		a lot of [lots of]	
	いくつかの いくらかの	some（肯定文），any（否定文・疑問文）	
	少しの	a few	a little
↓	ほとんどない	few	little
少	まったくない	no	

2 many / much

many は複数形の数えられる名詞，much は数えられない名詞につけます。a lot of [lots of] はどちらの代わりにも使えます。

There are many foreign students in our school. 〔数〕
（私たちの学校にはたくさんの外国人の生徒がいます。）

Is there much milk in the bottle? 〔量〕
（ビンの中にはたくさんの牛乳がありますか。）

数えられない名詞の例

rain（雨），wine（ワイン），money（お金），furniture（家具），water（水），sugar（砂糖）

a lot of [lots of]

「たくさんの」を表す a lot of [lots of] は，数えられる名詞・数えられない名詞の両方に使うことができる。

There are a lot of books.
（たくさんの本があります。）

He has lots of money.
（彼はたくさんのお金を持っています。）

3 a few と a little / few と little

few は数えられる名詞に，little は数えられない名詞につけます。

(1) **a few / a little「少しの」** ※ a がつくと肯定的な意味。

I have **a few** friends. / I have **a little** money.

(私には**少しの**友だちがいます。／私には**少しの**お金があります。)

(2) **few / little「ほとんどない」** ※ a がないと否定的な意味。

I have **few** friends. / I have **little** money.

(私は**ほとんど**友だちがい**ません**。／私は**ほとんど**お金があり**ません**。)

4 some / any / no

ふつう **some** は肯定文で，**any** は疑問文や否定文で使います。

Do you need **any** help? — Yes, I'm looking for **some** postcards.

(お手伝いが必要ですか。 —はい，はがきを探しているのです。)

*some，any は日本語にしないことが多い。

no は「1つも［少しも］～ない」の意味を表します。

Emi has **no** sister(s). (エミには姉妹がいません。)

*no の後ろは単数形でも複数形でもよい。

注意

a few の意味

a few は「2，3の」と言うこともある。

There are a few islands.

(2，3の島があります。)

もっと！

疑問文での some

some を疑問文で使うと，相手から Yes の返事がくることを期待しているように聞こえる。

Do you need some help?

(お手伝いが必要ですか［必要ですよね］。)

数えられる名詞，数えられない名詞，単数形，複数形のいずれの前にもつけることができるよ。

POINT

1. 数量を表す形容詞は，**数えられる名詞と数えられない名詞で使い分ける。**
2. (a) few / (a) little は，**a の有無で文の意味が肯定的か否定的か異なる。**

CHECK 039

解答 ➜ p.282

(　　) 内の単語から適切なものを 1 つ選んで○で囲みましょう。

☐ We have (a few, a little) friends in Singapore.

TRY! 表現力

自分のものについて，「～はたくさん［いくつか，いくらか］持っていますが，…はほとんど［まったく］持っていません。」と言ってみましょう。

WORD LIST：many, much, a lot of, (a) few, (a) little, no, some, any

例 I have a lot of comic books, but I have few novels.

UNIT 3

副詞

Can-Do 動作の頻度や起こった時・場所などをくわしく言うことができる。

基本例文

A: Did you stay up late last night?
B: Yes, I studied very hard for the exam.

意味
A：昨夜は遅くまで起きていたの？
B：うん，試験のためにとても一生懸命勉強したよ。

1 副詞とは

動詞，形容詞，副詞などの名詞以外の語や文全体を修飾する語を，副詞といいます。**様態・頻度・時・場所**などの情報をつけ加えます。

2 副詞の種類

⑴ **様態　well**（よく，上手に），**quickly**（速く），**sadly**（悲しそうに）など

ふつうは動詞か〈動詞＋目的語〉のあとに置かれます。

He opened the box **carefully.**　〔〈動詞＋目的語〉のあと〕
（彼は**注意深く**その箱を開けました。）

⑵ **頻度　often**（しばしば），**always**（いつも），**sometimes**（ときどき）など

be 動詞のあと，または一般動詞の前に置かれます。

He is **often** late for school.　〔be 動詞のあと〕
（彼は**よく**学校に遅れます。）

She **always** wears a cap.　〔一般動詞の前〕
（彼女は**いつも**帽子をかぶっています。）

形容詞［副詞］＋ enough

enough は，形容詞や副詞を修飾するときは後ろに置くので注意しよう。
My son is old enough to ride a roller coaster.
（息子はジェットコースターに乗るのに十分な年齢です。）
She didn't study hard enough.
（彼女は十分といえるほど熱心に勉強しませんでした。）

⑶ 時 **yesterday**（昨日），**now**（今），**soon**（すぐに），
then（そのとき）など

ふつうは文末に置かれます。

I saw your brother **yesterday.**

（私は**昨日**あなたの弟を見ました。）

⑷ 場所 **here**（ここに［で］），**there**（そこに［で］），
home（家に［で］）など

動詞か〈動詞＋目的語〉のあとに置かれます。

Ken wants to study **abroad.** 〔動詞のあと〕

（ケンは**外国で**勉強したいと思っています。）

副詞の前に前置詞はつけないのがふつう

（×）He went to there.
（○）He went there.
（彼はそこへ行きました。）

〈場所＋時〉の語順

「場所」と「時」を表す副詞を同時に使う場合は，〈場所＋時〉の順にする。
I went there yesterday.
（私は昨日そこへ行きました。）

POINT

❶ 副詞は，**名詞以外を修飾**する。

❷ 副詞で，**様態・頻度・時・場所**などを表すことができる。

❸ **動詞を修飾するときは基本的に後ろに置かれて修飾する**が，副詞の種類によって文中での位置は異なる。

CHECK 040

解答 ➜ p.282

（　）内の語句を並べかえましょう。

□ ⑴ We (yesterday / the library / studied / in).

□ ⑵ You (old / are / to / drive / enough / not).

TRY! 表現力

あなたが「いつも (always) すること」「よく (often) すること」「ときどき (sometimes) すること」について，3文で伝えましょう。

WORD LIST：eat, breakfast, go to ～, meet, sleep

例 I always eat breakfast. I often go jogging before breakfast. I sometimes meet my friends in the park.

実力アップ問題

解答 → p.282

問 1 形容詞 / 副詞の位置

次の文に（　　）内の語が入る場所を１つ選び，記号を○で囲みなさい。

(1) Mr. Brown ァwill ィcome ゥat six.　(here)

(2) The ァwinter ィfinally ゥended.　(long)

(3) She ァworks ィhard ゥevery day.　(very)

(4) I'm sure ァsomething ィwill happen ゥto you.　(good)

(5) There is ァnothing ィwith ゥthis computer.　(wrong)

(6) The boys are ァplaying ィin my garden ゥ.　(always)

(7) She looked ァvery ィafter the meal ゥ.　(sleepy)

(8) We ァplay ィtennis ゥin the park.　(usually)

問 2 形容詞の使い方

日本語に合うように，（　　）内の語を並べかえなさい。

(1) 先週はたくさん雨が降りました。

We had (of / last / a / rain / lot / week).

We had ______________________________.

(2) 音楽についてのこの本はおもしろいです。

(about / book / is / interesting / music / this).

______________________________.

(3) メグはいつも何か新しいものをほしがります。

Meg (something / always / wants / new).

Meg ______________________________.

問 3 数量を表す形容詞

日本語に合うように，（　　）内のうち適切なものを選び，○で囲みなさい。

(1) 通りにたくさんの車があります。

There are (much, many, few) cars on the street.

(2) 私はその本屋で数人の友だちに会いました。

I saw (a little, a few, few) friends at the bookstore.

(3) 公園には花がほとんどありませんでした。

There were (a little, little, few) flowers in the park.

(4) 冬にはたくさん雪が降りますか。

Do you have (much, many, lot) snow in winter?

(5) 私は毎朝少し牛乳を飲みます。

I have (a little, a few, few) milk every morning.

問4 数量を表す形容詞

日本語に合うように，＿＿に適切な1語を入れなさい。

(1) 私たちは土曜日には授業がありません。

We have ＿＿＿＿＿＿ classes on Saturdays.

(2) この近くにレストランはありますか。

＿＿＿＿＿＿ ＿＿＿＿＿＿ ＿＿＿＿＿＿ restaurants near here?

(3) フランス語を上手に話せる日本人はほとんどいません。

＿＿＿＿＿＿ Japanese can speak French well.

(4) この前の冬はたくさん雪が降りましたか。

Did you ＿＿＿＿＿＿ ＿＿＿＿＿＿ snow last winter?

問5 副詞の位置と用法

日本語に合うように，(　　) 内の語を並べかえなさい。ただし，不要な語が1語ずつあります。

(1) ユウトはとても上手にサッカーをすることができます。

Yuto (very / soccer / good / play / can / well).

Yuto ＿＿＿＿＿＿＿＿＿＿＿＿＿＿＿＿＿＿＿＿＿＿＿＿ .

(2) 私たちはふつう，図書館で勉強します。

(in / the library / sometimes / we / usually / study).

＿＿＿＿＿＿＿＿＿＿＿＿＿＿＿＿＿＿＿＿＿＿＿＿＿＿ .

(3) 私たちは昨日，そこへ行きました。

(to / went / we / there / yesterday).

＿＿＿＿＿＿＿＿＿＿＿＿＿＿＿＿＿＿＿＿＿＿＿＿＿＿ .

この章の整理 CHAPTER 11

形容詞・副詞

この章で学習したことを，もう一度チェックしてみよう！

UNIT 1　形容詞の種類と使い方

My new bike was stolen.	私の新しい自転車が盗まれました。

● 形容詞には，名詞を前から修飾する用法がある。

Something good happened today.	今日，何かいいことがありました。

● 形容詞には，-thing で終わる代名詞を後ろから修飾する用法がある。

My sister looks happy.	姉［妹］は幸せそうに見えます。

● 形容詞には，動詞のあとに置いて主語を説明する用法がある。

UNIT 2　数量を表す形容詞

I have a few friends.	私には少しの友だちがいます。
I have a little money.	私には少しのお金があります。

● a few は「少しの」の意味で，数えられる名詞につける。few だけだと「ほとんどない」の意味になる。

● a little は「少しの」の意味で，数えられない名詞につける。little だけだと「ほとんどない」の意味になる。

I have some questions.	いくつかの質問があります。
Do you have any questions?	何か質問はありますか。

● ふつう some は肯定文に，any は疑問文・否定文に使い，「いくつかの」「いくらかの」の意味を表す。

UNIT 3　副詞

I stayed up late last night.	私は昨夜遅くまで起きていました。
He drives carefully.	彼は注意深く運転します。

● 副詞は，様態・頻度・時・場所などを表し，名詞以外を修飾する。

● 文末に置かれることが多いが，副詞の種類によって文中での位置は異なる。

12 章

前置詞

UNIT 1

時を表す前置詞

Can-Do 時刻や時間などについてくわしく表現することができる。

基本例文

Ken came home at five o'clock yesterday.
He studied English for three hours.

意味 ケンは昨日，5時に帰宅しました。
彼は英語を3時間勉強しました。

1 前置詞とは

前置詞は，（代）名詞や動名詞の前に置かれる語です。前置詞に続く語句とともに，1つのまとまった意味を持つ句を作ります。

2 時刻・曜日・年月日など

at，on，in の使い分けは次のようなイメージで覚えましょう。

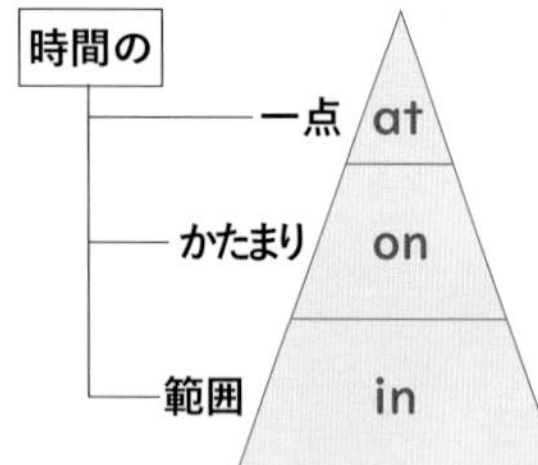

時点，時刻	at 6 o'clock, at noon （6時に）　（正午に）
日付，曜日	on April 10, on Sunday(s) （4月10日に）（日曜日に）
月，年，時間帯	in August, in 2020 （8月に）　（2020年に）

3 期間

for （～の間）	時間，日数など ※数値を伴う	for an hour,　for two years （1時間）　（2年間）
during （～の間（中））	特定の期間 ※名称を伴う	during winter vacation （冬休みの間に［冬休みの間中］）

名詞を修飾する前置詞＋語句

The class after lunch makes us sleepy.
（昼食後の授業は，私たちを眠くします。）
※名詞（class）の直後に前置詞＋語句（after lunch）を置いて，前置詞＋語句で名詞を修飾する。

〈in＋季節〉

季節を表すには in を使う。
in summer（夏に），
in winter（冬に）

at，in を含む慣用表現

at night（夜に），in the morning [afternoon, evening]（午前［午後，夕方］に）

4 前後関係

before (～の前に)	ある時点より前	before **seven** (**7時**前に)
after (～のあとに)	ある時点よりあと	after **lunch** (**昼食**後に)

5 時の起点や期限

from (～から)	起点	from **Monday to Friday** (**月曜**から**金曜まで**)
since (～以来)	起点から現在までの継続	since **last year** (**昨年**以来)
by (～までに)	完了の期限	by **tomorrow** (**明日**までに)
until (～まで(ずっと))	期限までの継続	until **5 p.m.** (**午後5時**まで(ずっと))

注意

by と until の使い分け

I will come back by 11:00.
※11：00までに,「戻る」という動作を終える。
I will study until 11:00.
※11：00まで,「勉強する」という動作を続ける。

in (～後に) と within (～以内に) の使い分け

in 5 minutes (5分後に)
within 5 minutes (5分以内に)

12章 前置詞

POINT

1. 前置詞は,(代) **名詞や動名詞の前に置かれ**,前置詞句を作る。
2. 「時」の一点を表すのか期間を表すのかによって,**前置詞の使い分け**が必要。

CHECK 041

解答 → p.283

(　　) 内の単語から適切なものを1つ選んで○で囲みましょう。

☐ (1) I'm going to visit my grandmother's house (at, in, on) August.
☐ (2) Please come back to the bus (by, in, until) 4:20.

TRY! 表現力

「宿題は～の前に終わらせます。」と家族に伝えましょう。

WORD LIST：finish, homework, dinner, going out

例 I'll finish my homework before dinner.

UNIT 2

場所を表す前置詞

Can-Do 場所についてくわしく表現することができる。

基本例文

① The plane arrived at Narita Airport in Japan.
② He moved from Osaka to Tokyo.

意味
① 飛行機は日本の成田空港に到着しました。
② 彼は大阪から東京へ引っ越しました。

1 位置関係

(1) 地点

	イメージ
at (～に，～で)	狭い場所　点
in (～に，～で，～の中に)	広い場所　空間

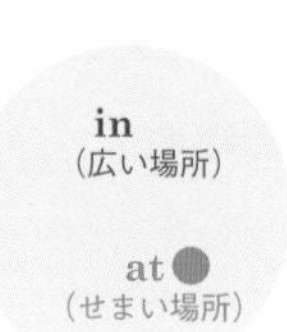

(2) 上下・接触

on (～の上に，～に接して)	表面への接触
over (～の上に)	真上をおおう状態
above (～の上に)	真上を含む上方

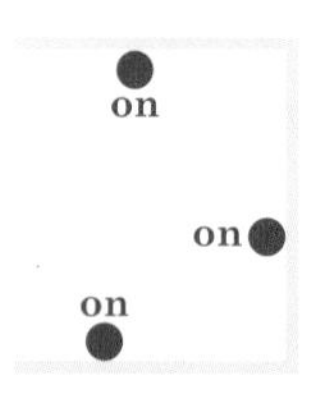

(3) 前後

in front of (～の前に)	前方
behind (～の後ろに)	背後・後方

(4) 近辺・周囲

near (～の近くに)	一定の距離内
around (～のまわりに)	周囲をまわる

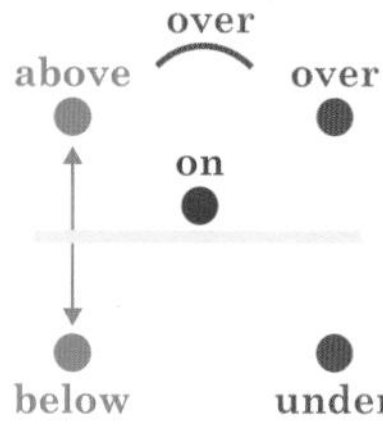

「地点」を表す
at the third corner
(3つ目の角で)
in Japan (日本で)

「上下・接触」を表す
on the wall (壁に)
over the mountain
(山の上に)
above the clouds
(雲の上に)
under the desk
(机の下に)
below the clock
(時計の下に)

「前後」を表す
in front of my house
(私の家の前に)
behind me (私の後ろに)

「近辺・周囲」を表す
near / by / beside the door
(ドアの近く［そば］に)
around the table
(テーブルのまわりに)

2 移動・方向

⑴ 内外・上下

	イメージ
into（～の中に）	外から中へ
out of（～から外へ）	中から外へ
up（～の上方へ）	上に向かう
down（～の下方へ）	下に向かう

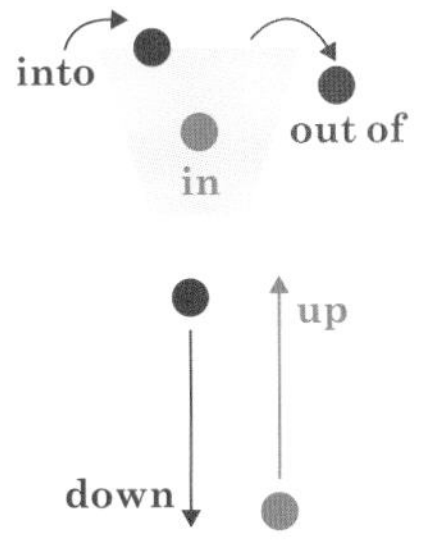

⑵ 平行・横断・貫通

along（～に沿って）	沿って移動
across（～を横切って）	横切る

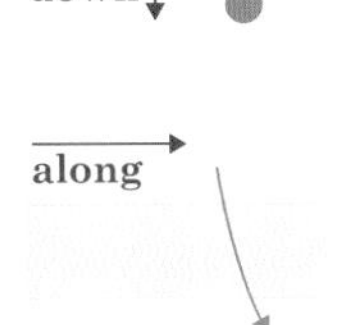

⑶ 起点・到着点・方向

from（～から）	起点
to（～へ，～まで）	到着点，方向

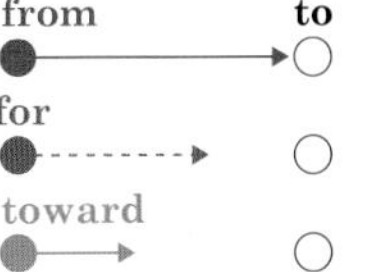

「内外・上下」を表す

walk into / out of the room
（歩いて部屋の中に入る／から出る）
run up / down the stairs
（階段を駆け上がる／降りる）

「平行・横断・貫通」を表す

walk along / across the street
（通りに沿って／を横切って歩く）
walk through a room
（歩いて部屋を通り抜ける）

「起点・到着点・方向」を表す

from A to B（AからBへ）
leave for Canada
（カナダへ向けて出発する）
walk toward a girl
（少女のほうへ歩く）

POINT

❶ 場所を表す前置詞には，**位置関係を表すものと移動を表すもの**がある。

❷ 場所や移動の方向の表し方によって，**前置詞の使い分け**が必要。

CHECK 042

解答 ➜ p.283

（　　）内の単語から適切なものを１つ選んで○で囲みましょう。

☐ There are a lot of beautiful mountains (at, in, on) Japan.

TRY! 表現力

まわりにあるものについて「～の前［後ろ，上，そば，など］には～があります。」と言ってみましょう。

WORD LIST：There is, TV, table, smartphone

例 There is a smartphone in front of me.

UNIT 3

その他の前置詞

Can-Do 人やものの動作や様子を，前置詞を使ってくわしく表現することができる。

基本例文

A: Can you touch a snake with your hand?
B: No! I'm afraid of snakes.

意味
A：あなたはヘビを手で触れる？
B：無理！　私はヘビが怖いの。

1 いろいろな前置詞

(1) 手段・道具・材料

by （～で）	手段 （行動・乗り物）	I went there by bicycle. （私は自転車でそこに行きました。）
in （～で）	手段 （材料・言語）	Say it in English. （それを英語で言いなさい。）
with （～で）	手段 （道具）	Cut the cake with a knife. （ケーキをナイフで切りなさい。）
from （～から）	材料	This wine is made from grapes. （このワインはブドウからできています。）

(2) 目的・所属など

for （～のために）	目的	This is for you. （これはあなたのためのものです。）
with （～といっしょに）	同伴	I ran with Meg. （私はメグといっしょに走りました。）
of （～の）	所属	He is a member of the team. （彼はチームのメンバーです。）
about （～について）	関連	This is a book about birds. （これは鳥についての本です。）

〈by＋乗り物〉の表現

乗り物の手段を表すとき，by のあとには冠詞 a，an，the をつけない。
(○) by bus, by car
(×) by a bus
(×) by a car

be made of?
be made from?

be made of / from はどちらも「～からできている」という意味だが，その物の材料が見てすぐにわかるものには of を，元の材料がわからないほど加工されたものには from を使う。
This desk is made of wood.
（この机は木でできています。）

2 前置詞を含む熟語

⑴ 〈動詞＋前置詞〉

get on / off （～に乗る／から降りる）	I'll get on / off this bus. （私はこのバスに乗ります／を降ります。）
look for （～をさがす）	I'm looking for my textbook. （私は教科書をさがしています。）
put on （～を身につける）	You should put on your coat. （コートを着たほうがいいですよ。）

⑵ 〈be 動詞＋形容詞＋前置詞〉

be afraid of （～をおそれている）	I'm afraid of making mistakes. （私は間違いをすることを恐れています。）
be good at （～が得意だ）	He is good at tennis. （彼はテニスが得意です。）
be interested in （～に興味がある）	Are you interested in castles? （お城に興味がありますか。）

もっと！

その他の熟語

ask for ～（～を求める）
look after ～
（～の世話をする）
look forward to ～
（～を楽しみに待つ）
be absent from ～
（～を欠席している）

前置詞＋動名詞

前置詞に続くのは（代）名詞だけなので，前置詞のあとの動詞は，動名詞（ing 形）になる。
（○）I'm looking forward to seeing you.
（×）I'm looking forward to see you.
（あなたに会えるのを楽しみにしています。）

POINT

❶ **前置詞**を使って，**手段，目的，所属などを表す**ことができる。

❷ 前置詞は，**動詞や形容詞など**と結びついて**熟語**を作る。

CHECK 043

解答 ➜ p.283

（　　）内の単語から適切なものを１つ選んで○で囲みましょう。

☐ ⑴ I like to go to the park (about, of, with) my dog.

☐ ⑵ We like the ice cream (by, for, of) this shop.

TRY! 表現力

小さい子といっしょに紙に絵を描きます。「～（文具名）を使って…を描きましょう。」と誘ってみましょう。

WORD LIST：draw, pens, colored pencils, paints, ruler

例 Let's draw animals with colored pencils.

実力アップ問題

解答 ➔ p.283

問 1 時を表す前置詞

次の文の＿＿に適切な１語を入れなさい。

(1) We left for America ＿＿＿＿＿＿ July 4th.
(2) He has been sick ＿＿＿＿＿＿ five months.
(3) Kate wakes up early ＿＿＿＿＿＿ the morning.
(4) We'll call you back ＿＿＿＿＿＿ two o'clock.
(5) Our teacher came to Japan ＿＿＿＿＿＿ 2020.
(6) We practice basketball from Tuesday ＿＿＿＿＿＿ Friday.
(7) I study ＿＿＿＿＿＿ Sunday mornings.

問 2 場所を表す前置詞

次の文の＿＿に適切な１語を入れなさい。

(1) I met my friends ＿＿＿＿＿＿ the station.
(2) Mt. Aso is ＿＿＿＿＿＿ Kumamoto.
(3) He was sick ＿＿＿＿＿＿ bed yesterday.
(4) Go ＿＿＿＿＿＿ this street and you'll see the station.
(5) There are some pictures ＿＿＿＿＿＿ the wall.
(6) I saw a big rainbow ＿＿＿＿＿＿ the city one hour ago.
(7) You can buy a ticket ＿＿＿＿＿＿ front ＿＿＿＿＿＿ the gate.
(8) We have to be kind ＿＿＿＿＿＿ old people.
(9) This artist is very popular ＿＿＿＿＿＿ young people.
(10) She ran out ＿＿＿＿＿＿ the room.

問 3 状況を表す前置詞

次の文の＿＿に適切な１語を入れなさい。

(1) Let's talk ＿＿＿＿＿＿ our favorite songs.
(2) How do you say it ＿＿＿＿＿＿ English?
(3) Is this a present ＿＿＿＿＿＿ your father?
(4) Please write your name ＿＿＿＿＿＿ a pen.
(5) Will you come to my house ＿＿＿＿＿＿ bus?

問 4 前置詞を含む連語

次の文の（　　）内のうち適切なものを選び，〇で囲みなさい。

(1) Kent was afraid (at, in, on, of) making a mistake.

(2) She couldn't go out because (from, in, of, for) a bad headache.

(3) Thank you (of, from, for, in) helping me.

問 5 前置詞を使った文①

日本語に合うように，____に適切な１語を入れなさい。

(1) 私たちは８月31日までに宿題を終えるつもりです。

We will finish our homework ____________ August 31st.

(2) ドローンが海面上を飛んでいます。

A drone is flying ____________ the sea.

(3) 公園の近くに一軒のすてきなレストランがあります。

There is a nice restaurant ____________ the park.

(4) 私はそのとき，その建物の中へ走って入っていきました。

I ran ____________ the building then.

(5) その男の人のまわりにたくさんの人がいました。

There were a lot of people ____________ that man.

(6) 私は庭にプールのついた家を見たことがありません。

I have never seen a house ____________ a pool in the garden.

(7) 私はインターネットを使わずにこの情報を手に入れました。

I got this information ____________ using the Internet.

問 6 前置詞を使った文②

日本語に合うように，（　　）内の語句に１語補って並べかえなさい。

(1) 電車は東京と横浜の間で止まっています。

(are stopped / Tokyo and Yokohama / the trains).

____.

(2) 健康のためにお菓子を夜食べないほうがよいです。

You (sweets / should / at / your health / not / night / eat).

You ____.

(3) 私たちはあと15分で東京駅に着きます。

We (Tokyo station / at / will / fifteen minutes / arrive).

We ____.

この章の整理 CHAPTER 12

前置詞

この章で学習したことを，もう一度チェックしてみよう！

UNIT 1 時を表す前置詞

Ken came home at five o'clock.	ケンは5時に帰宅しました。
He studied English for three hours.	彼は英語を3時間勉強しました。

● 前置詞は（代）名詞や動名詞の前に置かれ，それに続く語句とともに「時」を表す句を作る。

Come back before noon.	正午前に戻りなさい。
I work from Monday to Friday.	私は月曜から金曜まで働きます。

● 前置詞は，時の前後関係や起点，期限などを表す。

UNIT 2 場所を表す前置詞

The plane arrived at Narita in Japan.	飛行機は日本の成田に到着しました。

● 前置詞は，それに続く語句とともに「場所」を表す句を作る。

He flew from Los Angeles to Tokyo.	彼はロサンゼルスから東京まで飛行しました。
There is a clock on the wall.	壁に時計があります。

● 前置詞は，位置関係や移動，方向などを表す。

UNIT 3 その他の前置詞

I went there by bicycle.	私は自転車でそこに行きました。
Cut the cake with a knife.	ケーキをナイフで切りなさい。

● 前置詞は，乗り物や道具などの手段を表すことがある。

I'm afraid of making mistakes.	私は間違いをすることを恐れています。

● 前置詞は，動詞や形容詞などと結びついて熟語を作る。

13章

接続詞

UNIT 1

and, but, or, so

Can-Do 接続詞を使って語句や文をつなぐことができる。

基本例文

① We have a dog and a cat.
② She is in the kitchen or in the yard.
③ It was getting colder, so we went home.

意味
① 私たちは犬１匹とネコ１匹を飼っています。
② 彼女は台所か庭にいます。
③ 寒くなってきたので，私たちは帰宅しました。

1 接続詞とは

接続詞は，語と語，句と句，節と節など，同じ種類のものを結びつける働きをします。and, but, or, so は，前後を**対等な関係**で結びつけます。

2 and の用法

He is tall and strong. 〔語と語〕
(彼は背が高くて強いです。)
I bought two potatoes and three onions. 〔句と句〕
(私はジャガイモを２つと玉ねぎを３つ買いました。)
He was tired and she was hungry. 〔節と節〕
(彼は疲れていたし，彼女は空腹でした。)
and は「～と…」「～そして…」の意味で，語・句・節を結びます。

3 but の用法

The story is strange but true. 〔語と語〕
(その話は奇妙ですが真実です。)

句と節

いずれも２語以上の語のカタマリで，全体で１つのカタマリとして働くもの。そのうち，主語と動詞を含まないものが句で，主語と動詞を含むものが節。
句の例：in the park（公園で）, to win the game（試合に勝つこと）
節の例：I want a book（私は本がほしい）

等位接続詞

語と語などを対等の関係で結びつける接続詞のことを等位接続詞という。

Jane likes math, but her sister doesn't. 〔節と節〕

(ジェーンは数学が好きですが，彼女の妹はそうではありません。)

but は「～しかし［だが］…」と逆接的な関係で前後を結びます。

4 or の用法

Tom or Jim knows her e-mail address. 〔語と語〕

(トムかジムが彼女のメールアドレスを知っています。)

Are you in your room or in the kitchen? 〔句と句〕

(あなたは部屋にいますか，それとも台所にいますか。)

or は「～か…」「～それとも…」の意味で，複数のものの中からの選択を表すような場合に使います。

5 so の用法

I had a bad cold, so I couldn't go to school. 〔節と節〕

(私はひどい風邪をひいたので，学校に行けませんでした。)

so は節と節だけを対等な関係で結びつける接続詞です。「～それで［だから］…」の意味で，結果を表します。

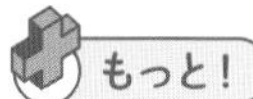

要素が 3 つ以上のとき

They visited France, Spain, and Italy. (彼らはフランスとスペインとイタリアを訪れました。)

語や句を 3 つ以上並べる場合は，最後の語や句の前に and を置きます。

⇒ A, B, and C / A, B, C, and D

〈go [come, try など] ＋and＋動詞の原形〉

命令文や口語でよく使われる。

Go and buy some bread.

(パンを買いに行ってきて。)

POINT

❶ 接続詞は，**語と語，句と句，節と節を結ぶ。**

❷ and, but, or, so は，前後を**対等の関係**で結ぶ。

CHECK 044

解答 ➜ p.284

(　　) 内の単語から適切なものを 1 つ選んで○で囲みましょう。

□ She doesn't like vegetables, (and, but, so) she ate them a lot.

TRY! 表現力

I was very tired のあとに接続詞 and, but, so のいずれかを置いて，そのまま文を続けてみましょう。

WORD LIST：studied, went to bed, wasn't able to

例 I was very tired but I studied hard.

UNIT 2

and, but, or を使った重要表現

Can-Do and, but, or を使ってより複雑な内容を表現することができる。

基本例文

A: Hurry up, or you'll be late for work.
B: Don't worry. I can take either a bus or a taxi.

意味
A：急がないと仕事に遅刻するわよ。
B：心配しないで。バスかタクシーのどちらかに乗れるよ。

1 命令文, +and [or] ...

Run fast, and you'll catch the bus.
(速く走りなさい，そうすればバスに間に合うでしょう。)
Run fast, or you'll miss the bus.
(速く走りなさい，さもないとバスに乗り遅れるでしょう。)

〈命令文, +and+主語+動詞 ....〉で「～しなさい，そうすれば…。」という肯定的な意味になります。一方，〈命令文, +or+主語+動詞～.〉で「～しなさい，さもないと…。」という否定的な意味になります。命令文のあとにはコンマを入れます。

2 both A and B

Jim can both ski and skate.
(ジムはスキーとスケートの両方ができます。)

both A and B で「A も B も両方とも」という意味になります。この表現を主語にするときは，複数扱いになります。

3 either A or B

Either you or I am wrong.
(あなたか私のどちらかが間違っています。)

either A or B で「A か B のどちらか」という意味になります。

命令文に相当する表現 +and [or]

and (そうすれば)，or (さもないと) は must や have to ～ の文のあとでも使える。
You must get up now, or you'll miss the breakfast. (すぐ起きなければなりません，さもないと朝食を食べそこねますよ。)

この表現を主語にするときは，続く動詞の形は B に合わせます。

4 not A but B

I have not one but two smartphones.
(私は 1 つではなく 2 つのスマートフォンを持っています。)

not A but B で「A ではなく B」という意味になります。この表現を主語にするときは，続く動詞の形は B に合わせます。

→ **Not he but I am the winner.**
(彼ではなく，私が勝者です。)

5 not only A but also B

Not only I but also they are angry with you.
(私だけでなく彼らもあなたに怒っています。)

not only A but also B で「A だけでなく B も」という意味になります。直後の動詞の形は，B に合わせます。

not either A or B

He doesn't speak either English (A) or French (B).
(彼は英語もフランス語も話せません。)

not either A or B は，both A and B の反対の意味で，「A も B も～ない」という意味になる。

また，neither A nor B でも同じ意味を表せる。

He speaks neither English (A) nor French (B).

POINT

1. and, but, or を含む，**決まった言い回しの慣用表現**がある。
2. and や but の前後の要素の順番と，直後の動詞の形に注意する。

CHECK 045

解答 → p.284

(　　) 内の語句を正しく並べかえましょう。ただし(2)は 1 語不要です。

□ (1) (my sister / only / I / not / also / but) plays the piano.
(私だけでなく私の妹もピアノをひきます。)

□ (2) He (French / speak / and / both / English / can / or).
(彼は英語とフランス語の両方を話すことができます。)

TRY! 表現力

妹に「起きなさい，そうすれば [さもないと] …。」と助言しましょう。

WORD LIST : get up, be late, miss the bus, see the beautiful sunrise

例 Get up, and you can see the beautiful sunrise.

UNIT 3

時を表す接続詞

Can-Do when などを用いて，文に時をつけ足すことができる。

基本例文

A: You didn't answer when I called you last night.
B: Sorry. The phone rang while I was taking a bath.

意味
A：私が昨日の夜電話したとき，あなたは出なかったね。
B：ごめんなさい。私がお風呂に入っている間に，電話が鳴ったんです。

1 when などの接続詞の働き

It was raining (主節) when I left home (従属節（副詞節）).
（私が家を出たとき，雨が降っていました。）

主となる文と，それに説明を加える文で成り立っている文があるとき，主となる文を**主節**，説明する文を**従属節**といいます。

この **when** は，主節の文を修飾する形で補足的な文をつなぐ働きをしています。

When I left home , it was raining.

上の文は，前後の節を入れかえても同じ意味を表します。従属節（接続詞ではじまる節）が文頭にくる場合，その節のあとには**コンマ**（**,**）を入れるのを忘れないようにしましょう。

2 時を表す接続詞

「時」を表す接続詞は，文全体の中で副詞的な働きをする**副詞節**を作ります。

従属接続詞

and や but など，語と語などを対等の関係で結びつける接続詞のことを等位接続詞という（➜p.146）。それに対し，when などのように，主となる節とそれに説明を加える節を結びつける接続詞のことを従属接続詞という。

未来を現在形で表す

時を表す副詞節では，未来のことであっても現在形の動詞を使う。
I will call you when he arrives.（彼が着いたらあなたに電話します。）

(1) **when「～するとき」**

It snows **when** winter comes. （冬が来る**と**雪が降ります。）

(2) **as「～するとき」「～するにつれて」**

As we become older, our life becomes easier.
（私たちが年を取る**につれて**，私たちの人生は楽になります。）

(3) **while「～する間に」**

I found a beautiful garden **while** I was walking down the street. （私は通りを歩いている**間に**，美しい庭を見つけました。）

(4) **before「～の前に」/ after「～のあとで」**

Turn off the light **before** you sleep.
（寝る**前に**電気を消しなさい。）
You may leave **after** you finish your work.
（作業を終えた**あとで**退出してよいです。）

(5) **since「～して以来」/ until [till]「～までずっと」**

It has rained every day **since** we came here.
（私たちがここに来て**以来**，毎日雨が降っています。）
I'll wait **until** you come. （あなたが来る**まで**待ちます。）

もっと！

as soon as ～

as soon as は3語で1つの接続詞の働きをし，「～するとすぐに」という意味を表す。

As soon as she heard the news, she began to cry.
（彼女はその知らせを聞く**とすぐに**泣き始めました。）

13章 接続詞

POINT

1. when などの接続詞は，**主節と従属節を結びつける。**
2. 時を表す接続詞は，文全体の中で副詞的な働きをする**副詞節を作る。**
3. **主節と従属節は前後を入れかえられる**ことが多い。

CHECK 046

解答 ➜ p.284

次の文の（　）内に適当な1語を入れなさい。

☐ As (　　　　) as he got home, he began to play a computer game.

TRY! 表現力

幸せを感じるのはどんなときか，I feel happy when につなげる形で言ってみましょう。

WORD LIST：finish, meet, find, weather

例　I feel happy when I finish the exam.

UNIT

条件・理由などを表す接続詞

Can-Do さまざまな接続詞を用いて，文に条件・理由などをつけ足すことができる。

基本例文

A: Though I am sick, I came to school.
B: Please let me know if you need any help.

意味
A：私は気分が悪いけれども，学校に来ました。
B：もし何か助けが必要なら，私に知らせてくださいね。

1 条件を表す接続詞

if「もし～ならば［すれば］」

You should stay home if you're tired.
（疲れているなら家にいるべきです。）

if は条件を表す接続詞で，if 節の中の動詞は，未来のことでも現在形で表します。

2 譲歩を表す接続詞

⑴ **though「～だけれども」**

Though I was sick, I went to school.
（私は気分が悪かったけれども，学校へ行きました。）

→ I was sick, but I went to school. **等位接続詞 but** を使っても同じ意味を表すことができます。

⑵ **although「～だけれども」**

Although it was snowing, we went out for a walk.
（雪が降っていたけれど，私たちは散歩に出かけました。）

though と although は同じ「～だけれども」の意味で使いますが，although のほうがやや堅い表現です。

未来を現在形で表す

If it rains tomorrow, I'll stay home.（明日雨が降ったら，私は家にいます。）
時や条件を表す副詞節では，未来のことであっても現在形の動詞を使う。

譲歩というのは，「～ではあるけれど」「たとえ～だとしても」という言い方のことだよ。

3 理由を表す接続詞

⑴ **because「～だから，～なので」**

I can't come because I have a cold.

（私は風邪をひいているので，行けません。）

⑵ **since「～だから，～なので」**

Since everyone is busy, we won't have a meeting this week.

（みんな忙しいので，今週はミーティングをしません。）

⑶ **as「～だから，～なので」**

As she is still a child, she goes to bed at eight.

（彼女はまだ子どもなので，8時に寝ます。）

Why ～？と聞かれたときの答えとして使える接続詞は because だけ。

Why are you crying?

— (×) Since I'm sad.

— (○) Because I'm sad.

（なぜ泣いているのですか？ —悲しいからです。）

時の since と理由の since

「～して以来」という時を表す since と意味を取り違えないようにしよう。

POINT

❶ 条件を表す副詞節では，**未来のことでも現在形の動詞を使う。**

❷ 接続詞で**譲歩や理由**を表すことができる。

CHECK 047

解答 ➜ p.284

（　　）内の単語から適切なものを１つ選んで○で囲みましょう。

□ (If, Though, Since) he was tired, he finished his homework.

TRY! 表現力

最近うれしかったことについて，「～なので，私はうれしかったです。」というふうに，その理由を伝えてみましょう。

WORD LIST：because, won, gave, met

例　I was happy because my aunt gave me a nice watch.

13章 接続詞

UNIT 5

接続詞 that

Can-Do 自分の考えや，感じていることの内容をくわしく言うことができる。

基本例文

A: I think (that) this smartphone is expensive.
B: But I'm sure (that) you'll love it.

意味
A：私はこのスマートフォンは高いと思う。
B：でもきっと気に入るよ。

1 that の働き

↓ that 節が，think の目的語になっている。
I think that this smartphone is expensive .
主節　従属節（名詞節）

接続詞 **that** は，節と節を主と従の関係で結びつける働きをします。that とそれに続く部分は，「**～ということ**」の意味で，ふつうの名詞と同様に，文中で主語・補語・目的語の働きをするので，**名詞節**と呼ばれます。

2 〈主語＋動詞＋that ～〉

接続詞 that は，基本例文の I think that ～. のように，〈**主語＋動詞＋that ～**〉の形でよく使われます。

I know that he bought a new bike.
（私は彼が新しい自転車を買ったことを知っています。）
接続詞 that 節の直前に来る動詞には次のようなものがあります。

believe（信じる），**hear**（聞く），**hope**（望む），
know（知っている），**say**（言う），**think**（思う）など

I know that ～. は，「（that 以下の内容）を私は知っています」という意味だね。

3 that の省略

接続詞 that はよく省略され，省略されても意味は変わりません。

I hope (that) I'll see you again. （またお目にかかりたいです。）

4 時制の一致

A) **I know (that) Tom is happy about the news.**
（私はトムがその知らせに喜んでいることを知っています。）

B) **I knew (that) Tom was happy about the news.**
（私はトムがその知らせに喜んでいることを知っていました。）

A) の文のように，主節の**動詞が現在形**の場合，that 以下の従属節の時制は，現在・過去・未来のどれでも使えます。しかし，B) のように，主節の**動詞が過去形** (knew) の場合，従属節の動詞も**過去形** (was) にします。これを，「**時制の一致**」と言います。

時制の一致の例外

We learned that the earth is round.
（私たちは地球が丸いということを学びました。）
⇒主節の動詞が過去であっても，従属節の内容が，不変の真理や，現在の事実・習慣などの場合は，時制を一致させず，現在形のままにする。

POINT

1. that は**接続詞**の 1 つで，that ではじまる節は文全体の中で**名詞と同じ働き**をする。
2. 接続詞 that は**省略されることが多い**。
3. 主節の動詞と that 節［従属節］の動詞の時制を合わせる。(**時制の一致**)

CHECK 048

解答 ➜ p.284

日本語の意味を表すように (　　) 内に適当な 1 語を入れなさい。

☐ (1) あなたはこのコンピューターはよいと思いますか。
　Do you (　　　　) (　　　　) this computer is good?

☐ (2) 私はメアリーが私たちのクラブに入ってくれてとてもうれしいです。
　I'm very (　　　　) (　　　　) Mary has joined our club.

TRY! 表現力

学校の先生について知っていることを I know that につなげる形で言ってみましょう。

WORD LIST：our teacher, lives, likes, is good at, has

例　I know that our teacher has four children.

実力アップ問題

解答 ➡ p.284

問 1 and, but, or, so

日本語に合うように，____に適切な接続詞を入れなさい。

(1) トムと私は仲のよい友達です。
Tom ______________ I are good friends.

(2) 私はとても疲れていたので，早く寝ました。
I was very tired, ______________ I went to bed early.

(3) あなたはすしが食べたいですか，それともてんぷらが食べたいですか。
Do you want to eat *sushi* ______________ *tempura*?

(4) 佐藤さんは裕福ですが，幸せではありません。
Mr. Sato is rich, ______________ he is not happy.

(5) エリか私があなたの家に行きます。
Eri ______________ I will come to your house.

問 2 命令文，+and [or] ...

次の各組の文がほぼ同じ意味を表すように，(　　) 内のうち適切なものを選び，〇で囲みなさい。

(1) If you come here, you will see better.
Come here, (but, and, or) you will see better.

(2) If you don't get up early, you will miss the train.
Get up early, (but, and, or) you will miss the train.

問 3 主語と動詞の一致

次の文の (　　) 内のうち適切なものを選び，〇で囲みなさい。

(1) Both Mary and Kate (is, are) high school students.

(2) Either you or Bob (have, has) to go.

(3) Not only she but also I (am, is, are) ill.

問4 接続詞 that

日本語に合うように，____に適切な1語を入れなさい。

⑴ 私は，私たちがその仕事を明日までに終えなければいけないことを知っています。

I ____________ ____________ we have to finish the work by tomorrow.

⑵ あなたはこのコンピューターはいいと思いますか。

Do you ____________ ____________ this computer is good?

⑶ 私は，メアリーがあなたのクラブに入ったと聞いています。

I ____________ Mary has joined your club.

問5 時制の一致とその例外

次の文の下線部を過去形にして，全文を書きかえなさい。

⑴ He says he wants to watch the movie.

____

⑵ Kate hopes that Bob will give her a present.

____

⑶ She doesn't know that we live in Tokyo.

____

⑷ They learn that the earth moves around the sun.

____

⑸ I think that my son is in his room.

____

問6 いろいろな接続詞

次の日本語を，(　　) 内の語句を使って英語にしなさい。

⑴ 彼女は野球だけでなく，サッカーも好きです。(not only, but also)

____

⑵ 私は，彼は来ると思います。(that)

____

⑶ 彼は，私が上手に英語を話せるとは知りません。(that)

____

⑷ その生徒たちは，地球は丸いということを習いました。(that, the earth, round)

____

⑸ 彼は私の兄ではなく，いとこです。(not, but, cousin)

____

この章の整理 CHAPTER 13

接続詞

この章で学習したことを，もう一度チェックしてみよう！

UNIT 1 and, but, or, so

We have a dog and a cat. 私たちは犬１匹とネコ１匹を飼っています。

- and，but，or は，語と語，句と句，節と節を対等に結ぶ。so は，節と節を対等に結ぶ。

UNIT 2 and，but，or を使った重要表現

Jim can both ski and skate. ジムはスキーとスケートの両方ができます。

- both A and B で「A も B も両方とも」の意味になる。
- either A or B で「A か B のどちらか」の意味になる。

Not only I but also they are angry. 私だけでなく彼らも怒っています。

- not only A but also B で「A だけでなく B も」の意味になる。

UNIT 3 時を表す接続詞

It was raining when I left home. 私が家を出たとき，雨が降っていました。

- 時を表す接続詞は，文全体の中で副詞的な働きをする副詞節（従属節）を作る。
- 主節と従属節は前後を入れかえられることが多い。

UNIT 4 条件・理由などを表す接続詞

Stay home if you're tired. もし疲れているなら，家にいなさい。

- if は「もし～ならば」と条件を表し，if 節の中の動詞は未来のことでも現在形で表す。
- because，since，as は「～だから」と理由を表す。

UNIT 5 接続詞 that

I know (that) he bought a new bike. 私は彼が新しい自転車を買ったことを知っています。

- 接続詞 that は「～ということ」の意味を表し，that 節は文全体の中で名詞と同じ働きをする。
- 主節の動詞が過去形の場合，従属節の動詞も過去形にする。（時制の一致）

KUWASHII ENGLISH

中学英文法

14章 不定詞の基本的な使い方

UNIT 1

不定詞の名詞的用法

Can-Do したいことや好きな動作を表すことができる。

基本例文

To see famous temples is interesting.
I like to eat *matcha* sweets.
My hobby is to take pictures.

意味

有名なお寺を見ることは興味深いです。
私は抹茶スイーツを食べることが好きです。
私の趣味は写真を撮ることです。

1 不定詞とは

〈to＋動詞の原形〉を不定詞といいます。動詞に to がつくことによって，文の中で名詞，副詞，形容詞の働きをするようになります。これをそれぞれ「名詞的用法」，「副詞的用法（➡p.162）」，「形容詞的用法（➡p.164）」と呼びます。

2 名詞的用法の不定詞の働き

「～すること」という意味で，名詞と同じ働きをします。文の中では，主語，目的語，補語になります。

主語　（落語を聞くことはとても楽しいです。）

To listen to *rakugo*	is	a lot of fun.

目的語（彼女は今月，韓国語を学びはじめました。）

She started	to learn Korean	this month.

補語　（宿題は将来について書くことです。）

My homework	is	to write about my future.

補語

補語は，主語が「何なのか」「どうであるのか」を説明する名詞，または形容詞。

3 名詞的用法の不定詞の意味

名詞的用法の不定詞〈to＋動詞の原形〉の基本的な意味は「〜すること」ですが，一般動詞（begin，hope，like，start，try，want，wish など）の**目的語**になる場合，いろいろな日本語の表現に対応します。

want to eat 〜（〜を食べる**ことを欲する**）→ 〜を食べたい

他にも動詞によって，次のような表現ができます。

begin [start] to 〜　（〜することを**はじめる**）→ 〜しはじめる

try to 〜　（〜することを**試みる**）→ 〜しようとする

不定詞と動名詞

不定詞の名詞的用法も動名詞も両方「〜すること」という意味を表すので，入れかえ可能な場合もある。ただし，不定詞と動名詞はいつでも自由に交換できるわけではない。

try to 〜
（〜しようとする）
try 〜ing
（試しに〜する）

のように，ちがう意味になるものもあるので要注意。（➡p.184）

POINT

1. **〈to＋動詞の原形〉の形を不定詞**という。
2. **名詞的用法の不定詞は，「〜すること」**という意味を表し，文の中で**主語**，**目的語**，または**補語**になる。
3. 不定詞が，一般動詞（begin，start，try，want など）の目的語になる場合，「〜すること」以外の**いろいろな日本語に対応**する。

CHECK 049

解答 ➜ p.285

（　　）内の語句を正しく並べかえましょう。

☐ (1) I (to / like / watch) baseball games in a stadium.

☐ (2) My hobby (play / to / video games / is) on my computer.

TRY! 表現力

want to を使って，「今週末に〜したいです。」と言ってみましょう。

WORD LIST：friends, go shopping, play video games, weekend

例　I want to go shopping with my friends this weekend.

UNIT 2

不定詞の副詞的用法

Can-Do 何かをする目的や感情の原因について表すことができる。

基本例文

A: I went to a shop to buy a present for you.
B: Oh, I'm happy to hear that.

意味
A：あなたにプレゼントを買うためにお店に行ったのよ。
B：わあ，それを聞いてうれしいです。

1 副詞的用法の不定詞の働き

副詞的用法の不定詞は，副詞と同じように，動詞や形容詞を修飾します。副詞的用法の不定詞はいろいろな意味を表しますが，次の2つの意味で使われることが多いです。

⑴ **目的**：「**〜するために**」の意味で動詞を修飾。
⑵ **原因**：「**〜して…**」の意味で，感情の原因を表す。

不定詞は〈to＋動詞の原形〉のことだよ。

2 目的を表す不定詞

目的　**（トムは日本に来るために一生懸命勉強しました。）**

Tom	studied hard	to come to Japan.

動詞を修飾

「**〜するために**」という意味で動詞を修飾し，動詞が表す動作の目的を表します。

名詞的用法の不定詞（➡p.160）と文の形がよく似ていることもあります。その場合，「〜するために」と「〜すること」のどちらの意味を表すのかは，文脈から判断します。

3 原因を表す不定詞

原因 （私はその知らせを聞いて残念です。）

I	am	sorry	to hear the news.

感情の原因を表す

「～して…」という意味で感情を表す形容詞を修飾し，その原因を表します。文の中では，〈be 動詞＋感情を表す形容詞＋to＋動詞の原形〉の形になります。

glad	（うれしい）	happy	（うれしい）
pleased	（よろこぶ，うれしい）	sad	（悲しい）
sorry	（残念だ）	surprised	（驚く）

結果を表す不定詞

副詞的用法の不定詞には，目的・原因以外に，「…して（その結果）～する」と結果を表すことがある。

Tom grew up to become a doctor.
（トムは成長して医者になりました。）

POINT

1. **副詞的用法の不定詞**は，主に**目的**や**感情の原因**を表す。
2. 目的を表す不定詞は，**「～するために」という意味で動詞を修飾**する。
3. 原因を表す不定詞は，**「～して…」という意味で感情を表す形容詞を修飾**する。

CHECK 050

解答 ➜ p.285

（　　）内の語句を正しく並べかえましょう。

☐ (1) I (to / went / the library / study / to).

☐ (2) (happy / you / see / I'm / to).

TRY! 表現力

最近のできごとについて，「私は～してうれしかったです。」と言ってみましょう。

WORD LIST：meet, see, go, talk, happy, pleased, was

例　I was pleased to meet my old friend.

UNIT **3**

不定詞の形容詞的用法

Can-Do 人や物を他とくわしく区別して表すことができる。

基本例文

A: Can I have something to eat, Mom?
B: Sorry, but there is nothing to give you now.

意味
A：ママ，何か食べるものをくれる？
B：ごめんね，今はあなたにあげるものは何もないのよ。

1 形容詞的用法の不定詞の働き

形容詞的用法の不定詞は，形容詞と同じように，名詞・代名詞を修飾します。〈名詞＋to＋動詞の原形〉の形で，不定詞は「～するための」「～すべき」などの意味を表します。

(私にはその本を買うためのお金がまったくありません。)

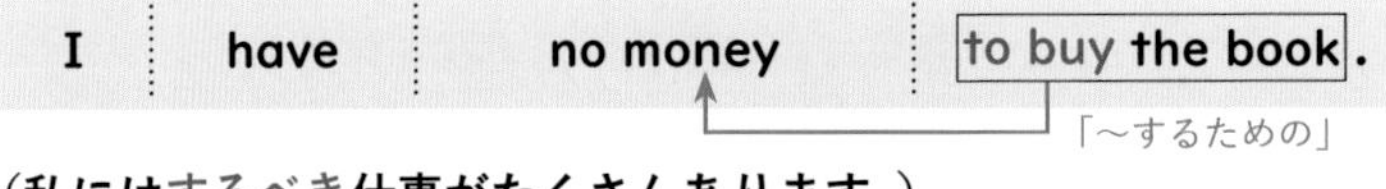

(私にはするべき仕事がたくさんあります。)

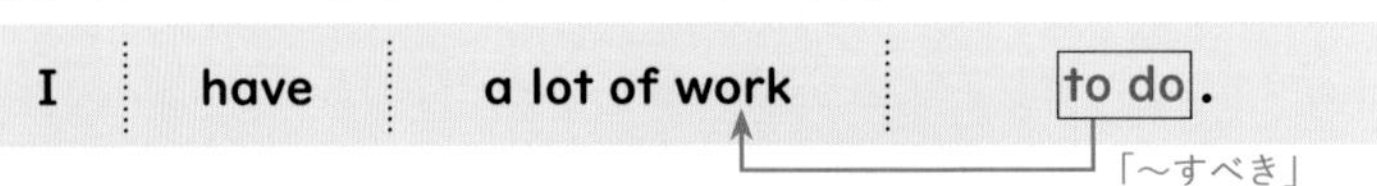

2 いろいろな形容詞的用法の不定詞

(1) 〈-thing＋不定詞〉

(私に何か食べる（ための）ものをください。)

不定詞は「～するための」の意味で **something** や **anything** などの代名詞も修飾します。

〈-thing＋形容詞＋不定詞〉

「何か飲む（ための）もの」はsomething to drink。ここに形容詞coldを入れる場合，somethingのあとに入れる。
something cold to drink
（何か冷たい飲みもの）

⑵ 〈不定詞＋前置詞〉

（ケンには，話をする友だちがたくさんいます。）

Ken	has	many friends	to talk with.

「～する」

〈to＋動詞の原形〉のあとに前置詞がつくことがあります。

上の例では，もともと **many friends** は **talk with** の目的語という関係があるので，many friends が前に出ると文の最後には前置詞 with が残るとわかります。（×）Ken has many friends to talk. では文が不完全です。

同じように前置詞が必要な表現には次のようなものがあります。

a town to live in （住むための町）
something to talk about （何か話すこと）

POINT

1 形容詞的用法の不定詞は，「**～するための**」「**～すべき**」という意味で，後ろから前の**名詞や代名詞を修飾**する。

2 **不定詞のあとに前置詞が置かれる**こともある。

CHECK 051

解答 ➜ p.285

（　）内の語句を並べかえましょう。

☐ ⑴ We have (show / to / a lot of pictures) you today.

☐ ⑵ We need (to / read / something) on the train.

TRY! 表現力

友だちの家に行くことになりました。I'll bring you ではじめて，「何か～するものを持っていきます。」と伝えましょう。

WORD LIST：eat, drink, play with, read

例 I'll bring you something to play with.

実力アップ問題

解答 ➡ p.285

問 1 不定詞の名詞的用法

次の文に（　　）内の語句が入る場所を1つ選び，記号を○で囲みなさい。

⑴ ア Table tennis イ is ウ fun. （to watch）

⑵ ア I want イ a panda ウ at the zoo. （to see）

⑶ ア My job イ is ウ Japanese. （to teach）

問 2 不定詞の副詞的用法

次の文に（　　）内の語句が入る場所を1つ選び，記号を○で囲みなさい。

⑴ I went ア to Kyoto イ about Japanese culture ウ. （to learn）

⑵ I am ア sad イ the news ウ. （to see）

問 3 不定詞の形容詞的用法

次の文に（　　）内の語句が入る場所を1つ選び，記号を○で囲みなさい。

⑴ There are ア two famous イ amusement parks ウ in Los Angeles. （to visit）

⑵ Do you ア have anything イ today ウ? （to do）

⑶ We couldn't ア find イ any hotels ウ around the station. （to stay in）

問 4 不定詞を含む文の完成

日本語に合うように，＿＿に適切な語句を補い英文を完成させなさい。

⑴ 私たちは昼食を食べるために公園へ行きました。
We went to the park ＿＿＿＿＿＿＿＿＿＿＿＿＿＿＿＿.

⑵ その美術館にはたくさんの見るべき絵があります。
There are ＿＿＿＿＿＿＿＿＿＿＿＿＿＿＿＿ in the museum.

⑶ 私は自分のお気に入りの本を見つけるために図書館へ行きました。
I went to the library ＿＿＿＿＿＿＿＿＿＿＿＿＿＿＿＿.

⑷ メアリーは歌手になりたいと思っています。
Mary wants ＿＿＿＿＿＿＿＿＿＿＿＿＿＿＿＿.

⑸ 彼女にはいっしょに話す友だちがたくさんいます。
She has a lot of ＿＿＿＿＿＿＿＿＿＿＿＿＿＿＿＿.

問 5 不定詞を含む文の語順

日本語に合うように，（　　）内の語を並べかえなさい。

⑴ 私は新聞を読む時間がありませんでした。
I (the newspaper / time / read / didn't / to / have).
I ______________________________.

⑵ 彼女はテレビ番組を見るために早く帰宅しました。
She (a TV show / home / came / watch / early / to).
She ______________________________.

⑶ コンピューターを使うことは難しいです。
(is / use / difficult / a computer / to).
______________________________.

⑷ 私の夢はイングランドで英語を勉強することです。
(English / my dream / is / study / in / to) England.
______________________________ England.

⑸ 私は家で何もすることがありませんでした。
I (home / nothing / do / had / at / to).
I ______________________________.

⑹ 私はその電車に間に合って運がよかったです。
I (catch / was / to / the train / lucky).
I ______________________________.

問 6 英作文

次の日本語を，不定詞を使って英語にしなさい。

⑴ 私は勉強する時間がたくさんありました。
____

⑵ 彼女は新しい服を買うために原宿へ行きました。
____

⑶ 韓国語 (Korean) を習うことは難しくありません。
____

⑷ 私の願いは，自分の学校生活を楽しむことです。
____

⑸ 私には何かあなたに伝えることがあります。
____

⑹ 私は有名な歌手を見て驚きました。
____

この章の整理 CHAPTER 14

不定詞の基本的な使い方

この章で学習したことを，もう一度チェックしてみよう！

UNIT 1 不定詞の名詞的用法

My hobby is to take pictures. 私の趣味は写真を撮ることです。

To see temples is interesting. お寺を見ることは興味深いです。

- 〈to＋動詞の原形〉の形で「～すること」を意味し，文中で名詞と同じ働きをする。
- 不定詞は，文の中で主語，目的語，または補語になる。

I want to go shopping. 私は買い物に行きたいです。

- 不定詞が一般動詞（want，begin など）の目的語になる場合，「～すること（を欲する／はじめる）」より「～したい／しはじめる」などと自然な日本語に訳すほうがよい。

UNIT 2 不定詞の副詞的用法

Tom studied hard to come to Japan. トムは日本に来るために一生懸命勉強しました。

- 「～するために」という意味で目的を表し，動詞を修飾する。

I'm sorry to hear the news. 私はその知らせを聞いて残念です。

- 「～して…」という意味で感情の原因を表し，形容詞を修飾する。
- 〈be 動詞＋感情を表す形容詞＋to＋動詞の原形〉の語順になる。

UNIT 3 不定詞の形容詞的用法

I have a lot of work to do. 私にはすべき仕事がたくさんあります。

- 「～するための」「～すべき」という意味を表し，名詞・代名詞を修飾する。

Give me something to eat. 私に何か食べるものをください。

- 「～するための」の意味で，-thing で終わる代名詞を後ろから修飾する。

Ken has many friends to talk with. ケンには話をする友だちがたくさんいます。

- 形容詞的用法では，〈to＋動詞の原形〉のあとに前置詞がつくことがある。

15 章

不定詞を含む特別な形

UNIT 1 〈tell など＋人＋to 〜〉の文

Can-Do 人に指示したり頼んだりして動作をしてもらう内容を表すことができる。

基本例文

① Our teacher tells us to help each other.
② We asked her not to take pictures.
③ I want you to answer the question now.

意味
① 私たちの先生は，私たちに互いに助け合うよう言います。
② 私たちは彼女に写真を撮らないよう頼みました。
③ 私は今，あなたにその質問に答えてほしいです。

1 〈tell [ask]＋人＋to 〜〉

（私は彼にここへ来るよう言いました。）

I	told	him	to come here.
		人	to＋動詞の原形

（私はあなたに私を手伝うよう頼みました。）

I	asked	you	to help me.
		人	to＋動詞の原形

命令・依頼などを表す動詞 tell，ask は，〈tell [ask]＋人＋to 〜〉の形で，「(人) に〜するよう言う [頼む]」の意味を表します。

2 不定詞の否定形

（私はあの男の人に写真を撮らないよう頼むつもりです。）

I'll	ask	that man	not	to take a picture.

「〜しないように」という意味で不定詞を否定するには，不定詞の直前に not をつけます。

〈tell [ask]＋人＋to 〜〉と同じ形をとる動詞

advise（忠告する，勧める），allow（許す），beg（たのむ），force（強いる），order（命じる）など。
Ken advised me to read a lot of books.
（ケンは私にたくさん本を読むよう忠告しました。）

3 〈want＋人＋to ～〉

want to ～　(私はこのケーキを食べたいです。)

I	want	／	to eat this cake.

want 人 to ～　(私はあなたにこのケーキを食べてほしいです。)

I	want	you	to eat this cake.
		人	to＋動詞の原形

要望を表す動詞 **want** は，〈**want＋人＋to ～**〉の形で，「(人) に～してほしいと思う」の意味を表します。

〈動詞＋人＋to ～〉の表現では，人 (you) が不定詞 (to eat) の動作を行う人になります。上の 2 つの文のちがいに注意しましょう。

I want to eat ～. →「食べる」のは「私 (I)」

I want you to eat ～. →「食べる」のは「あなた (you)」

注意

目的語となる代名詞の形

動詞 tell, ask, want などのあとにくる目的語が「人」を表す代名詞のときは，目的格を使う。

〈want＋人＋to ～〉と同じ形をとる表現

would like (ほしいと思う)，wish (願う) など。

I would like you to read this book.

(私はあなたにこの本を読んでほしいと思います。)

15章 不定詞を含む特別な形

POINT

❶ **命令・依頼・要望**を表す文は，動詞 **tell**，**ask**，**want のあとに，目的語 (人) と不定詞**を置く。

❷ **不定詞の否定**を表す場合，**不定詞の直前に not** を置く。

CHECK 052

解答 → p.286

(　　) 内の語を正しく並べかえましょう。

☐ (1) I (to / want / see / you) him tomorrow.

☐ (2) My mother (me / to / told / eat / not) too much.

TRY! 表現力

ALT の先生に，「私たちに～について教えてほしいです。」と言ってみましょう。

WORD LIST：want, tell, country, hobby, favorite songs

例　I [We] want you to tell us about your country.

UNIT 2

It ... (for —) to ～. の文

Can-Do あることをすることが，どのようなものか伝えることができる。

基本例文

It is difficult to learn English in Japan.
It is difficult for me to learn English in Japan.

意味
日本で英語を学ぶことは難しいです。
日本で英語を学ぶことは私にとって難しいです。

1 It ... to ～. の文

It ... to ～. の文 （英語を学ぶことは難しいです。）

It	is	difficult	to learn English.
It （形式主語）	is	... （形容詞）	to ～ （本当の主語）

不定詞を含む句（to learn English）が主語の文は，主語を it に置きかえて形式上の主語とし，本当の主語である不定詞を含む句はあとにまわすことがあります。このとき，It は日本語では言いません。

2 It ... for — to ～. の文

It ... for — to ～. の文 （数学を勉強することは私にとって簡単です。）

It	is	easy	for me	to study math.

It ... to ～. の文に，「—にとって」を意味する for — を加えて，不定詞の動作をする人を示すことができます。It ... for — to ～. の形で「～することは—にとって…です。」「—が～することは…です。」という意味を表します。

短い主語を好む英語の特徴

英語では，主語が「頭でっかち」になる文は好まれない。不定詞を文の初めに置くと主語が長くなるので，仮に it を主語に置いて，不定詞の部分をあとに置いた文にする。

不定詞の動作をする人

for — の部分は不定詞が表す動作をする人をさしている。「不定詞の意味上の主語」とも呼ばれる。

for のあとには人などが入るよ。

3 It ... of — to ～. の文

It ... of — to ～. の文 （**私を**助けるとはあなたは**親切です。**）

It	is	kind	of you	to help **me.**

不定詞の動作をする人は一般的に for — で表しますが，特定の形容詞のあとにくるときは **of** — を使うことがあります。不定詞の表す行為が，kind (親切だ)，wise (賢い)，nice (すばらしい)，foolish (おろかな) など，人の性質や態度を表す場合は，It ... of — to ～. の形が使われます。「～するとは—は…です。」という意味になります。

前置詞のあとの代名詞の形

for や of などの前置詞のあとにくる「人」を表す代名詞は，動詞のあとにくる場合と同じで，目的格を使う。

15 章 不定詞を含む特別な形

POINT

1. 不定詞が主語の文は，**主語を it に置きかえて，It ... to ～. の形をとる**ことがある。
2. It ... to ～. の文に for — を加えて，**不定詞が表す動作をする人**を示すことができる。
3. **形容詞が kind や wise のように人の性質や態度を表す場合**は，〈**It ... of — to ～.**〉**の形**が使われることもある。

CHECK 053

解答 → p.286

（　　）内の語句を正しく並べかえましょう。

□ (1) (is / to / important / it) think about peace.

□ (2) (to / for / easy / her / it is) send a message in English.

TRY! 表現力

知り合いに学校の楽しいところを聞かれました。It is で始めて，「私にとって～することは楽しいです。」と伝えてみましょう。

WORD LIST：fun, talk with, classmates, play, sports, do, club activity

例 It is fun for me to play sports with my classmates.

UNIT 3

how [what] to ～，その他の不定詞

Can-Do 疑問に思ったことを教えてほしいと頼むことができる。

基本例文

A: Please show me how to ride a bike.
B: Sorry, but I'm too tired to show you today.

意味
A：自転車の乗り方を教えてください。
B：申し訳ないけど，とても疲れているので今日は見せられないんだ。

1 〈疑問詞＋to ～〉

（私はこのゲームをどのように遊ぶか［の遊び方］を知っています。）

I	know	how to play this game.

（どこへ行けばよいか私に教えてください。）

Tell	me	where to go.

不定詞の前に **how, when, where, what, which, who** などの疑問詞がつくと，全体で1つの名詞と同じ働きをする意味のカタマリを作ります。

2 too ... to ～

（私はとても疲れているので買い物に行けません。）

I	am	too	tired	to go shopping.
			形容詞	不定詞（to＋動詞の原形）

（彼はあまりにも速く話すので理解できません。）

He	speaks	too	fast	to understand.
			副詞	不定詞（to＋動詞の原形）

疑問詞ごとの意味

how to ～
どのように～したらよいか［～のしかた］
when to ～
いつ～したらよいか
where to ～
どこで［へ］～したらよいか
what to ～
何を～したらよいか
which to ～
どれを～したらよいか
who to ～
だれを［に］～したらよいか
※ why to ～ という形はない

〈疑問詞＋名詞＋to ～〉

疑問詞 what，which の直後に名詞を置いて，〈what [which]＋名詞＋to ～〉の形で使うこともできる。
Tell me what food to eat.（何の料理を食べたらいいか教えて。）
※（×）Tell me what to eat food. としないよう注意。

too ... to ～ は「～するには（あまりにも）…すぎる」「とても…なので～できない」の意味を表します。too のあとには，形容詞や副詞を置きます。

3 ... enough to ～

（彼は天井に手が届くほど背が高いです。）

He	is	tall	enough	to reach the ceiling.
		形容詞		不定詞（to＋動詞の原形）

（彼は天井に手が届くほど高くジャンプします。）

He	jumps	high	enough	to reach the ceiling.
		副詞		不定詞（to＋動詞の原形）

〈形容詞［副詞］＋enough to ～〉の形で「～できるほど十分に…」の意味を表します。

もっと！

不定詞の意味上の主語

不定詞の動作をする人が文の主語と異なる場合，不定詞の直前に for ― を入れて表すことができる。

It is too hot for me to go out.

（外に出るには私にとってあまりにも暑すぎます。）

This book is interesting enough for you to read.

（この本は，あなたが読むには十分に興味深いです。）

15章 不定詞を含む特別な形

POINT

1. **不定詞の前に疑問詞**がつくと，**「何を／どこで／どのように～したらよいか」**などの意味になり，1つのカタマリとして**名詞と同じ働き**をする。
2. **too ... to ～** は，**「～するには（あまりにも）…すぎる」**の意味を表す。
3. **... enough to ～** は，**「～できるほど十分に…」**の意味を表す。

CHECK 054

解答 ➜ p.286

（　　）内の語を正しく並べかえましょう。

☐ (1) I don't know (take / to / how) a bus in this city.

☐ (2) That man is (buy / enough / rich / to) this house.

TRY! 表現力

あなたはレストランで食事をしていますが，料理の味が好みに合いません。「これは私が食べるには～すぎます［～すぎて食べることができません］。」と伝えてみましょう。

WORD LIST：hot, sweet, sour, salty, spicy

例　This is too hot for me to eat.

UNIT 4

原形不定詞

Can-Do 使役動詞や知覚動詞を使って表現できる。

基本例文

A: I want to hear your sister play the piano.
B: OK, I'll let her know.

意味
A：あなたのお姉さん［妹さん］がピアノをひくのを聞きたいです。
B：わかった，彼女に知らせておくわ。

1 原形不定詞とは

原形不定詞とは，to のつかない不定詞，つまり動詞の原形のことです。原形不定詞は，使役動詞（let，make，have）や知覚動詞（hear，see，feel）などとともに使われます。

原形不定詞と to 不定詞

to のつかない不定詞を原形不定詞というのに対し，to のある不定詞を to 不定詞と呼ぶことがある。

原形不定詞の意味上の主語

原形不定詞の動作をする人は，let，make などの動詞のあとの目的語である。
He made me help him.
（彼は私に彼を手伝わせました。）
→「手伝う」のは「私」で，それを「させた」のは「彼」。

2 〈let，make など＋目的語＋原形不定詞〉

使役動詞　**（私にあなたを手伝わせてください。）**

Please	let	me	help	you.
	（使役動詞）	（目的語）	（原形不定詞）	

let，make など，「～させる」という意味の動詞（使役動詞）は〈使役動詞＋目的語＋原形不定詞〉の形で「…に～させる」という意味を表します。

let は，「（望みどおり）～させる」，make は，「（強制的に）～させる」というニュアンスが含まれるので，区別して使用します。

3 〈help＋目的語＋原形不定詞〉

（彼は私が本を運ぶのを手伝ってくれました。）

He	helped	me	carry	the books.
	（動詞）	（目的語）	（原形不定詞）	

help は使役動詞ではありませんが，原形不定詞を使って〈help＋目的語＋原形不定詞〉の形で「…が～するのを手伝う」という意味を表します。

to 不定詞も OK

help は〈help＋目的語＋to＋動詞の原形〉と to がつくこともある。
I helped Emi (to) do her homework.
（私はエミが宿題をするのを手伝いました。）

4 〈hear, see, feel など＋目的語＋原形不定詞〉

知覚動詞　**（私は彼女が歌を**歌うのを聞きました。）

I	heard	her	sing	a song.
	（知覚動詞）	（目的語）	（原形不定詞）	

hear，see，feel など，五感に関係のある動詞（知覚動詞）は，〈知覚動詞＋目的語＋原形不定詞〉の形で「…が～するのを聞く［見る，感じる］」という意味を表します。

上の文は，原形不定詞（sing）の直前の目的語（her）が原形不定詞の意味上の主語なので，「彼女（her）が歌う（sing）のを聞いた（heard）」という意味になります。

POINT

1. to のつかない不定詞を**原形不定詞**という。
2. 原形不定詞は，**使役動詞（let，make）や知覚動詞（hear，see，feel）など**とともに使われる。

CHECK 055

解答 ➜ p.286

（　）内の語句を正しく並べかえましょう。

□ (1) I often (clean / my sister / help) her room.

□ (2) Let (go / the bathroom / me / to).

TRY! 表現力

「教室でクラスメイトが～するのをよく見ます。」と言ってみましょう。

WORD LIST：classmates, classroom, enjoy, talk

例　I often see my classmates talk to our teacher in the classroom.

実力アップ問題

解答 ➜ p.286

問 1 不定詞を含む文の形

日本語に合うように，____に適切な１語を入れなさい。

⑴ そのテストに合格することは難しいです。
__________ is difficult __________ pass the test.

⑵ 英語を話すことはあなたにとってやさしいですか。
Is __________ easy __________ you __________ speak English?

⑶ あなたは親切にも私を駅へ連れて行ってくれました。
__________ was kind __________ you __________ take me to the station.

⑷ 彼は彼女に，いっしょにダンスを踊ってくれるように頼みました。
He __________ her __________ __________ with him.

⑸ 彼女は私たちに，向こうでサッカーをするように言いました。
She __________ us __________ __________ soccer over there.

⑹ 私はあなたに，今日100メートル泳いでほしいです。
I __________ you __________ __________ 100 meters today.

⑺ 私はギターのひき方を知っています。
I know __________ __________ __________ the guitar.

⑻ あなたは今何をしたらよいか知っていますか。
Do you know __________ __________ __________ now?

⑼ 私はいつそこへ行ったらよいか知りません。
I don't know __________ __________ __________ there.

⑽ その宿題は，今日私が終えるのには難しすぎます。
The homework is __________ difficult __________ me __________ finish today.

⑾ 彼はそのバスに追いつくほど十分に速く走りました。
He ran __________ __________ __________ catch the bus.

問2 原形不定詞を含む文

次の文の（　　）内のうち適切なものを選び，○で囲みなさい。

⑴ Please let me (sleep, sleeping, to sleep) for an hour.

⑵ He made us (carry, carried, to carry) the books.

⑶ I helped my sister (make, made, of make) a cake.

問3 不定詞を含む文の語順

日本語に合うように，（　　）内の語を並べかえなさい。

⑴ ボードゲームをすることは私たちにとって楽しいことです。
(fun / is / for / it / play / to / us) board games.
______________________________ board games.

⑵ 私たちの先生は私たちに，学校で宿題をしないよう言いました。
Our teacher (to / us / our homework / not / told / do) at school.
Our teacher ______________________________ at school.

⑶ このあたりではどこで昼食を食べたらよいか知っていますか。
Do you (where / lunch / eat / know / to) around here?
Do you ______________________________ around here?

⑷ 彼女はその試合に勝つほど十分に一生けんめい練習しました。
She (hard / the game / enough / win / practiced / to).
She ______________________________ .

⑸ 私はトムが日本語を勉強するのを手伝いました。
(Tom / Japanese / I / study / helped).
______________________________ .

問4 英作文

次の日本語を，不定詞を使って英語にしなさい。

⑴ 私にとって今，勉強することは大切です。

____

⑵ 彼女は私に，彼女のネコをさがすよう頼みました。

____

⑶ 私はピアノのひき方を学びたいです。

____

⑷ 彼は，昨夜勉強するにはあまりにも疲れていました。

____

不定詞を含む特別な形

UNIT 1　〈tell など＋人＋to ～〉の文

I told him to come here soon.　私は彼にすぐにここへ来るよう言いました。

- 〈tell [ask]＋人＋to 不定詞〉の形で，「(人) に～するよう言う [頼む]」の意味を表す。

I want you to eat this cake.　私はあなたにこのケーキを食べてほしいです。

- 〈want＋人＋to 不定詞〉の形で，「(人) に～してほしいと思う」の意味を表す。

UNIT 2　It ... (for ―) to ～. の文

It is fun for me to learn English.　英語を学ぶことは私にとって楽しいです。

- It ... to ～. で「～することは…です。」の意味を表す。
- to 不定詞の動作をする人 (意味上の主語) は，to 不定詞の前に for ― を加えて示す。
- kind (親切な) などの特定の形容詞のあとでは，to 不定詞の意味上の主語は of ― を加えて示す。

UNIT 3　how [what] to ～, その他の不定詞

Please teach me how to ride a bike.　私に自転車の乗り方を教えてください。

- 〈疑問詞＋to 不定詞〉で「何を／どこで／どのように～したらよいか」などの意味を表す。

I'm too tired to go shopping.　私はとても疲れているので買い物に行けません。

- too ... to ～ で，「～するには (あまりにも) …すぎる」「とても…なので～できない」の意味を表す。

UNIT 4　原形不定詞

He made me help him.　彼は私に彼を手伝わせました。

- 原形不定詞とは，to のつかない不定詞，つまり動詞の原形をさす。
- let，make などは〈動詞＋目的語＋原形不定詞〉の形で「…に～させる」の意味を表す。

I heard her sing a song.　私は彼女が歌を歌うのを聞きました。

- hear，see は〈動詞＋目的語＋原形不定詞〉の形で「…が～するのを聞く [見る]」の意味を表す。

16 章

動名詞

UNIT 1

動名詞を使った文

Can-Do 何をすることが好きか，何をして楽しんでいるかを表すことができる。

基本例文

① **Speaking English is fun.**
② **I like swimming in the sea.**
③ **My job is teaching math.**

意味
① 英語を話すことは楽しいです。
② 私は海で泳ぐことが好きです。
③ 私の仕事は数学を教えることです。

1 動名詞の形と意味

（私はサッカーを見ることを［見て］楽しみます。）

I	enjoy	watching	soccer.

「～すること」を意味する**動詞の ing 形**は，もともと動詞だったものが名詞化したので，**動名詞**と呼ばれます。

形は，進行形で使われる動詞の ing 形（現在分詞）と同じ形です。（➡p.39）

2 動名詞の働き

動名詞は，文の中で**主語**，**目的語**，**補語**になります。

主語　（あなたの友だちと話すことはとても楽しいです。）

Talking with your friends	is	a lot of fun.

目的語　（私は自分の部屋を掃除し終えました。）

I	finished	cleaning my room.

動名詞は文の中で，名詞のような働きをするんだね！

補語　（私の趣味は音楽を聞くことです。）

My hobby	is	listening to music.

前置詞の目的語（彼は夕食を作ることで私を手伝ってくれました。）

He	helped	me	by	cooking dinner.

注意

「前置詞＋不定詞」は不可

（×）by to cook dinner
（○）by cooking dinner
前置詞のあとの動名詞の代わりに名詞的用法の不定詞「～すること」を置くことはできない。

3 〈前置詞＋動名詞〉の表現

次のような連語の表現がよく使われます。

be good at -ing　（～するのが得意だ）
be fond of -ing　（～するのが好きだ）
look forward to -ing　（～することを楽しみにしている）
How about -ing?　（～するのはどうですか。）

POINT

1. 「**～すること**」を意味する**動詞の ing 形**は**動名詞**と呼ばれる。
2. **動名詞**は，文の中で**主語**，**目的語**，**補語**になる。
3. **前置詞のあと**に動作を表す語句を続けるときは，必ず**動名詞**を使う。

CHECK 056

解答 ➜ p.287

（　　）内の単語から適切なものを１つ選んで○で囲みましょう。

- □ (1) I enjoyed (eat, ate, eating) a special dinner on my birthday.
- □ (2) Are you interested in (live, lived, living) abroad?

TRY! 表現力

試験勉強中に同じ部屋で弟がやっていることが気になります。「～するのをやめてくれる？」と頼んでみましょう。

WORD LIST：watching TV, listening to music, talking, playing

例　Can you stop watching TV in this room?

UNIT 2

動名詞と不定詞の使い分け

Can-Do 動名詞と不定詞のちがいを理解し，正しく使い分けることができる。

① **I remember closing the door.**
② **Remember to close the door.**

意味
① 私はドアを閉めたことを覚えています。
② 忘れずにドアを閉めてください［ドアを閉めることを覚えておきなさい］。

1 動名詞と不定詞

動名詞		不定詞
（私は勉強するのが好きです。） I like studying.	⇔	（私は勉強するのが好きです。） I like to study.

動名詞と不定詞（➜p.160 名詞的用法）は，どちらも「～すること」という意味ですが，動名詞か不定詞のどちらか一方しか使えない場合もあります。特に**動詞の目的語**として使う場合，動名詞と不定詞のどちらを使うかが決まっている動詞もあります。

2 動名詞と不定詞の両方を目的語にする動詞

⑴ 両者の意味がほぼ同じ

begin［start］（はじめる），**like**（好む），**love**（大好きだ）など

⑵ 両者の意味が異なる

forget（忘れる），**remember**（覚えている），**try**（試す）など

動名詞と不定詞のちがい

動名詞か不定詞かを考えるときに，両者の持つイメージを理解しておくとヒントになる。
動名詞は過去志向で，すでに実行されている動作を表すことが多い。
不定詞は未来志向で，まだ実現・実行していない動作を表すことが多い。

動名詞と不定詞で意味が異なる動詞

forget ～ing
（～したことを忘れる）
forget to ～
（～するのを忘れる）
remember ～ing
（～したことを覚えている）
remember to ～
（～するのを覚えておく）
try ～ing
（試しに～する）
try to ～
（～しようとする）

③ 不定詞だけを目的語にする動詞

plan（計画する），**wish**（望む），**decide**（決める），
hope（望む），**promise**（約束する），**want**（したい）など

I decided to go **there.**（私はそこへ行くことを決めました。）
（×）decided going

④ 動名詞だけを目的語にする動詞

enjoy（楽しむ），**finish**（終える），**mind**（気にする），
stop（やめる），**give up**（あきらめる）など

I finished reading **this book.**
（私はこの本を読み終えました。）（×）finished to read

注意

stop to ～ は「～するために立ち止まる」

He stopped eating candy.
（彼はキャンディーを食べるのをやめました。）
He stopped to eat candy.
（彼はキャンディーを食べるために立ち止まりました。）
※副詞的用法の不定詞

16章 動名詞

POINT

❶ 動詞によって，目的語に**動名詞と不定詞のどちらを使うか**が決まっている。
❷ **動名詞と不定詞の両方を目的語にとるが，意味が異なる動詞もある。**

CHECK 057

解答 ➜ p.287

（　　）内の語句から適切なものを１つ選んで○で囲みましょう。

☐ (1) I'm planning (visit, to visit, visiting) my grandmother.
☐ (2) Never give up (speak, to speak, speaking) English.

TRY! 表現力

昔の思い出について，「～したことを覚えています。」と言ってみましょう。

WORD LIST：remember, sing, visit, eat, meet

例 I remember singing songs in a big hall.

実力アップ問題

解答 ➡ p.287

問 1 動名詞の形

次の動詞を動名詞の形にしなさい。

(1) catch ＿＿＿＿＿＿　(2) wake ＿＿＿＿＿＿
(3) swim ＿＿＿＿＿＿　(4) cry ＿＿＿＿＿＿
(5) put ＿＿＿＿＿＿　(6) give ＿＿＿＿＿＿
(7) wash ＿＿＿＿＿＿　(8) fly ＿＿＿＿＿＿

問 2 動名詞を含む文

(　　)内の動詞を動名詞にかえて＿＿に書きなさい。

(1) ＿＿＿＿＿＿ French is not easy. (speak)
(2) His job was ＿＿＿＿＿＿ books. (write)
(3) Jim finished ＿＿＿＿＿＿ his room. (clean)
(4) John passed the test after ＿＿＿＿＿＿ hard. (study)
(5) ＿＿＿＿＿＿ up early is good for your health. (get)
(6) I like ＿＿＿＿＿＿ in the park. (run)

問 3 連語と動名詞

日本語に合うように，＿＿に適切な１語を入れなさい。

(1) 私はあなたとテニスをすることを楽しみにしています。
I'm ＿＿＿＿＿＿ ＿＿＿＿＿＿ to ＿＿＿＿＿＿ tennis with you.
(2) 私と昼食でもいかがですか。
How ＿＿＿＿＿＿ ＿＿＿＿＿＿ lunch with me?
(3) メアリーは歌うことが得意です。
Mary is good ＿＿＿＿＿＿ ＿＿＿＿＿＿ .
(4) 私は海で釣りをすることが好きです。
I am fond ＿＿＿＿＿＿ ＿＿＿＿＿＿ in the sea.
(5) 彼女はその書類を読まずにOKと言いました。
She said OK without ＿＿＿＿＿＿ the document.

問4 動名詞と不定詞の使い分け①

次の文の（　　）内のうち適切なものを選び，○で囲みなさい。

⑴ I enjoy (learning, to learn) Korean.

⑵ Do you mind (opening, to open) the window?

⑶ I don't want (studying, to study) English today.

⑷ It stopped (raining, to rain) this morning.

問5 動名詞と不定詞の使い分け②

日本語に合うように，（　　）内の語句を並べかえなさい。ただし，不要なものが 1 つずつあります。

⑴ 私は英語を書くことに興味があります。
I (to write / writing / interested / English / am / in).
I ＿＿＿＿＿＿＿＿＿＿＿＿＿＿＿＿＿＿＿＿＿＿＿＿＿＿＿＿.

⑵ 私たちは，あなたといっしょに夕食を食べることを決めました。
We (with / dinner / you / eating / to eat / decided).
We ＿＿＿＿＿＿＿＿＿＿＿＿＿＿＿＿＿＿＿＿＿＿＿＿＿＿＿.

⑶ あなたは難しい単語を使わずに話すべきです。
You should (words / using / to use / without / speak / difficult).
You should ＿＿＿＿＿＿＿＿＿＿＿＿＿＿＿＿＿＿＿＿＿＿＿.

⑷ ジムはそれをなんとか食べてみようと試みました。
Jim (eating / to eat / it / tried).
Jim ＿＿＿＿＿＿＿＿＿＿＿＿＿＿＿＿＿＿＿＿＿＿＿＿＿＿＿.

⑸ 私は彼女といっしょにテニスをしたことを覚えています。
I (her / tennis / to play / playing / remember / with).
I ＿＿＿＿＿＿＿＿＿＿＿＿＿＿＿＿＿＿＿＿＿＿＿＿＿＿＿＿.

問6 英作文

次の日本語を英語にしなさい。

⑴ 私はテレビでサッカーの試合を見て楽しみました。

＿＿＿＿＿＿＿＿＿＿＿＿＿＿＿＿＿＿＿＿＿＿＿＿＿＿＿＿＿＿

⑵ ジム (Jim) が何も言わずに部屋に入ってきました。

＿＿＿＿＿＿＿＿＿＿＿＿＿＿＿＿＿＿＿＿＿＿＿＿＿＿＿＿＿＿

⑶ メアリー (Mary) は試しにそれを飲んでみました。

＿＿＿＿＿＿＿＿＿＿＿＿＿＿＿＿＿＿＿＿＿＿＿＿＿＿＿＿＿＿

⑷ 私は，アメリカで彼女といっしょに勉強したことを忘れないでしょう。

＿＿＿＿＿＿＿＿＿＿＿＿＿＿＿＿＿＿＿＿＿＿＿＿＿＿＿＿＿＿

この章の整理 CHAPTER 16

動名詞

この章で学習したことを，もう一度チェックしてみよう！

UNIT 1 動名詞を使った文

I enjoy watching soccer. 私はサッカーを見ることを［見て］楽しみます。

● 「～すること」を意味する動詞の ing 形は，動詞が名詞化したものなので，動名詞と呼ばれる。

Speaking English is fun. 英語を話すことは楽しいです。

● 動名詞は，文の中で主語になることもある。

He finished doing his homework. 彼は自分の宿題をやり終えました。

● finish ～ing「～し終える」のように〈動詞＋動名詞〉でよく使われる表現がある。

She is good at playing the piano. 彼女はピアノをひくのが得意です。

● be good at ～ing「～するのが得意である」のように〈前置詞＋動名詞〉を含む連語もよく使われる。

UNIT 2 動名詞と不定詞の使い分け

I remember closing the door. 私はドアを閉めたことを覚えています。

I'll remember to close the door. 私はドアを閉めることを覚えておきます。

● 動名詞（動詞の ing 形）と不定詞（to＋動詞の原形）は，ほぼ同じ意味で書きかえられるものが多いが，remember（覚えている）のように，2つがまったく違う意味を表すものもある。

I decided to go there. 私はそこへ行くことを決めました。

● decide（決める），want（したい），wish（望む）などは，目的語に不定詞はとるが，動名詞はとらない。

I finished reading this book. 私はこの本を読み終えました。

● finish（終える），enjoy（楽しむ），mind（気にする）などは，目的語に動名詞はとるが，不定詞はとらない。

17章

比較

UNIT 1

比較の文の基本

Can-Do ものを比べるときに使う英語の表現を理解することができる。

基本例文

Bob is as tall as Jim. 〔原級〕
John is taller than Bob. 〔比較級〕
John is the tallest of the three. 〔最上級〕

意味
ボブはジムと同じくらいの身長です。
ジョンは，ボブより背が高いです。
ジョンは3人の中でいちばん背が高いです。

1 原級 − 比較級 − 最上級

英語の形容詞と副詞には，ものを比べるための形が3つあります。この変化を**比較変化**といい，原級・比較級・最上級の3つです。

【例】**tall**（原級）− **taller**（比較級）− **tallest**（最上級）

原級の文 … She swims as **fast** as Tom.
（彼女はトムと同じくらい速く泳ぎます。）

比較級の文 … She swims **faster** than Jim.
（彼女はジムより速く泳ぎます。）

最上級の文 … She swims the **fastest** of us all.
（彼女は，私たち全員の中で**いちばん速く**泳ぎます。）

2 比較級・最上級の形──規則変化

〈原級＋er, est〉型

	原級	比較級	最上級
形容詞	tall（背が高い）	taller	tallest
	happy（幸せな）	happier	happiest
副詞	fast（速く）	faster	fastest

of＋複数と in＋単数の使い分けは，p.196でくわしく説明しているよ。

〈more, most＋原級〉型

	原級	比較級	最上級
形容詞	famous（有名な）	more famous	most famous
副詞	slowly（ゆっくり）	more slowly	most slowly

3 比較級・最上級の形――不規則変化

原級	比較級	最上級
good（よい），well（上手に，健康な）	better	best
bad（悪い），ill（病気の）	worse	worst
many（多数の），much（多量の）	more	most
little（少しの，少し）	less	least

もっと！

2通りの変化形

不規則に変化する形容詞・副詞の中には，2通りの変化形を持つものもある。

late（遅い・遅く）
later－latest【時間】
latter－last【順序】

far（遠い，遠く）
farther－farthest【距離】
further－furthest【距離・程度】

17 章 比較

POINT

❶ 形容詞・副詞には，「**原級**」「**比較級**」「**最上級**」の3つの形がある。

❷ 原則として，比較級は〈**原級＋er**〉か〈**more＋原級**〉，最上級は〈**原級＋est**〉か〈**most＋原級**〉で表すが，一部**不規則に変化する形容詞・副詞**もある。

CHECK 058

解答 ➜ p.288

（　）内の語を必要であれば正しい形にかえましょう。

□ Mt. Fuji is the (high) and the most (famous) mountain in Japan.

TRY! 表現力

「～は私たちのクラスでいちばん…です。」と，クラスメイトを紹介しましょう。

WORD LIST：fast, kind, smart, nice, tall, friendly, busy

例 Taro is the fastest runner in our class.

UNIT 2

原級を用いた比較の文

Can-Do 程度が同じくらいのものについて表現できる。

基本例文

① **Bob is** as old as **Ken.**
② **Tom is** not as tall as **John.**
③ **Speak** as slowly as you can.

意味
① ボブはケンと同じ年齢です。
② トムはジョンほど背が高くないです。
③ できるだけゆっくり話しなさい。

1 〈as＋原級＋as ...〉

形容詞 （ケンはリョウと同じくらいかっこいいです。）

Ken	is	as	cool	as	Ryo.

↑ as と as の間に入る形容詞は原級

副詞 （彼はトムと同じくらい速く走ります。）

He	runs	as	fast	as	Tom.

↑ as と as の間に入る副詞は原級

〈as＋原級＋as ...〉は，2つのものを比べて，「…と同じくらい～」と，程度が同じ（同等）であることを表します。as と as の間に入る形容詞・副詞は，原級になります。

2 〈not as＋原級＋as ...〉

（私はあなたほど若くないです。）

I	am	not	as	young	as	you.

〈as＋原級＋as ...〉の前に not をつけると，2つのものを比べて，「…ほど～でない」という意味を表します。

2番目の as のあとの代名詞

Bob is as strong as me [I am].（ボブは私と同じくらい力が強いです。）
この表現では，2番目の as のあとの代名詞は，ふつうは目的格か〈主格＋(助) 動詞〉の形が多く使われる。
as のあとに主格の代名詞だけがくる
Bob is as strong as I.
はあまり使われない。

3 as ～ as を含む重要表現

(1) 〈as ～ as＋主語＋can〉, as ～ as possible

「できるだけ～」の意味を表します。

Jane came **as early as** she could.
||　　↑過去の文なので could
Jane came as early as possible.
(ジェーンはできるだけ早く来ました。)

(2) X times as ～ as ...

「…の X 倍～」の意味を表します。ただし,「2 倍」のときは twice を使います。

She eats **twice as** slowly **as** I do.
(彼女は私の 2 倍食べるのが遅いです。)
His garden is **three times as** large **as** ours.
(彼の庭は, うちのより 3 倍大きいです。)

注意

形容詞と名詞は離さない

as ～ as の間にくる形容詞の後に名詞がつくときは 2 つを離さない。
(○) I read four times as many books as you did.
(私はあなたの 4 倍多くの本を読みました。)
(×) I read four times as many as books you did.

「半分の」は half as ～ as

This baby is half as heavy as that one.
(この赤ちゃんはあの赤ちゃんの半分の重さです。)

17 章 比較

POINT

1. 〈as＋原級＋as ...〉は, 2 つのものを比べて**程度が同じこと**を表す。
2. 〈not as＋原級＋as ...〉は, 2 つのものを比べて**程度が同じでないこと**を表す。

CHECK 059

解答 ➜ p.288

次の日本文に合うように (　　) 内の語を並べかえましょう。

☐ (1) 私は兄ほど速く走ることができませんでした。
I (run / could / as / not / as / fast) my brother.

☐ (2) 彼はできるだけ早く起きました。※ 1 語不要
He (up / got / as / early / possible / as / could).

TRY! 表現力

「私は〇〇ほど～ではありません。」と説明してみましょう。

WORD LIST：smart, pretty, fast, kind, handsome

例　I am not as smart as my older sister.

UNIT 3

比較級を用いた比較の文

Can-Do 2つのもののうちどちらの程度が高いかを言うことができる。

基本例文

① This pencil is longer than that one.
② She is becoming richer and richer.

意味
① この鉛筆はあの鉛筆より長いです。
② 彼女はますますお金持ちになっています。

1 〈比較級＋than ...〉

形容詞 （この本はあの本よりやさしいです。）

This book	is	easier	than	that one.

副詞 （エミはメグより速く泳ぎます。）

Emi	swims	faster	than	Meg.

〈比較級＋than ...〉は「…よりも～」の意味で，２つのもののうち一方が他方より程度が高いことを表します。形容詞・副詞の語尾をかえて，その後ろにthanをつけます。

[比較級の作り方]

a) ふつうの語は，そのまま語尾にerをつける。
long - longer / high - higher / tall - taller

b) 発音しないeで終わる語は，語尾にrをつける。
large - larger / wise - wiser / cute - cuter

c) 〈子音字＋y〉で終わる語は，yをiにかえてerをつける。
heavy - heavier / busy - busier / happy - happier

d) 〈短母音＋子音字〉で終わる語は，子音字を重ねてerをつける。
big - bigger / hot - hotter / fat - fatter

音節の多い語の比較級

音節が２つの語の大部分と，音節が３つ以上の語の前には，moreをつける。

【例】
more famous
more important
more slowly

【例外】
語尾がlyで終わる副詞はmoreをつけるが，earlyは例外。
early - earlier - earliest

短母音

音を伸ばしたり重ねたりせず，「アイウエオ」と短く読む母音のこと。
bus，ink，book，pet，dogなど

2 比較級の程度を表す表現

〈much＋比較級〉「ずっと～」

Japan is **much** smaller than China.

（日本は中国よりも**ずっと**小さいです。）

〈a little＋比較級〉「少し～」

She walked **a little** more slowly than her mother.

（彼女はお母さんより**少し**ゆっくり歩きました。）

〈程度を表す語句＋比較級〉

She is **five years** older than my brother.

（彼女は私の兄［弟］よりも**5歳**年上です。）

3 比較級を含む重要表現

〈比較級＋and＋比較級〉「だんだん～，ますます～」

English has become **more and more** important.

（英語は**ますます**重要になってきています。）

もっと！

比較級を含む慣用表現

① more than ～（～より多く）I waited there more than two hours.
（私はそこで2時間以上待ちました。）

② no longer ～＝not ～ any longer（もはや～ない）
I can no longer wait.
＝I cannot wait any longer.
（私はもう待てません。）

③〈the＋比較級＋of＋the two〉（2つのうち～のほう）
The piano is the better of the two.
（そのピアノは2台のうち，よいほうです。）

POINT

1. 比較級の基本の形は〈**原級＋er**〉か〈**more＋原級**〉。
2. 比較の文は〈**比較級＋than ...**〉の形で「**…よりいっそう～**」の意味を表す。

CHECK 060

解答 ➜ p.288

次の（　　）内の語を意味が通るように形をかえましょう。

□ (1) My mother is (busy) than my father.

□ (2) This movie is (exciting) than that one.

TRY! 表現力

山や川を比べて「〇〇は…よりも～です。」と紹介してみましょう。

WORD LIST：Mt. Fuji, Mt. Yarigatake, Mt. Kilimanjaro, the Shinano River, the Nile, the Mississippi River

例　Mt. Fuji is higher than Mt. Yarigatake.

17章 比較

UNIT 4

最上級を用いた比較の文

Can-Do 3つ以上のものの中で最も程度の高いものについて言うことができる。

基本例文

① **Kate is** the youngest of **the three.**
② **She is one of** the best singers in **the world.**

意味
① **ケイトは3人**の中でいちばん若い**です。**
② **彼女は世界**で最高の歌手**の1人です。**

1 〈the＋最上級＋of [in] ...〉（…の中でいちばん～）

形容詞 （**この自転車はすべて**の中でいちばん新しい**です。**）

This bike	is	the newest	of	all.

副詞 （**彼は家族**の中でいちばん早く**起きます。**）

He	gets up	(the) earliest	in	his family.

↑副詞の最上級には the をつけないこともある

最上級を使って，3つ以上のものを比べるときは〈**the＋最上級＋of [in] ...**〉の形で，「…の中でいちばん～」の意味を表します。

最上級のあとの「～の中で」を表す語句は，**of** または **in** を使い，〈**of＋複数名詞または複数の代名詞**〉または〈**in＋場所・範囲などを示す単数名詞**〉となります。

［最上級のつくり方］

a）ふつうの語は，そのまま語尾に est をつける。
long - longer - longest / high - higher - highest

b）発音しない e で終わる語は，語尾に st をつける。
large - larger - largest / wise - wiser - wisest

c）〈子音字＋y〉で終わる語は，y を i に変えて est をつける。
happy - happier - happiest / busy - busier - busiest

注意

of と in の使い分け

a) This park is the most beautiful of the three.
（この公園は3つの中でいちばん美しいです。）

b) This park is the most beautiful in the town.
（この公園はこの町でいちばん美しいです。）

of の後ろ… all, the four など
in の後ろ… the world, this class など

もっと！

音節の多い語の最上級

音節が2つの語の大部分と，音節が3つ以上の語の前には，most をつける。
【例】
most famous, most important, most slowly
【例外】
語尾が ly で終わる副詞は most をつけるが，early は例外。
early - earlier - earliest

d)〈短母音＋子音字〉で終わる語は，子音字を重ねて est をつける。

big - bigger - biggest / hot - hotter - hottest

2 最上級を含む重要表現

〈one of the＋最上級＋複数名詞〉「いちばん〜なものの１つ」

He is one of the most popular boys in the school.

（彼はその学校でいちばん人気のある男の子の１人です。）

〈the second [third]＋最上級〉「２番目［３番目］に〜」

Tom is the second tallest boy in this class.

（トムはこのクラスで２番目に背の高い男の子です。）

〈most＋複数名詞〉「ほとんどの〜」

Most people like watching TV.

（ほとんどの人がテレビを見るのが好きです。）

〈most of the＋複数名詞〉「〜のほとんど」

Most of the boys in this school like soccer.

（この学校の男の子のほとんどはサッカーが好きです。）

もっと！

最上級の応用表現

a) He is by far the best student in his class.
（彼はクラスで抜群に優秀な生徒です。）
最上級の前に，by far や，much をつけると最上級を強調することができる。

b) This is the least expensive refrigerator in this store.
（これはこの店でもっとも高くない冷蔵庫です。）
最上級の前にthe least をつけると「もっとも〜でない」という意味になる。

POINT

❶ ３つ以上の中でいちばん程度の高いものは，**〈the＋最上級＋of [in] ...〉**で表す。

❷ 最上級の表現には「２番目に〜」，「ほとんどの〜」など，「いちばん」以外を表すものもある。

CHECK 061

解答 ➡ p.288

（　）内の正しいほうを選びなさい。

☐ (1) The building is the (higher, highest) in our town.

☐ (2) She is the youngest (in, of) the three girls.

TRY! 表現力

ある教科について，「○○はすべての中でいちばん〜な教科です。」と伝えてみましょう。

WORD LIST：math, science, music, P.E., interesting, easy, difficult

例　Math is the most difficult subject of all.

UNIT 5

各級間での書きかえ

Can-Do 比較を表す文をさまざまな言い方で表現できる。

基本例文

① **Bill is** not as old as **Jane.**
⇄ **Jane is** older than **Bill.** 〈原級⇔比較級〉

② **Tokyo is** busier than any other city **in Japan.**
⇄ **Tokyo is** the busiest city **in Japan.** 〈比較級⇔最上級〉

意味
① **ビルはジェーン**ほど年をとっていません。⇄**ジェーンはビル**より年上**です。**
② **東京は日本の**ほかのどの都市よりもにぎやか**です。**
⇄**東京は日本で**いちばんにぎやかな都市**です。**

1 原級と比較級の書きかえ

原級 （**この上着はあれ**ほど値段が安くない**です。**）

This coat	is	not	as	cheap	as	that one.

比較級 （**この上着はあれ**よりも高価**です。**）

This coat	is	more expensive	than	that one.

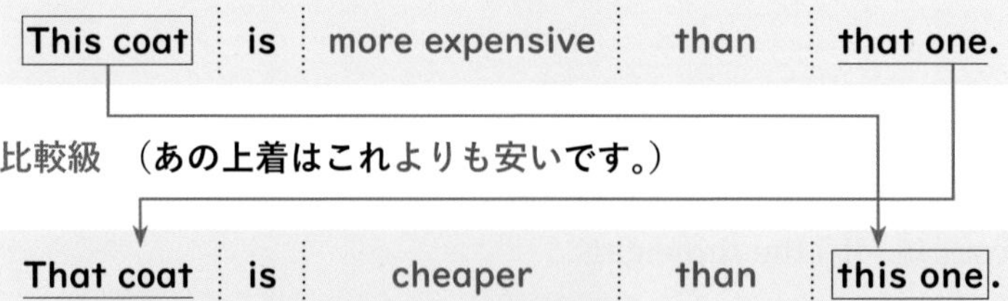

比較級 （**あの上着はこれ**よりも安い**です。**）

That coat	is	cheaper	than	this one.

2 比較級と最上級の書きかえ

比較級 （**トムは彼のクラスの**ほかのどの生徒よりも熱心に**勉強します。**）

Tom	studies	harder	than	any other	student	in his class.

↑単数名詞

注意

2種類の比較級の文

原級と比較級の書きかえでは，原級から2種類の比較級の文に書きかえることができる。どちらを主語にするかによって，使う形容詞・副詞がかわることに注意。

比較級　（彼のクラスのほかのどの生徒もトムより熱心には勉強しません。）

No other	student	in his class	studies	harder	than	Tom.
	↑単数名詞					

最上級　（トムはクラスの中でいちばん熱心に勉強します。）

Tom	studies	the hardest	in his class.

どの文も，「トムがクラスでいちばんよく勉強する」と言っています。

3 原級と最上級の書きかえ

原級　（その町のほかのどの女性もジルほど有名ではないです。）

No other	woman	in the town	is	as	famous	as	Jill.

最上級　（ジルはその町でいちばん有名な女性です。）

Jill	is	the most famous	woman	in the town.

原級⇔比較級⇔最上級の書きかえ

［原級］ No other boy in his class is as tall as Jim.（クラスのほかのどの男の子もジムほど背が高くありません。）

［比較級］ No other boy in his class is taller than Jim.（クラスのほかのどの男の子もジムより背が高くありません。）

［比較級］ Jim is taller than any other boy in his class.（ジムはクラスのほかのどの男の子よりも背が高いです。）

［最上級］ Jim is the tallest boy in his class.（ジムはクラスでいちばん背が高い男の子です。）

POINT

1. 級間での書きかえでは，**どれを主語にするかで使う形容詞・副詞がかわる。**
2. **原級⇔比較級，比較級⇔最上級，原級⇔最上級**の書きかえができる。

CHECK 062

解答 ➜ p.288

（　　）内の正しいほうを選びなさい。

□ (1) Nancy is not as tall as Meg. ⇄ Meg is (shorter, taller) than Nancy.

□ (2) Tim swims faster than any other student in the class.
⇄ Tim is the (faster, fastest) swimmer in the class.

TRY! 表現力

as ～ as を使って，「ほかのどの…も○○ほど～ではありません。」と説明してみましょう。

WORD LIST：Tokyo Skytree, Mt. Everest, the Nile, Lake Biwa

例　No other tower in Japan is as tall as Tokyo Skytree.

UNIT 6

比較を用いた疑問文と答え方

ものごとの程度についてたずねたり，答えたりすることができる。

基本例文

Which is larger, Tokyo or Osaka? — Tokyo is.
Who can swim the fastest of the four? — George can.

東京と大阪ではどちらのほうが大きいですか。 —東京です。
4人の中でいちばん速く泳げるのはだれですか。 —ジョージです。

1 Which [Who] ... 比較級, A or B?

比較級 （このバッグとあのバッグではどちらがより重いですか。）

Which	is	heavier,	this bag	or	that one?

↑比較級のあとにコンマを入れる

「AとBではどちらがより～ですか。」とたずねる疑問文です。

答え方

➡ **This bag is.** （このバッグです。）
＝This bag is heavier than that one.

2 Which [Who] ... the＋最上級＋of [in] ～？

最上級 （そのクラスでだれがもっとも上手に英語を話しますか。）

Who	speaks	English	the best	in	the class?

↑一般動詞　　↑well の最上級

「…の中でどれ［だれ］がいちばん～ですか。」とたずねる疑問文です。

答え方

➡ **Yumi does.** （ユミです。）
＝Yumi speaks English the best in the class.

答えの文の（助）動詞

答えの文の（助）動詞は，問いの文の（助）動詞に合わせること。
be 動詞があるときは，be 動詞のみ，一般動詞があるときは，do, does, did のどれかで答える。
【例】
Who studied harder, Tom or Ken?
（トムとケンのどちらが一生懸命勉強しましたか。）
Ken did.（ケンです。）
＝Ken studied harder than Tom.

What の疑問文

「何がもっとも～ですか。」とたずねるときは，what を使う。
【例】
What is the most popular sport in Japan?
（日本では何がもっとも人気のあるスポーツですか。）

3 Which ... like better [the best]?

（あなたはリンゴとオレンジのどちらのほうが好きですか。）

Which | do you | like | better, | apples | or oranges?

↑比較級のあとにコンマを入れる

「A と B ではどちらのほうが好きですか。」とたずねる疑問文です。

答え方

➡ **I like apples better.**（私はリンゴのほうが好きです。）

（あなたはこれらの写真の中でどれがいちばん好きですか。）

Which | do you | like | (the) best | of | these pictures?

↑副詞の最上級には the はつけなくてもよい

「…の中でどれがいちばん好きですか。」とたずねる疑問文です。

答え方

➡ **I like this one (the) best.**（私はこれがいちばん好きです。）

注意

Which の疑問文①②と③の答え方のちがい

①②の「どちらが～ですか。」という疑問文は which が主語なので答えの文は〈主語＋(助) 動詞.〉。③の「どちらが（どれが）好きですか。」という疑問文は which が like（動詞）の目的語になるので，〈主語＋like＋目的語＋better [(the) best].〉の形にする。

POINT

1. Which, What, Who を使って「**どれが［何が，だれが］より［いちばん］～ですか。**」**という比較の疑問文**を作ることができる。
2. Which, What, Who の疑問文では，**〈主語＋動詞 .〉で答えるもの**と，**〈主語＋動詞＋目的語＋better [(the) best].〉で答えるもの**がある。

CHECK 063

解答 ➡ p.288

（　）内の日本語に合うように，答えの文を書きなさい。

☐ (1) Who is younger, Ken or Taku?（ケンのほうが若い）

☐ (2) Which do you like better, tea or coffee?（コーヒーのほうが好き）

TRY! 表現力

「～と…ではどちらのほうが好きですか。」と友だちの好みをたずねてみましょう。

WORD LIST：soccer, baseball, summer, winter, English, math, SF, comedy

例 Which do you like better, soccer or baseball?

実力アップ問題

解答 ➜ p.288

問 1 比較変化

次の(1)～(5)の語は比較級に，(6)～(10)の語は最上級にしなさい。

(1) big ＿＿＿＿＿＿

(2) cold ＿＿＿＿＿＿

(3) easily ＿＿＿＿＿＿

(4) happy ＿＿＿＿＿＿

(5) good ＿＿＿＿＿＿

(6) interesting ＿＿＿＿＿＿

(7) hot ＿＿＿＿＿＿

(8) famous ＿＿＿＿＿＿

(9) busy ＿＿＿＿＿＿

(10) early ＿＿＿＿＿＿

問 2 原級を使った表現

日本語に合うように，＿＿に適切な1語を入れなさい。

(1) ケンはジムと同じくらいの背の高さです。

Ken is ＿＿＿＿ tall ＿＿＿＿ Jim.

(2) 私は兄ほど速く走ることができませんでした。

I could ＿＿＿＿ run ＿＿＿＿ fast ＿＿＿＿ my brother.

(3) あのかばんはこのかばんより3倍重いです。

That bag is ＿＿＿＿ ＿＿＿＿ ＿＿＿＿ heavy ＿＿＿＿ this one.

問 3 比較級 / 最上級を使った表現

日本語に合うように，＿＿に適切な語句を補い英文を完成させなさい。

(1) 私の母は父より忙しいです。

My mother is ＿＿＿＿＿＿＿＿ my father.

(2) この試合はすべての試合の中でいちばんワクワクします。

This match is ＿＿＿＿＿＿＿＿ of all the matches.

(3) この機械は古い機械よりよく動きます。

This machine works ＿＿＿＿＿＿＿＿ the old one.

(4) ケンジは彼のお母さんより早く起きます。

Kenji gets up ＿＿＿＿＿＿＿＿ than his mother.

(5) 彼女は世界で最高の歌手の1人です。

She is one of ＿＿＿＿＿＿＿＿ in the world.

問 4 比較級 / 最上級を含む重要表現

日本語に合うように，＿＿に適切な語句を補い英文を完成させなさい。

⑴ 日に日にますます暖かくなってきています。
It's getting ＿＿＿＿＿＿＿＿＿＿＿＿＿＿＿＿ day by day.

⑵ 私はその試合に勝つために全力を尽くすつもりです。
I will ＿＿＿＿＿＿＿＿＿＿＿＿＿＿＿＿ to win the game.

⑶ ナンシーは世界でいちばん幸運な女性の１人です。
Nancy is ＿＿＿＿＿＿＿＿＿＿＿＿＿＿＿＿ in the world.

問 5 比較級 / 最上級を使った疑問文

日本語に合うように，(　　) 内の語を並べかえなさい。

⑴ あなたはどんなスポーツがいちばん好きですか。
(best / do / like / sport / what / you)?

＿＿＿＿＿＿＿＿＿＿＿＿＿＿＿＿＿＿＿＿＿＿＿＿?

⑵ あなたは犬とネコではどちらがより好きですか。
(better / cats / do / like / , / or / dogs / which / you) ?

＿＿＿＿＿＿＿＿＿＿＿＿＿＿＿＿＿＿＿＿＿＿＿＿?

問 6 原級⇔比較級⇔最上級の書きかえ

次の文を (　　) 内の指示にしたがって書きかえなさい。

⑴ Bill is not as old as Jane. (Jane から始めて比較級の文に)

＿＿＿＿＿＿＿＿＿＿＿＿＿＿＿＿＿＿＿＿＿＿＿＿

⑵ This coat is more expensive than that one. (This coat から始めて原級の文に)

＿＿＿＿＿＿＿＿＿＿＿＿＿＿＿＿＿＿＿＿＿＿＿＿

⑶ Tokyo is busier than any other city in Japan. (Tokyo から始めて最上級の文に)

＿＿＿＿＿＿＿＿＿＿＿＿＿＿＿＿＿＿＿＿＿＿＿＿

問 7 自己表現

次の質問に，自分の立場で，主語と動詞を含む文で答えなさい。

Which season do you like best?

＿＿＿＿＿＿＿＿＿＿＿＿＿＿＿＿＿＿＿＿＿＿＿＿

この章の整理 CHAPTER 17

比較

この章で学習したことを，もう一度チェックしてみよう！

UNIT 1 比較の文の基本

John is taller than Bob.	ジョンはボブより背が高いです。

● 形容詞や副詞を使ってものを比べる比較の文には，原級・比較級・最上級の 3 つがある。

UNIT 2 原級を用いた比較の文

Bob is as old as Ken.	ボブはケンと同じ年齢です。

● 〈as＋原級＋as ...〉の形で 2 つのものを比べて「…と同じくらい～」の意味を表す。
● 〈as＋原級＋as ...〉の前に not をつけると「…ほど～でない」と，程度がより低いことを表す。

UNIT 3 比較級を用いた比較の文

Emi swims faster than Meg.	エミはメグより速く泳ぎます。

● 〈比較級＋than ...〉の形で 2 つのものを比べて「…よりも～」の意味を表す。

UNIT 4 最上級を用いた比較の文

Kate is the youngest of the three.	ケイトは 3 人の中でいちばん若いです。

● 〈the＋最上級＋of[in] ...〉で 3 つ以上のものを比べて「…の中でいちばん～」の意味を表す。

UNIT 5 各級間での書きかえ

Bill is not as old as Jane.	ビルはジェーンほど年をとっていません。

● 原級を使って比較級の内容を表したり，比較級を使って最上級の内容を表したりすることができる。

UNIT 6 比較を用いた疑問文と答え方

Which is larger, Tokyo or Osaka? **— Tokyo is.**	東京と大阪ではどちらのほうが大きいですか。 —東京です。

● Which，What，Who を使って比較の疑問文を作ることができる。

KUWASHII
ENGLISH

中学
英文法

18章

いろいろな文

UNIT 1

命令文

Can-Do 「〜しなさい」「〜しましょう」と相手に命令や依頼をすることができる。

基本例文

① **Show me your passport, please.** 〈命令文〉
② **Don't worry.** 〈否定の命令文〉
③ **Let's meet in front of the station.** 〈Let's 〜. の文〉

意味
① 私にパスポートを見せてください。
② 心配しないで。
③ 駅の前で会いましょう。

1 命令文

Have some tea. （お茶を飲みなさい。）
└文頭は動詞の原形

「〜しなさい」と命令したり「〜してください」と依頼したりする文を**命令文**といいます。命令文は，動詞の原形で文をはじめます。

Be kind to other people. （他人には親切でいなさい。）
└文頭は be 動詞の原形の Be

「〜にしなさい」「〜になりなさい」というときに〈**be 動詞＋形容詞**〉の形の命令文をよく使います。原形の Be で始めます。

Please shut the window. （窓を閉めてください。）
Shut the window, please.
└文末の please の前にはコンマをつける

「〜してください」という依頼の命令文には文頭か文末に **please** をつけます。文末の場合は，必ず前にコンマをつけます。

命令文の言いかえ

命令文は助動詞を使って言いかえることができる。
【一般動詞の命令文】
Stand up.
＝You must stand up.
（立ちなさい。）
【依頼を表す命令文】
Please stand up.
＝Will you stand up?
（立ってくれますか。）
上のように，must や Will you 〜？で書きかえることができる。

2 否定の命令文

Don't come in.　（入ってきてはいけません。）
└〈Don't＋動詞の原形〉

「～してはいけません」と禁止を表す命令文は，〈**Don't＋動詞の原形～.**〉の形にします。

be 動詞の否定の命令文は，**Don't be ～.** の形にします。

3 Let's ～. の文

Let's go to the park.　（公園に行きましょう。）
└〈Let's＋動詞の原形〉

「～しましょう」と相手を誘うときは，**Let's で始めて，あとに動詞の原形を続けます。**「提案・誘い」を表す命令文の一種です。

否定の命令文の言いかえ

Don't take pictures here.
＝You must not take pictures here.
（ここで写真を撮ってはいけません。）
否定の命令文は，上のように，must not で書きかえることができる。

Let's ～. の文の言いかえ

Let's go to the park.
＝Shall we go to the park? のように，Let's ～. の文は，Shall we ～? で書きかえることができる。

POINT

1. 目の前の相手に**命令**したり**依頼**したりするときは，**動詞の原形**で文をはじめる。
2. 否定の命令文では，〈**Don't＋動詞の原形**〉で文をはじめる。
3. 「～しましょう」と相手を誘うときは，〈**Let's＋動詞の原形**〉で文をはじめる。

CHECK 064

解答 ➜ p.289

次の文を，ほぼ同じ意味を表す命令文に書きかえましょう。

□ (1) You must be quiet here.

□ (2) Will you turn off the TV?

TRY! 表現力

友だちに対して「いっしょに～しましょう。」と誘ってみましょう。

WORD LIST：have lunch, go, study, play, dance, sing

例　Let's have lunch together.

18章 いろいろな文

UNIT 2

感嘆文

Can-Do 驚き，喜び，悲しみなどの強い感情を表現することができる。

基本例文

What an interesting book (this is)!
How interesting (this book is)!

意味
(これは) なんておもしろい本でしょう！
(この本は) なんておもしろいのでしょう！

1 感嘆文とは

「なんて～でしょう！」と，驚き・喜び・悲しみなどの強い感情を表す文を感嘆文といいます。感嘆文はふつう，What/How ではじめて，文の終わりに！(感嘆符) をつけます。

2 感嘆文の形

(1) What ～！の文

ふつうの文 (彼女はとてもかわいい赤ちゃんです。)

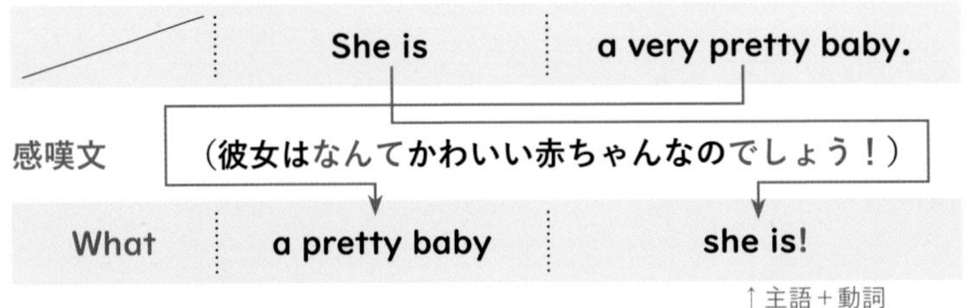

〈What a [an]＋形容詞＋名詞＋主語＋動詞！〉の語順で，形容詞のついた名詞を強めます。

ただし，文末の〈主語＋動詞〉は多くの場合省略されます。

What a pretty baby!
(なんてかわいい赤ちゃんなのでしょう！)

注意

疑問文と感嘆文

What tree is it?
(それは何の木ですか？)
What a big tree it is!
(なんて大きな木なのでしょう！)
疑問文と感嘆文を混同しないように，語順と文の終わりの符号に注意する。

注意

What ～！の感嘆文に a [an] がない場合

What kind boys they are!
(なんて親切な少年たちなのでしょう！)
この文に冠詞の a [an] がないのは，強調している名詞が複数形 (boys) だから。最後にくる〈主語＋動詞〉も，複数で they are! となっている。

⑵ How ～！の文

ふつうの文（形容詞）（マイクはとてもかしこいです。）

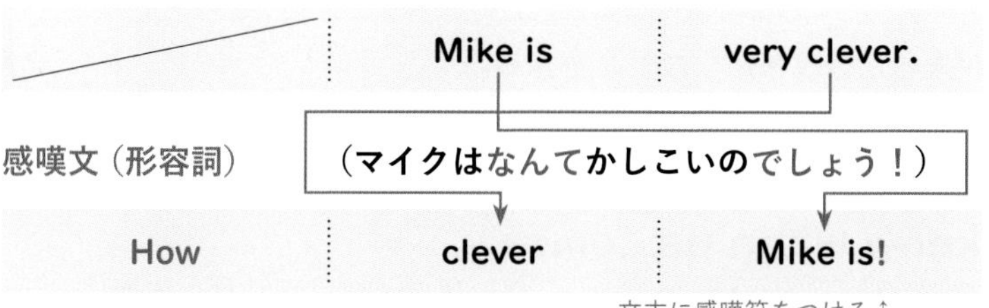

文末に感嘆符をつける↑

〈How＋形容詞・副詞＋主語＋動詞！〉の語順で形容詞・副詞を強めています。

感嘆文（副詞）（彼はなんて速く走るのでしょう！）

How	fast	he	runs!

What ～！と How ～！の区別

ふつうの文で最後にある単語が名詞のときは，感嘆文にすると What ～！となる。最後にある単語が形容詞・副詞のときは，How ～！の感嘆文になる。

They are very kind **boys.**
→ What kind **boys** they are!
He runs very **fast.**
→ How **fast** he runs!

POINT

❶ **What** ではじまる感嘆文は，**名詞を強調**している。

❷ **How** ではじまる感嘆文は，**形容詞・副詞を強調**している。

CHECK 065

解答 ➜ p.289

（　　）に適当な語を入れましょう。

□ ⑴ (　　　　) a beautiful castle this is!

□ ⑵ (　　　　) beautiful she is!

TRY! 表現力

What や How を使って，家族や友人のことを「○○はなんて～でしょう！」と，ほめてみましょう。

WORD LIST：delicious, tall, fast, clever, interesting, cute, wonderful

例　How delicious my mother's dishes are!

UNIT 3

間接疑問

Can-Do 文の中に疑問詞が入った表現を使うことができる。

基本例文

① I don't know when he comes.
② Can you tell me what you ate for breakfast?

意味
① **私は**彼がいつ来るか**知りません。**
② あなたが朝ごはんに何を食べたか，**私に教えてくれませんか。**

1 間接疑問とは

疑問文　（彼はどこに住んでいますか。）

間接疑問　（**私は**彼がどこに住んでいるか**知りません。**）

間接疑問とは，**疑問詞（what，when，where など）**ではじまる疑問文が，他の文に組み込まれている部分のことです。間接疑問は**〈疑問詞＋主語＋動詞〉**の語順です。

2 いろいろな間接疑問

(1) **〈疑問詞＋主語＋be 動詞〉**（**私は**これが何か**知りません。**）

I don't know	what	this	is.

(2) **〈疑問詞＋主語＋助動詞＋動詞〉**（彼は何を料理する**のかなあ。**）

I	wonder	what	he	will	cook.

解説

よくある間接疑問を使った文

I know ～.
（私は～を知っています。）
I wonder ～.
（～かなあと思います。）
Tell me ～.
（～を教えてください。）
など

もっと！

疑問詞のない疑問文の間接疑問

疑問詞のない疑問文を間接疑問にするには，whether / if（～かどうか）という接続詞を使って表す。

Let's ask him whether [if] he knows her.
（彼が彼女を知っているかどうか彼にたずねてみましょう。）

(3) 〈疑問詞（who）＋動詞〉（だれが窓を割ったか知っていますか。）

Do	you	know	who	broke	the window?

上の文では，疑問詞 who が「**だれが**」という意味の主語なので，疑問文と同じ〈who＋動詞〉の語順にします。

3 間接疑問を使った文の時制の一致

現在形 （**私は彼女が何歳か**知っ**てい**ます。）

I	know	how	old	she	is.

過去形 （**私は彼女が何歳か**知っ**てい**ました。）

I	knew	how	old	she	was.

前の動詞が過去形になると，間接疑問の動詞も過去形になります。

注意

名詞節の時制

①I wonder what he will cook.

間接疑問では，疑問詞以降の部分が名詞節で未来を表すときは will を使う。

②I'll call you when he arrives.
（彼が到着したら電話します。）

しかし，②の文では，when 以降が副詞節なので，arrive は現在形のまま使う。

POINT

1. 間接疑問は，疑問文を〈**疑問詞＋主語＋動詞**〉**の語順**にして他の文に組み込む表現。
2. 疑問詞が主語の場合，〈**疑問詞＋動詞**〉**の語順**にする。
3. 前の動詞と間接疑問の動詞の**時制を一致**させる。

CHECK 066

解答 ➜ p.289

（　）内の語を正しく並べかえましょう。

□ (1) I don't know (she / where / lives).

□ (2) He asked me (I / did / what) in my spare time.

TRY! 表現力

担任の先生について，「〇〇先生が〜するもの［時間／場所／方法］を知っていますか。」と友だちにたずねてみましょう。

WORD LIST：what, when, where, how

例 Do you know how Ms. Tanaka comes to school?

UNIT 

There is [are] ～. の文

 「～がある」「～がいる」という文を表現することができる。

基本例文

① There is a letter on the desk.
② Is there a piano in the room?

意味
① 机の上に手紙があります。
② 部屋にピアノはありますか。

1 There is [are] ～.

単数名詞 （その木の下に犬がいます。）

There	is	a dog	under the tree.

複数名詞 （教室にたくさんの生徒たちがいます。）

There	are	many students	in the classroom.

There is [are] ～. の文は，「～がある［いる］」という意味を表します。文の主語は is [are] のあとの名詞です。文頭の there には，「そこに」という意味はないので，注意しましょう。

2 There is [are] ～. の文の形

〈There is＋単数名詞＋場所を表す語句.〉
〈There are＋複数名詞＋場所を表す語句.〉
「名詞（主語）が～（場所）にあります［います］。」

3 There is [are] ～. の否定文・疑問文

否定文 （その動物園にはトラはいません。）

There	aren't	any tigers	in the zoo.

↑ be 動詞のあとに not を入れる

注意

There is [are] ～. の文の主語

There is [are] ～. の文は，主語がはじめて話題に出たものを表す名詞（a book, some boys など）の場合に使い，すでにどれのことかわかっているものを表す名詞（my book, those boys など）の場合にはふつう使わない。
「私の犬はその木の下にいます。」と言いたいときは，My dog is under the tree. と表現する。次のような文は誤り。
（×）There is my dog under the tree.

注意

数えられない名詞

主語が数えられない名詞の場合，be 動詞は is を使う。

疑問文　(その動物園にコアラはいますか。)

Are	there	any koalas	in the zoo?

↑ be 動詞を there の前に出す

4 Here is [are] ～.

単数名詞　(ここに犬がいます。)

Here	is	a	dog.

複数名詞　(ここに 2 冊のマンガがあります。)

Here	are	two	comic books.

この構文は,「ここに～がある」の意味で，近くのものをさすときに使います。There is [are] ～. とちがい，主語は特定のものでも，不特定のものでも使えます。

解説

答え方

Yes, there is [are].
(はい，あります。)
No, there isn't [aren't].
(いいえ，ありません。)

Here is ～. の here には,「ここに」という意味があるよ。

POINT

1. There is [are] ～. の文の there には,**「そこに」という意味はない。**
2. There is [are] ～. の文は，**不特定のもの**を言うときに用いる。

CHECK 067

解答 ➜ p.289

次の日本語を英語にしましょう。

□ (1) テーブルの上に，3 つのオレンジがあります。

□ (2) あなたの部屋に DVD は (何枚か) ありますか。

TRY! 表現力

「～ (もの) は… (場所) にあります。」と，あなたの家の中にあるものについて説明してみましょう。

WORD LIST：in the kitchen, on the table, in my room, in the refrigerator

例　There are some books in my room.

UNIT 5

〈look, become など＋形容詞［名詞］〉の文

Can-Do 「～に見える」「～になる」と表現することができる。

基本例文

① **She looks very young.**
② **I became fifteen last week.**

意味

① 彼女はとても若く見えます。
② 私は先週15歳になりました。

1 「～に見える」「～に感じる」などを表す動詞

He	is 動詞	young. 形容詞

（彼は若いです。）

He	looks 動詞	young. 形容詞

（彼は若く見えます。）

〈動詞＋形容詞〉の形をとる動詞はbe動詞が代表的ですが，lookもこの形をとり，「～に見える」という意味になります。その他にも，feel（感じる），smell（においがする），sound（聞こえる），taste（味がする）など，感覚を表す動詞はこの形をとります。

I feel happy when I see her smile.
（私は彼女の笑顔を見ると**幸せ**に感じます。）
That sounds interesting.
（それは**おもしろそう**に聞こえます［**おもしろそうです**］。）

2 「～になる」を表す動詞

動詞become，get，grow，turnも〈動詞＋形容詞〉の形をとり，そうでなかった状態から「〔ある状態〕になる」という意味を表します。

〈look like＋名詞〉

lookは〈look＋形容詞〉の形で「～に見える」の意味を表すが，〈look like＋名詞〉の形で「～のように見える」という意味を表すことができる。
She looks like her father.
（彼女は父親に似ている。）
〔←父親のように見える〕

The leaves turn **yellow** in fall.
(秋に葉は**黄色く**なります。)
She became **rich**. (彼女は**金持ち**になりました。)

become は形容詞ではなく名詞を置くこともあります。

She became **a doctor**. (彼女は**医者**になりました。)

3 「〜のままである」などを表す動詞

動詞 keep, stay なども〈動詞＋形容詞〉の形をとり,「〜のままである」などの意味を表します。

We kept **quiet** while Mr. Sasaki was talking.
(佐々木先生が話している間, 私たちは**黙って**いました。)
A lot of stores stay **open** late at night.
(多くの店が夜遅くまで**開いています** [**開い**たままです]。)

S＋V＋C の文

主語 動詞 補語
She became rich.
主語 ＝ 補語
(彼女は金持ちになりました。)
上の文から rich をとると, She became. (彼女はなった) となり, 意味がわからない。become (なる) には, 主語が「何に」なるかを示す語が必要である。このように, 主語の説明をする語を補語という。また, 主語 (S) ＋動詞 (V) ＋補語 (C) の語順をとる文を「S＋V＋C の文」ということがある。(➡p.218)

POINT

1. look, feel などの**感覚を表す動詞**は〈**動詞＋形容詞**〉の形をとる。
2. 「**〜になる**」「**〜のままである**」などを表す動詞も〈**動詞＋形容詞**〉の形をとる。
3. become は後ろに名詞を置き,〈**become＋名詞**〉の形になることもある。

CHECK 068

解答 ➡ p.289

日本語に合うように (　　) に適当な語を入れましょう。

☐ (1) You (　　　　) very tired yesterday.
(昨日あなたはとても疲れているように見えました。)

☐ (2) My sister (　　　　) a nurse last year. (私の姉は昨年看護師になりました。)

TRY! 表現力

家族や友人の状態を「〇〇は〜に見えます。」と言ってみましょう。

WORD LIST : happy, sad, tired, sleepy, angry

例 My mother looks happy.

UNIT 6

〈動詞＋人＋もの〉の文

Can-Do ▶「(人) に (もの) を～する」と表現することができる。

基本例文

① **My father gave me a watch.**
② **He cooked me a nice dinner.**

① お父さんが私に時計をくれました。
② 彼は，私に素敵な夕食を作ってくれました。

1 〈動詞＋人＋もの〉

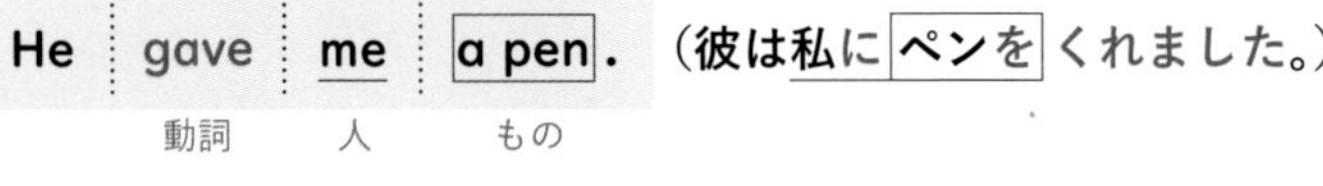

（彼は私にペンをくれました。）

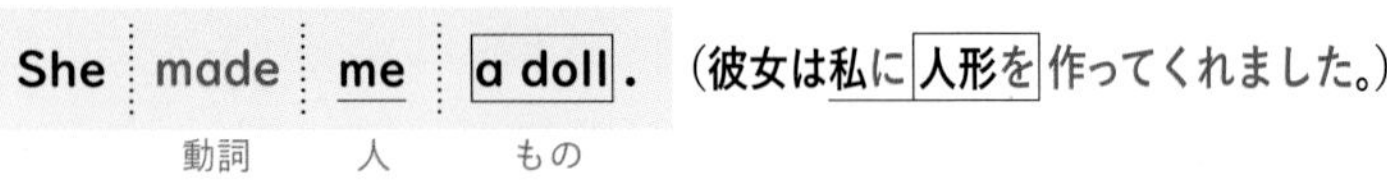

（彼女は私に人形を作ってくれました。）

〈動詞＋人＋もの〉の形で，「(人) に (もの) を～する」という意味を表すことができます。この文の形を作る動詞は，次の 2 つに分類することができます。

(1) 相手に届けるイメージの動詞

give (与える)	tell (話す)	teach (教える)	
lend (貸す)	show (見せる)	send (送る)	など

(2) 相手のためにしてあげるイメージの動詞

buy (買う)	make (作る)	get (手に入れる)	
choose (選ぶ)	cook (料理する)	find (見つける)	など

S＋V＋O＋O の文

動詞の動作の対象になる語を目的語と呼び，動詞のあとに置く。

主語 動詞 目的語
Mai speaks Chinese. (動作の対象)
(マイは中国語を話します。)

ここで学習する give や make などは，目的語を 2 つ持つことができる動詞である。

主語 動詞 目的語 目的語
He gave me a pen.
(彼は私にペンをくれました。)

このように，〈主語 (S) ＋動詞 (V) ＋目的語 (O) ＋目的語 (O)〉の語順をとる文を，「S＋V＋O＋O の文」ということがある。(➡p.218)

2 〈動詞＋もの＋to［for］＋人〉

「(人) に (もの) を～する」という文は，〈動詞＋もの＋to［for］＋人〉の形でも表せます。その場合に，左ページの(1)と(2)の動詞のちがいが出るので注意が必要です。

(1)の動詞の文では to を使い，「**だれに**～したか」を強調します。

He | gave | a pen | to | me.　「彼は ペンを 私にくれました。」

動詞　もの　人

(2)の動詞の文では for を使い，「**だれのために**～したか」を強調します。

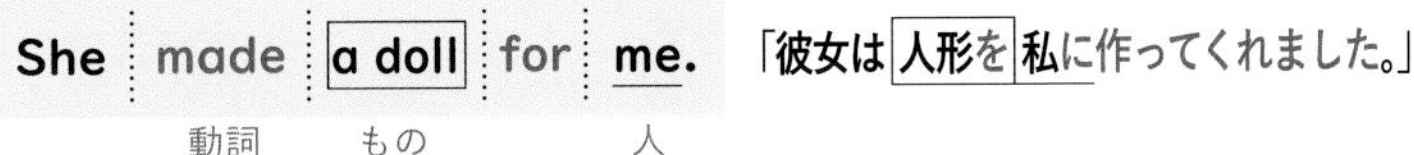

She | made | a doll | for | me.　「彼女は 人形を 私に作ってくれました。」

動詞　もの　人

注意

ask を使った文

I asked him a favor.
(私は彼にお願いをしました。)
動詞 ask を使った文を SVO の文に変えるときは，前置詞は，of を使う。
I asked a favor of him.

POINT

1. S (主語) ＋V (動詞) ＋O (目的語) ＋O (目的語) の文の **1 つめの目的語は「人に」，2 つめの目的語は「ものを」**という意味で使う。
2. SVOO の文は前置詞 **to / for を使って SVO の文に書きかえることができる。**

CHECK 069

解答 ➜ p.289

次の (　　) 内の語句を正しく並べかえましょう。

☐ (1) I (him / lend / ten dollars / will).

☐ (2) (us / Mr. Kimura / teaches / English).

TRY! 表現力

今までにもらったプレゼントについて，「〇〇が私に～をくれました。」と説明しましょう。

WORD LIST：some flowers, a T-shirt, a comic book, cookies

例　My friend gave me some cookies.

UNIT 7

〈call / make + A + B〉の文

Can-Do 「A を B と呼ぶ」，「A を B にする」などと表現することができる。

基本例文

① We call her Meg.
② The news made us happy.

意味
① 私たちは彼女をメグと呼びます。
② その知らせは私たちを幸せにしました。

1 「A を B と呼ぶ［名づける］」の文の形

call （私は姉［妹］をミミと呼びます。）

I	called	my sister	Mimi.
	動詞	A を	B と

name （彼らはその船を「希望」と名づけました。）

They	named	the ship	"Hope".
	動詞	A を	B と

動詞 call（呼ぶ），name（名づける）は，〈動詞＋A＋B〉の形をとり，「A を B と呼ぶ［名づける］」という意味を表します。A には名詞または代名詞，B には名前や呼び名を表す名詞が入ります。

2 「A を B にする」の文の形

make （その物語は私を悲しい気持ちにしました。）

The story	made	me	sad.
	動詞	A を	B と

動詞 make は，〈動詞＋A＋B〉の形をとり，「A を B にする」という意味を表します。A には名詞または代名詞，B には形容詞または名詞が入ります。

5 つの基本文型

英語には 5 つの基本文型がある。主語（S），動詞（V），目的語（O），補語（C）の 4 つの要素で構成され，以下のような形をとる。

- 第 1 文型（S＋V）
  He walked.
  （彼は歩きました。）
- 第 2 文型（S＋V＋C）
  He is a student.
  （彼は生徒です。）
- 第 3 文型（S＋V＋O）
  He has a dog.
  （彼は犬を飼っています。）
- 第 4 文型（S＋V＋O＋O）
  He gave me a book.
  （彼は私に本をくれました。）
- 第 5 文型（S＋V＋O＋C）
  He call me Aya.
  （彼は私をアヤと呼びます。）

3 その他の〈動詞＋A＋B〉の形をとる動詞

〈動詞＋A＋B〉の形をとる動詞には，call，name，make 以外に，次のようなものがあります。いずれも，A には名詞または代名詞，B には形容詞（または名詞）が入ります。

keep（A を B にしておく）　**leave**（A を B のままにする）
think（A を B だと思う）　**find**（A が B だとわかる）

My mother **keeps** the garden clean.
（私の母は庭をきれいに保っています。）

Don't **leave** the door open.
（ドアを開けたままにしないで。）

I **found** the question easy.
（私はその問題が簡単だとわかりました。）

文型によって意味が異なる動詞

同じ動詞でも，文が S＋V＋O の形になったときと，S＋V＋O＋C の形になったときで意味が異なることがある。
I found her.
（私は彼女を見つけました。）
I found her [nice].
（私は彼女が[すてきだ]とわかりました。）

POINT

1. 〈**call [name]＋A＋B**〉の形で「**A を B と呼ぶ［名づける］**」という意味を表す。
2. 〈**make＋A＋B**〉の形で「**A を B にする**」という意味を表す。
3. A には**名詞または代名詞**が，B には**形容詞または名詞**が入る。

CHECK 070

解答 ➜ p.289

次の（　）内の語句を正しく並べかえましょう。
□ (1) (call / Tom / we / him).
□ (2) You have to (your room / keep / clean).

TRY! 表現力

友だちのよいところについて「私は○○が～だとわかりました。」と説明しましょう。

WORD LIST：kind, clever, pretty, nice, friendly, cool

例　I found Yuki kind.

UNIT **8**

接続詞 that を使った文

Can-Do ＞接続詞 that を使ったさまざまな文を使うことができる。

基本例文

① Kate told us that she would join our team.
② I am happy that Kate has joined our team.

意味
① ケイトは私たちに，私たちのチームに加わるつもりだと言いました。
② 私はケイトが私たちのチームに加わってくれてうれしいです。

1 〈動詞＋that ～〉

（私は，彼は英語をとても上手に話せると思います。）

I	think	(that) he can speak English so well.
	動詞	名詞節

接続詞 that は，「～と（いうこと）」の意味で think や know などの動詞の目的語となる名詞節を導くことができます。また，この that は省略することができ，省略されても文の意味は変わりません。(➡p.155)

2 〈動詞＋人＋that ～〉

（彼女に，私はすぐに戻ると伝えてください。）

Please	tell	her	(that) I'll be back soon.
	動詞	人	名詞節

接続詞 that が導く節は，〈動詞＋人＋もの〉の形の文の〈もの〉の位置に入り，〈動詞＋人＋that ～〉の形になることもあります。この that 以下も名詞節で，動詞の目的語の働きをします。この形をとる動詞は tell 以外に，teach（教える）や promise（約束する）などがあります。

接続詞 that を含む他の表現

that の導く節を使う表現には，次のようなものもある。

- The fact is that he cannot swim.
  （実は彼は泳げないのです。）
- It seems that he is sick.
  （彼は気分が悪いようです。）
- It happened that I was in Kobe then.
  （たまたま私はそのとき神戸にいました。）

3 〈be 動詞＋形容詞＋that 〜〉

（私は，あなたがこれを気に入ってくれてうれしいです。）

I	am	glad	(that) you like this.
	be 動詞	形容詞	副詞節

接続詞 that は，〈**be 動詞＋形容詞**〉**のあと**に置かれて，「〜（that 以下のこと）で…」と形容詞の原因・理由を表す副詞節を導くこともあります。この形をとる形容詞は，happy や glad 以外に次のようなものがあります。

be afraid that 〜（〜ではないかと思う［心配する］）
be sad that 〜（〜で悲しい）
be sorry that 〜（〜残念だ，〜で申し訳ない）
be sure that 〜（きっと〜だと思う［確信する］）
be surprised that 〜（〜で驚く） など

もっと！

I'm afraid that の使い方

I'm afraid that 〜. は，悪い知らせを伝えたり何かを断ったりするときなど，「残念ですが，〜」と相手に言いづらいことをていねいに伝えるときによく使われる表現。
I'm afraid that I can't help you.
（残念ですが，私はあなたを手伝うことができません。）

POINT

1. 接続詞 that は**名詞節**を作り，think や know の**目的語**になる。
2. 接続詞 that が導く名詞節は，〈**動詞＋人＋もの**〉**の**〈**もの**〉**の位置に入る**こともある。
3. 接続詞 that は〈**be 動詞＋形容詞**〉**のあと**に置かれて**副詞節**を作ることもある。

CHECK 071

解答 ➜ p.289

（　）内の語句を使って，日本語を英語にしましょう。
□ ⑴ 私は家にいると彼に伝えてください。 (please, that, at home)
□ ⑵ きっと彼は来るだろうと思う。 (sure, that)

TRY! 表現力

最近驚いたことについて，I was surprised that につなげる形で言ってみましょう。

WORD LIST：won, got a good grade, bought a new bike, started learning

例 I was surprised that my brother won first place in a contest.

実力アップ問題

解答 ➡ p.289

問 1 命令文

日本語に合うように，＿＿に適切な１語を入れなさい。

(1) 毎日英語を勉強しなさい。

＿＿＿＿＿ English every day.

(2) 友だちには親切にしなさい。

＿＿＿＿＿ ＿＿＿＿＿ to your friends.

(3) 家でテレビを見ましょう。

＿＿＿＿＿ ＿＿＿＿＿ TV at home.

(4) 彼のコンピューターを使ってはいけません。

＿＿＿＿＿ ＿＿＿＿＿ his computer.

(5) 早く起きなさい，そうしないと遅れますよ。

＿＿＿＿＿ ＿＿＿＿＿ early, ＿＿＿＿＿ you will be late.

問 2 感嘆文

次の文の下線部を強調する感嘆文になるように，＿＿に適切な１語を入れなさい。

(1) We are very <u>happy</u>.

＿＿＿＿＿ ＿＿＿＿＿ we are!

(2) Bill is a very <u>kind</u> boy.

＿＿＿＿＿ a ＿＿＿＿＿ boy Bill is!

(3) Kumi speaks English very <u>well</u>.

＿＿＿＿＿ ＿＿＿＿＿ Kumi speaks English!

(4) Nancy has a very <u>good</u> camera.

＿＿＿＿＿ ＿＿＿＿＿ ＿＿＿＿＿ camera Nancy has!

(5) These are very <u>interesting</u> stories.

＿＿＿＿＿ ＿＿＿＿＿ stories these are!

問 3 There is[are] ～. の文

次の文を（　　）内の指示にしたがって書きかえなさい。

(1) There are some girls on this soccer team.（否定文に）

____

(2) There were some restaurants near the station.（疑問文に）

____

問 4 いろいろな文の構造・間接疑問

日本語に合うように，（　　）内の語を並べかえなさい。

(1) タクはいつも幸せそうです。(always / happy / Taku / looks).

____.

(2) 私たちは彼をジムと呼びます。(him / call / Jim / we).

____.

(3) 彼の手紙は彼女を悲しませました。
(her / his / made / letter / sad).

____.

(4) あなたは彼女がどこにいるか知っていますか。
(do / know / is / she / where / you)?

____?

(5) 私に水を少し持ってきてください。
(bring / me / some / to / water), please.

____________________________________, please.

問 5 接続詞 that を使った文

例にならって，次の文を（　　）内の内容を付け加えた文に書きかえなさい。

例 Anime is popular in the U.S.（私は～ということを知っています）
→ I know that anime is popular in the U.S.

(1) Nancy is a good student.（私は～だと思います）

____

(2) You came to my birthday party.（私は～をうれしく思います）

____

この章の整理 CHAPTER 18

いろいろな文

この章で学習したことを，もう一度チェックしてみよう！

UNIT 1, 2 命令文 / 感嘆文

Show me your passport, please. パスポートを見せてください。

● 「〜しなさい」「〜してください」という命令・依頼の文は，動詞の原形で文をはじめる。

What an interesting book (this is)! なんておもしろい本でしょう！

● What [How] 〜！の形で，「なんて〜でしょう！」と驚き・喜び・悲しみなどの強い感情を表す。

UNIT 3, 4 間接疑問 / There is [are] 〜. の文

I don't know when he comes. 私は彼がいつ来るか知りません。

● 間接疑問は，疑問詞ではじまる疑問文を〈疑問詞＋主語＋動詞〉の語順にして他の文に組み込んだもの。

There is a letter on the desk. 机の上に手紙があります。

● There is [are] 〜. の形で「〜がある［いる］」の意味を表す。

UNIT 5〜7 いろいろな動詞の文

She looks very young. 彼女はとても若く見えます。

● 感覚を表す動詞 look，feel は「〜に見える［〜の感じがする］」の意味で主語を説明する補語をとる。

My father gave me a watch. 父は私に時計をくれました。

● give（〜に…をあげる）のように，動詞が 2 つの目的語をとる文の形がある。

We call her Meg. 私たちは彼女をメグと呼びます。

● call（〜を…と呼ぶ）のように，動詞のあとに目的語と補語が続く文の形がある。

UNIT 8 接続詞 that を使った文

I am glad that you like this. 私は，あなたがこれを気に入ってくれてうれしいです。

● 接続詞 that は，動詞の目的語となる名詞節や，形容詞を説明する副詞節を作る。

19章

名詞を後ろから修飾する語句

UNIT 1　前置詞＋語句，不定詞の形容詞的用法
UNIT 2　現在分詞の形容詞としての用法
UNIT 3　過去分詞の形容詞としての用法

UNIT 1

前置詞＋語句，不定詞の形容詞的用法

Can-Do 人やものを他と区別してくわしく説明することができる。

基本例文

A: What's the map on the screen?
B: It shows some places to visit in Kyoto.

意味
A：画面上のその地図は何？
B：京都で訪れるべきいくつかの場所を示しているのよ。

1 名詞を修飾する〈前置詞＋語句〉

形容詞句　(画面上の地図を使いなさい。)

(その箱の中のケーキはあなたのものです。)

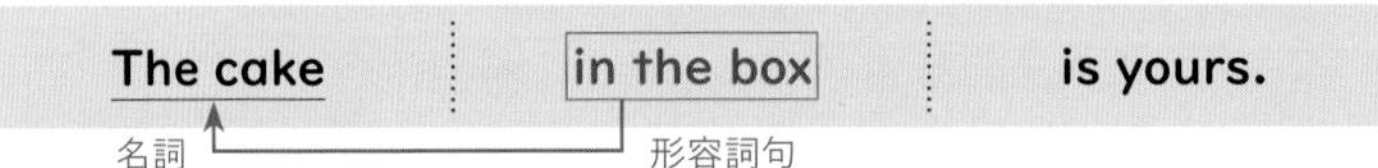

人やものなどの名詞を修飾する場合，形容詞のみであれば，a big cat のように，名詞の前に置くのが一般的です。しかし2語以上の語句の場合は，the map on the screen（画面上の地図）のように，後ろから修飾します。日本語の語順とは反対になります。

on the screen のような前置詞が他の語句を伴ってできた句を前置詞句と呼び，それが名詞を修飾する働きをするとき，形容詞句と呼びます。

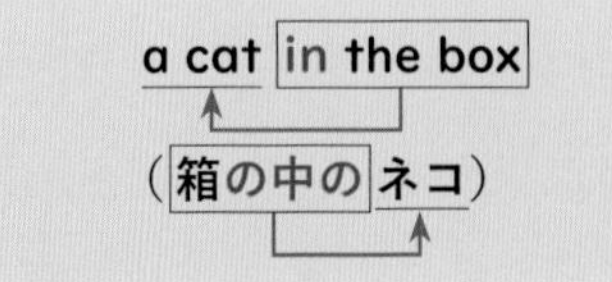

前置詞句とは

前置詞は，場所・時・状況などを表す，at, from, in, on, under, with などの単語である。その前置詞と名詞を組み合わせてできた〈前置詞＋(代) 名詞〉のカタマリを前置詞句という。
【例】in Japan（日本で）
on the table
（テーブルの上に）

形容詞句と副詞句の区別

形容詞句と副詞句は，見分けにくい場合もある。
I saw a cat under the tree.
a）私は木の下にいるネコを見ました。
b）私は木の下でネコを見ました。
a）が形容詞句で，b）が副詞句だが，どちらとも解釈できるので，文脈で判断する必要がある。

2 不定詞の形容詞的用法

ふつうの文 （それはいくつかの場所を示しています。）

It	shows	some places.	

不定詞の文 （それは京都で訪れるべきいくつかの場所を示しています。）

It	shows	some places	to visit in Kyoto.
		名詞	不定詞句

不定詞の形容詞的用法（➡p.164）も，「～すべき…，～するための…」という意味で後ろから名詞を修飾します。

上の例文では，不定詞 **to visit** が，修飾語句 **in Kyoto** を伴って，**to visit in Kyoto** の形で，前の名詞 **some places** を形容詞のように修飾しています。

POINT

1. 〈前置詞＋語句〉の**形容詞句**は，「～にある［いる］…」という意味で，前の**名詞を修飾**する。
2. 不定詞の形容詞的用法は，**〈to＋動詞の原形〉の形**で前の**名詞を修飾**する。

CHECK 072

解答 ➡ p.290

（　　）内に適する日本語を書きなさい。

□ (1) Trains in Japan are always on time. ［（　　　　）はいつも時間通りです。］

□ (2) I want a bigger house to live in. ［私は（　　　　）がほしいです。］

TRY! 表現力

あなたの持ちものについて，「〇〇にある～は私のものです。」と説明してみましょう。

WORD LIST：bag, cap, pen, cell phone, notebook, on, under, in

例 The bag on the chair is mine.

UNIT 2

現在分詞の形容詞としての用法

Can-Do 現在分詞を使い，人やものを他と区別してくわしく説明することができる。

① Ken is the boy talking with the girl over there.
② The man reading a book is your teacher.

① ケンは向こうで女の子と話している男の子です。
② 本を読んでいる男の人があなたの先生です。

1 現在分詞の形容詞としての用法

（ケンは女の子と話している男の子です。）

Ken	is	the boy	talking with the girl.

名詞　現在分詞＋語句

名詞を説明するために，動詞の現在分詞（～ing 形）を使って「～している…」と意味を加えることができます。上の文の場合，現在分詞 talking が with the girl という語句をともなって，名詞 boy の直後に置かれてその名詞を修飾しています。

このように，現在分詞には形容詞のように名詞を修飾する働きがあります。

2 〈名詞＋現在分詞＋語句〉の文中での役割

〈現在分詞＋語句〉は，日本語とは逆に，修飾する名詞の後ろに置かれ，その名詞を修飾して１つのカタマリを作ります。そしてそのカタマリは，文の主語になったり目的語になったり補語になったりします。

右ページの文では，〈名詞＋現在分詞＋語句〉のカタマリである the man reading a book（本を読んでいる男の人）は，１つめの文では**主語**，２つめの文では**目的語**，３つめの文では**補語**になっています。

注意

現在分詞が名詞の前の場合

現在分詞１語を単独で使う場合，ふつう名詞の前に置かれる。

【例】the sleeping **cat**
（眠っているネコ）
the crying **baby**
（泣いている赤ちゃん）

(1) 主語になる例

The man [reading a book]	is	your teacher.
主語	be 動詞	補語
[本を読んでいる]男の人	があなたの先生です。	

(2) 目的語になる例

I	know	the man [reading a book].
主語	動詞	目的語
私は	[本を読んでいる]男の人	を知っています。

(3) 補語になる例

Mr. Ito	is	the man [reading a book].
主語	be 動詞	補語
伊藤さんは	[本を読んでいる]男の人	です。

POINT

1. **現在分詞**は〈**動詞の原形＋ing**〉**の形**で，「〜している…」という意味を表す。
2. 現在分詞は，語句をともなって**名詞を後ろから修飾する。**
3. 〈**名詞＋現在分詞＋語句**〉は文の中で**主語・目的語・補語**になる。

CHECK 073

解答 ➔ p.290

次の（　　）内の語句を正しく並べかえましょう。

□ (1) (swimming / the pool / the boy / in) is Ren.

□ (2) I saw (the piano / a girl / playing).

TRY! 表現力

友だちについて，「〜をしている生徒は私の親友です。」と説明しましょう。

WORD LIST：cleaning, playing, reading, talking

例 The student cleaning the blackboard is my best friend.

UNIT 3

過去分詞の形容詞としての用法

過去分詞を使い，人やものを他と区別してくわしく説明することができる。

基本例文

① **This is the clock broken by my brother.**
② **Everything made in this bakery tastes good.**

① **これが私の兄［弟］によって壊された時計です。**
② **このパン屋で作られたすべてのものがおいしいです。**

1 過去分詞の形容詞としての用法

（**これが私の兄［弟］によって壊された時計です。**）

This	is	the clock	broken by my brother.
		名詞	過去分詞＋語句

名詞を説明するために，**動詞の過去分詞**を使って「～される…」「～された…」と意味を加えることができます。上の文の場合，過去分詞 broken が by my brother という語句をともなって，名詞 clock の直後に置かれてその名詞を修飾しています。

このように，過去分詞には形容詞のように名詞を修飾する働きがあります。

2 〈名詞＋過去分詞＋語句〉の文中での役割

〈過去分詞＋語句〉は，日本語とは逆に，修飾する名詞の直後に置かれ，その名詞を修飾して1つのカタマリを作ります。そしてそのカタマリは，文の主語になったり目的語になったり補語になったりします。

右ページの文では，〈名詞＋過去分詞＋語句〉のカタマリである the book sold only in France（フランスだけで売られているその本）は，1つめの文では**主語**，2つめの文では**目的語**，3つめの文では**補語**になっています。

注意

過去のことではない

過去分詞は「過去」ということばが使われているが，「過去のこと」を述べるのではなく，〈受け身〉や〈完了〉の意味を表す場合に用いる。
「現在のこと」か「過去のこと」かは文の中心となる動詞で表す。
〔現在〕We see a tower built by a famous artist.
（有名な芸術家によって建てられた塔が見えます。）
〔過去〕We saw a tower built by a famous artist.
（有名な芸術家によって建てられた塔が見えました。）

(1) 主語になる例

The book [sold only in France] is expensive.
主語 / be 動詞 / 補語

[フランスだけで売られている] その本 は高価です。

(2) 目的語になる例

I know the book [sold only in France].
主語 / 動詞 / 目的語

私は [フランスだけで売られている] その本 を知っています。

(3) 補語になる例

This is the book [sold only in France].
主語 / be 動詞 / 補語

これが [フランスだけで売られている] その本 です。

注意

日本語では受け身にしない語

過去分詞は「～される，～された」という受け身的な意味で使われるが，過去分詞が使われる表現でも，日本語では受け身的な言い方をしないことがある。

【例】
(彼が撮った写真)
(×) photos taking by him
(○) photos taken by him

POINT

1. **過去分詞**は「～される…」「～された…」という意味を表す。
2. 過去分詞は，語句をともなって**名詞を後ろから修飾する**。
3. 〈**名詞＋過去分詞＋語句**〉は文の中で**主語・目的語・補語**になる。

CHECK 074

解答 ➜ p.290

次の（　）内の語句を正しく並べかえましょう。

☐ (1) Do you know (Brazil / spoken / in / the language)?

☐ (2) (taken / my father / the photos / by) are amazing.

TRY! 表現力

日本の製品について，「私は，日本で作られた～はよいと思います。」と言ってみましょう。

WORD LIST：computers, watches, games, pianos, guitars

例 I think computers made in Japan are good.

実力アップ問題

解答 ➡ p.290

問 1 現在分詞・過去分詞の区別

次の文の（　　）内のうち適切なものを選び，〇で囲みなさい。

(1) That (crying, cried) baby is my brother.

(2) The letter (sending, sent) by Tom arrived yesterday.

(3) The old lady (walking, walked) with a dog is my grandmother.

(4) The (breaking, broken) computer was Tim's.

(5) The house (standing, stood) on the hill is nice.

問 2 後ろから名詞を修飾する形①

日本語に合うように，____に適切な語句を補い英文を完成しなさい。

(1) あの車の下にいるネコはとても人なつっこいです。
The cat ________________________________ is very friendly.

(2) 私は木の下で踊っている男の人たちを知っています。
I know the boys ________________________________ .

(3) 彼はふだん日本製の文具を使います。
He usually uses stationery ________________________________ .

(4) お皿を洗っている女性はとても疲れています。
The lady ________________________________ is very tired.

(5) ナンシー (Nancy) に作ってもらった昼食はおいしかったです。
The lunch ________________________________ was delicious.

問 3 後ろから名詞を修飾する形②

次の文の下線部の語に，（　　）内の語句が説明を加える英文を完成しなさい。

(1) Young <u>people</u> like Japanese comics.　(in Korea)

____

(2) The <u>boy</u> is Tom.　(sleeping under the tree)

____

(3) I watch a <u>video</u>.　(made by my friend)

____

(4) The <u>cakes</u> are delicious.　(sold only in France)

____

問4 名詞を修飾する形を含む文

日本語に合うように，(　　) 内の語句を並べかえなさい。

(1) 本の上にあるその箱は役に立つでしょう。
(useful / on / will be / the book / the box).

______________________________.

(2) 私は朝食によくゆで卵を食べます。
I (a / often / boiled / eat / for / egg) breakfast.
I ______________________________ breakfast.

(3) 盗まれた自転車は，私のものではありませんでした。
(bike / was / mine / not / stolen / the).

______________________________.

(4) あなたは，向こうで空手を練習している女の子を知っていますか。
Do you (karate / over there / practicing / the girl / know)?
Do you ______________________________?

(5) 英語はインドで話されている言語の1つです。
English (is / the languages / of / spoken / one) in India.
English ______________________________ in India.

(6) 校庭で走っている男の子はあなたを助けてくれるでしょう。
(you / the boy / the playground / running / in / will help).

______________________________.

問5 英作文

次の日本語を英語にしなさい。

(1) あの店にあるTシャツはとてもかっこいいです。

____

(2) マイは向こうで宿題をしている女の子です。

____

(3) 私は中国製のカップを持っています。

____

(4) 私は韓国で作られたその車はすてきだと思います。

____

(5) シロと呼ばれている犬はジロウのものです。

____

(6) 芝生 (grass) の上で横になっている少年は私の弟です。

____

この章の整理

CHAPTER 19

名詞を後ろから修飾する語句

この章で学習したことを，もう一度チェックしてみよう！

UNIT 1 前置詞＋語句，不定詞の形容詞的用法

What's the map on the screen? 画面上の地図は何ですか。

- 形容詞が1語で名詞を修飾するときは，名詞を前から修飾するのが一般的だが，2語以上の語句は，名詞を後ろから修飾するのがふつう。
- 〈前置詞＋語句〉の形容詞句は，場所・時・状況など，さまざまな意味で前の名詞を修飾する。

It shows some places to visit in Kyoto. それは京都で訪れるべきいくつかの場所を示しています。

- 不定詞の形容詞的用法は，「～すべき…，～するための…」という意味で前の名詞を修飾する。

UNIT 2 現在分詞の形容詞としての用法

I know the girl reading a book. 私は本を読んでいるその女の子を知っています。

- 現在分詞は，〈動詞の ing 形〉の形で，「～している…」という意味を表す。
- 現在分詞が語句を伴って名詞を後ろから修飾することがある。

The man reading a book is your teacher. 本を読んでいるその男性はあなたの先生です。

- 〈名詞＋現在分詞＋語句〉は1つのカタマリで，文の主語，目的語，あるいは補語になる。

UNIT 3 過去分詞の形容詞としての用法

This is the clock broken by my brother. これが私の兄［弟］によって壊された時計です。

- 過去分詞は，「～される…」「～された…」という意味を表す。
- 過去分詞が語句を伴って名詞を後ろから修飾することがある。

Everything made in this bakery tastes good. このパン屋で作られたすべてのものがおいしいです。

- 〈名詞＋過去分詞＋語句〉は1つのカタマリで，文の主語，目的語，あるいは補語になる。

20章

関係代名詞

UNIT 1

関係代名詞とは

Can-Do 人やものを他と区別してくわしく説明することができる。

基本例文

I know a boy who can play the piano very well.
This is the bus that goes to the park.

意味 私はとても上手にピアノをひける男の子を知っています。
これはその公園に行くバスです。

1 関係代名詞の働き

日本語で「映画が好きな男の子」と言う場合，「男の子」の前に「映画が好きな」という説明をつけます。英語でこうした説明をするときには，次のように言います。

日本語との違いは，「映画が好きな」にあたる部分と「男の子」にあたる部分が逆になっていることと，who という語が入っていることです。

このように，名詞に説明を加えるときに使われる who のような語を関係代名詞といい，who likes movies の部分を関係代名詞節と呼びます。

2 後ろから説明された語句の使い方

a boy とそれを説明する who likes movies は「映画が好きな男の子」という意味のカタマリとなって，１つの名詞と同じように使われます。

用語解説

節

〈主語＋動詞〉を含む２語以上のまとまりが，文の一部になっているもの。

もっと！

先行詞

左の例の a boy のような，関係代名詞節が説明する名詞のことを，先行詞と呼ぶことがある。

このように関係代名詞節で後ろから説明されたものも，this big box（この大きな箱）やbeautiful flowers（きれいな花）などのように，前から説明されたものも，「1つのカタマリとなって名詞のような役割をする」という点では同じです。

これらはすべて，名詞と同じように，文の主語，目的語，補語などとして使うことができます。

主語　（その青い目のネコはかわいいです。）

The cat that has blue eyes is cute.

目的語　（私はその青い目のネコが好きです。）

I like the cat that has blue eyes.

日本語でも，「この大きな箱は重いです。」（主語），「ぼくは彼女にきれいな花をあげました。」（目的語）のように使うのと同じです。

もっと！

名詞句

that boy（あの男の子）やthat tall boy（あの背の高い男の子）のように，2語以上で1つのカタマリをつくって名詞の役割をするものを名詞句と呼ぶ。

20章 関係代名詞

POINT

1. 関係代名詞は，**名詞のあとに節を結びつける**働きをする。
2. 関係代名詞節は，**後ろから前の名詞を説明**する。
3. 〈名詞＋関係代名詞節〉のカタマリで，**1つの名詞の働き**をする。

CHECK 075

解答 ➜ p.291

（　）内の語句を正しく並べかえましょう。

☐ (1) I know (who / a girl / the violin / very well / plays).

☐ (2) This is (runs / on the Sumida River / a boat / that).

TRY! 表現力

クラスメイトの1人について，I know a boy[girl]で始めて，「私は～が得意な男の子[女の子]を知っています。」と言ってみましょう。

WORD LIST：be good at, English, dancing, cooking, swimming

例　I know a girl who is good at swimming.

UNIT 2

主格の関係代名詞

Can-Do 主語の働きをする関係代名詞を使って，人やものを説明することができる。

Aya is a girl who loves this movie.
I like dogs which have long ears.

意味
アヤはこの映画が大好きな女の子です。
私は長い耳をした犬が好きです。

1 関係代名詞の種類

関係代名詞の種類は複数あり，先行詞の種類と関係代名詞の格（節の中での働き）によって，次の表のように使い分けます。

この単元では主格の **who**，**which**，**that** について説明します。

先行詞	主格	所有格 （➜ p.244）	目的格 （➜ p.240）
人	who	whose	who [whom]
人以外	which	whose	which
人・人以外	that	—	that

2 主格の関係代名詞の使い分け

人を修飾　（上手に料理をする友だち）

a friend	who	cooks	well

人以外を修飾　（上手に話すロボット）

a robot	which	talks	well

関係代名詞 **who**，**which** は，修飾される名詞が人か人以外かによ

って使い分けます。人の場合は**who**を使い，人以外の場合は**which**を使います。また，**that**はどちらにも使われます。

3 関係代名詞節の中での働き

主格　**（そのいすを作った女性）**

the woman	who	made	the chair

made の主語にあたる　主格の関係代名詞

作った人（made の**主語**）について説明→**主格**の関係代名詞

目的格　**（私の母が作ったいす）**

the chair	which	my mother	made

made の目的語にあたる　目的格の関係代名詞

作ったもの（made の目的語）について説明→目的格の関係代名詞

このように英語では，修飾される名詞が関係代名詞節中の動詞の主語か目的語かなどにより，それに合わせた関係代名詞を使います。

注意

くり返さない！

修飾される名詞にあたる語は，関係代名詞節の中ではくり返さないことに注意。
（×）the boy who he likes animals
（○）the boy who likes animals
（動物が好きな少年）

POINT

1. 主格の関係代名詞は，**修飾される名詞が人ならwho [that]，人以外ならwhich [that]** を使う。
2. 修飾される名詞が**関係代名詞節中の主語**にあたるとき，関係代名詞は主格を使う。

CHECK 076

解答 ➜ p.291

（　　）内の語句を正しく並べかえましょう。

☐ (1) She is (who / chocolate / me / gave / the girl).

☐ (2) (gave / the girl / me / who / chocolate) was your sister.

TRY! 表現力

「～するロボットは将来とても役立つでしょう。」と言ってみましょう。

WORD LIST：robot, useful, elderly people, help, wash clothes, future

例　Robots which [that] help elderly people will be very useful in the future.

UNIT 3

目的格の関係代名詞

Can-Do 目的語の働きをする関係代名詞を使って，人やものを説明することができる。

She is a singer who I want to meet.
The sport that I like the best is table tennis.

意味 彼女は私が会いたい歌手です。
私がいちばん好きなスポーツは卓球です。

1 関係代名詞の種類

この単元では目的格の who [whom]，which，that について説明します。

先行詞	主格 (➡p.238)	所有格 (➡p.244)	目的格
人	who	whose	who [whom]
人以外	which	whose	which
人・人以外	that	—	that

2 目的格の関係代名詞の使い分け

人を修飾　（あなたが会ったその男性）

the man	who	you	met

人以外を修飾　（あなたが買ったその本）

the book	which	you	bought

関係代名詞 who [whom]，which は，修飾される名詞が人か人以外かによって使い分けます。人の場合は who [whom] を使い，

目的格の関係代名詞 whom

人を表す名詞を修飾するときに，目的格の関係代名詞として whom という語を使うことがある。ただし，今では堅い文章でしか使われなくなっていて，ふつうは who や that を使う傾向が強い。

人以外の場合は **which** を使います。また，**that** はどちらにも使われます。

3 関係代名詞節の中での働き

目的格　（私の母が作ったいす）

the chair	which	my mother	made
made の目的語にあたる	目的格の関係代名詞		

作ったもの（made の**目的語**）について説明→**目的格**の関係代名詞

主格　（そのいすを作った女性）

the woman	who	made	the chair
made の主語にあたる	主格の関係代名詞		

作った人（made の主語）について説明→主格の関係代名詞

このように英語では，修飾される名詞が関係代名詞節中の動詞の主語か目的語かなどにより，それに合わせた関係代名詞を使います。

注意

くり返さない！

修飾される名詞にあたる語は，関係代名詞節の中ではくり返さないことに注意。
(×) the boy that I met him in Kobe
(○) the boy that I met in Kobe
（私が神戸で出会った少年）

20 章 関係代名詞

POINT

1. 目的格の関係代名詞は，**修飾される名詞が人なら who [whom, that]，人以外なら which [that]** を使う。
2. 修飾される名詞が**関係代名詞節中の目的語**にあたるとき，関係代名詞は目的格を使う。

CHECK 077

解答 → p.291

(　　) 内の語句を正しく並べかえましょう。

☐ (1) I will bring (you / the books / that / want to read).

☐ (2) The man (you / who / yesterday / met) is my teacher.

TRY! 表現力

関係代名詞を使って「私のいちばん好きな色は～です。」と言ってみましょう。

WORD LIST：color, red, green, black, blue, purple

例　The color which [that] I like (the) best is purple.

UNIT

目的格の関係代名詞の省略

Can-Do 関係代名詞を省略した表現を使って，人やものを説明することができる。

The present you gave me **was nice.**
She is the girl we saw at the station yesterday**.**

意味
あなたが私にくれたプレゼント**はすてきでした。**
彼女は私たちが昨日駅で会った女の子**です。**

1 関係代名詞の省略

省略のない形	the present which you gave me（あなたがくれたプレゼント）
省略された形	the present ［　］ you gave me ↓ 目的格の関係代名詞が省略されている

目的格の関係代名詞（who［whom］, which, that）は，省略することができます。とくに，話し言葉ではふつう省略されます。また，省略しても表す意味は同じです。

接触節
目的格の関係代名詞が省略されたあとの〈名詞＋主語＋動詞～〉の形の節を接触節と呼ぶことがある。

2 文の中での役割

目的格の関係代名詞が省略されると，修飾される名詞とそれに続く節の語順が〈**名詞＋主語＋動詞～**〉となり，１つの**意味のカタマリ**になります。この意味のカタマリが，全体として１つの名詞の働きをするので，文の中では**主語**，**目的語**，**補語**になります。

省略できるのは目的格の関係代名詞だけ！
主格の関係代名詞は省略できないよ。

(1) 主語になる例

The book you showed me last week was interesting.
主語
先週あなたが私に見せてくれた本 はおもしろかったです。

⑵ 目的語になる例

I read the book you showed me last week.

目的語

私は先週あなたが私に見せてくれた本を読みました。

⑶ 補語になる例

This is the book you showed me last week.

補語

これが先週あなたが私に見せてくれた本です。

修飾される名詞とそれを修飾する〈主語＋動詞～〉は１つのカタマリで文中の主語，目的語，補語の位置に置かれます。

関係代名詞を省略できるかどうかの見分け方

あとに〈主語＋動詞〉が続く関係代名詞→省略できる

あとにすぐ〈動詞〉がくる関係代名詞→省略できない

POINT

1. 目的格の関係代名詞 **who [whom], which, that は，省略されることがある。**
2. 関係代名詞が省略されると，〈**名詞＋主語＋動詞～**〉**が１つの意味のカタマリ**になる。
3. 〈**名詞＋主語＋動詞～**〉は文の中で**主語，目的語，補語**になる。

CHECK 078

解答 ➜ p.291

(　　) 内の語句を正しく並べかえましょう。

□ ⑴ (want / to wear / I / the clothes) are sold in this shop.

□ ⑵ This (is / will meet / the host family / you) in Australia.

TRY! 表現力

「私が将来学びたい言語は～語です。」と言ってみましょう。

WORD LIST：in the future, language, Korean, Chinese, Spanish, French

例 The language I want to learn in the future is Korean.

UNIT 5

所有格の関係代名詞【発展】

Can-Do 所有を表す関係代名詞を使って，人やものを説明することができる。

I know a girl whose father is a dentist.
That is the animal whose name I know.

意味 私は父親が歯医者である女の子を知っています。
あれは私が名前を知っている動物です。

1 関係代名詞の種類

この単元では所有格の whose について説明します。

先行詞	主格 (➡p.238)	所有格	目的格 (➡p.240)
人	who	whose	who [whom]
人以外	which	whose	which
人・人以外	that	—	that

2 所有格 whose と先行詞

人を修飾　(姉がフランス語を話す友だち)

a friend	whose	sister	speaks	French

人以外を修飾　(サッカーチームが有名な学校)

a school	whose	soccer team	is	famous

所有格とは，所有 (～の) の意味を表すものをさします。上の1つめの例では，sister の所有者を whose で表して，直前の名詞 friend を修飾しています。

whose のいろいろ

whose には，次のように疑問詞の役割もあるので注意。
Whose book is this?
(これはだれの本ですか。)
Whose is this book?
(この本はだれのものですか。)
I don't know whose book this is.〔間接疑問〕
(私は，これがだれの本か知りません。)
※間接疑問は，疑問詞の whose が文の途中にあるため，関係代名詞の文と似かよって見える。しかし，関係代名詞の場合は，節が名詞を修飾するので，必ず関係代名詞の前に名詞がある。
【例】
That's the boy whose father is an actor.
〔関係代名詞〕
(あれはお父さんが俳優の少年です。)

また，whose はもともとは人を表す代名詞ですが，**関係代名詞 whose** は，修飾される名詞が人でも人以外でも使えます。

所有格の関係代名詞の文の語順

関係代名詞 whose を使った文は，必ず〈名詞＋whose＋名詞～〉の語順になる。

3 〈whose＋名詞〉の働き

主語の働き　（ケーキがおいしいお店）

the shop	whose cake	is	delicious
	主語	動詞	

目的語の働き　（私がケーキをよく食べるお店）

the shop	whose cake	I	often eat
	目的語	主語	動詞

関係代名詞 whose の節の中では，〈whose＋名詞〉は，上の例のように，**主語**または**目的語**として働きます。

POINT

1. 所有格の関係代名詞は，**〈whose＋名詞～〉の形で節を作り，前の名詞を修飾**する。
2. 〈whose＋名詞〉は，**関係代名詞節の中で主語または目的語の働き**をする。

CHECK 079

解答 ➜ p.291

(　　) 内の語句を正しく並べかえましょう。

☐ (1) Look at (roof / the house / is / whose / pink).

☐ (2) I want (pictures / beautiful / a book / are / whose).

TRY! 表現力

友だちについて「私にはお父さん［お母さん］が～である友だちがいます。」と言ってみましょう。

WORD LIST：nurse, doctor, actor, singer, baseball player

例　I have a friend whose mother is a nurse.

UNIT 6

前置詞の目的語になる関係代名詞【発展】

Can-Do 前置詞で終わる関係代名詞節を使って表現することができる。

基本例文

That is the house which my grandfather lived in.
She is the girl we went shopping with.

意味
あれは私の祖父が住んでいた家です。
彼女は私たちがいっしょに買い物に行った女の子です。

1 関係代名詞節の中に前置詞が残るとき

関係代名詞節の中に，前置詞が残る形になることがあります。

前置詞なし	the town which you like （あなたが好きな町）
前置詞あり	the town which you stayed in （あなたが滞在した町）

上の 前置詞なし の例は，もともと you like the town という文があり，そこから the town が前に出て which you like に後ろから修飾されている形です。

それに対し 前置詞あり の例では，you stayed in the town という文があり，前置詞 in の目的語である the town が前に出た結果，前置詞 in だけ残っている形です。この形のときに使われる関係代名詞は目的格です。

このように，前置詞の目的語になっていた名詞が前に出て，後ろから説明されるときは，関係代名詞節の中に前置詞が残る形になります。

前置詞の目的語

前置詞の次に置かれる名詞のことを前置詞の目的語という。
【例】Look at the cat.
（そのネコを見て。）
前置詞… at
前置詞の目的語… the cat

前置詞＋関係代名詞

関係代名詞節の中に残る前置詞は，関係代名詞の前にくることがある。
the hotel which I stayed at
「私が滞在したホテル」
↓
the hotel at which I stayed
※この場合，関係代名詞は省略できない。また，関係代名詞 that は使えない。

2 文の中での役割

〈名詞＋前置詞が残った形の関係代名詞節〉のカタマリも，他の場合と同様に名詞句となり，文の中で**主語**，**目的語**，**補語**になります。

3 関係代名詞の省略

関係代名詞節の中に前置詞が残る形では，使われる関係代名詞が目的格なので，この関係代名詞もよく**省略**されます。

省略のない形　**the man who you talked with**
（あなたが話した男性）

省略された形　**the man ［　　］ you talked with**
↓
目的格の関係代名詞が省略されている

前置詞をつけ忘れない

「私が得意なスポーツ」と言うとき，英語では「スポーツ」→「私が得意な」の順で言う。このとき，まずは①「私はそのスポーツが得意だ」という文を英語にしてから，②「そのスポーツ」を前に出す，という順で考えよう。

I'm good at the sport.
↓
the sport I'm good at

こうすることで，前置詞のつけ忘れを防ぐことができる。

POINT

❶ 関係代名詞節の中に，**前置詞が残る形**になることがある。

❷ 前置詞が残る形のときに使われる関係代名詞は**目的格**で，よく**省略**される。

CHECK 080

解答 ➜ p.291

(　　) 内の語句を正しく並べかえましょう。

□ (1) This is (stay at / will / the hotel / you) tomorrow.

□ (2) (want to play / I / with / the friend) is Ken.

TRY! 表現力

「私がいつか住みたい国は～です。」と言ってみましょう。

WORD LIST：country, France, Thailand, Canada, New Zealand, someday

例　The country I want to live in someday is France.

UNIT 7

関係代名詞 what【発展】

Can-Do ▶ what を使って人やものを説明することができる。

What I want to do is studying abroad.
We must do what is right.
This is what I have wanted for a long time.

意味
私がしたいことは，海外で学ぶことです。
私たちは正しいことをしなければなりません。
これは私が長い間ほしかったものです。

1 関係代名詞 what の用法と意味

（私がほしかったもの）

what	I	wanted

（あなたにとってベストだったこと）

what	was	best for you

「～（する）もの」「～（する）こと」と言いたいとき，英語では関係代名詞 what を使って表すことができます。この場合，what の前に名詞はなく，what 1語だけで the thing(s) which[that] と同じ働きをします。

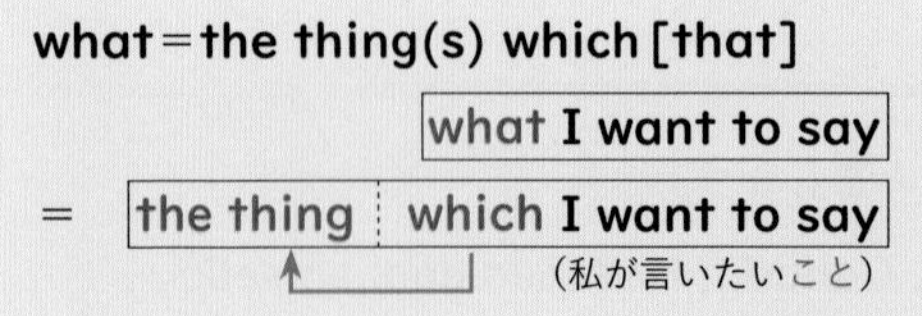

間接疑問との区別

what を含む間接疑問と関係代名詞の文は，形だけ見ると同じなので，文脈から判断する必要がある。

【例】
I know what you want.

●間接疑問の場合
I know ... の中に What do you want? という疑問文が入っていると考える。
（私はあなたが何をほしいのかを知っています。）

●関係代名詞の場合
I know the thing you want. を言いかえたものと考える。
（私はあなたがほしいものを知っています。）

2 whatの導く節

主語　(私がしたいことはボランティアです。)

What I want to do	is	volunteering.
主語(関係代名詞節)	be動詞	補語

目的語　(私は自分がしたいことをします。)

I	do	what I want to do.
主語	動詞	目的語(関係代名詞節)

補語　(これが私がしたいことです。)

This	is	what I want to do.
主語	be動詞	補語(関係代名詞節)

ほかの関係代名詞の導く節は形容詞節として前の名詞を修飾しますが，whatが導く節は**名詞節**として名詞と同じ働きをして，文の中で**主語**，**目的語**，**補語**になります。

用語解説

名詞節

〈主語＋動詞〉を含む2語以上のまとまりで，全体で1つの名詞として働くもの。文の中で，主語・目的語・補語になる。

POINT

❶ 関係代名詞whatは，the thing(s) which[that]と置きかえることができ，「**～(する)もの**」「**～(する)こと**」という意味を表す。

❷ 関係代名詞whatの節は**名詞節**で，文の中で，**主語・目的語・補語**になる。

CHECK 081

解答 ➜ p.291

(　　)内の語句を正しく並べかえましょう。

□ (1) I understand (you / what / want / to say).

□ (2) (will / do tomorrow / I / what) is very important.

TRY! 表現力

外国人の友だちに好きな和食を聞かれました。whatを使って，「私がいちばん好きなものは～です。」と答えましょう。

WORD LIST：best, *sushi*, *sukiyaki*, *tempura*

例　What I like (the) best is *sukiyaki*.

実力アップ問題

解答 ➜ p.291

問 1 主格の関係代名詞

(　　) 内のうち適切なものを選び，○で囲みなさい。また，下線部に注意して日本文を完成しなさい。

(1) I have a brother (who, which) likes swimming.
私には (　　　　　　　　　　　　　　　　　　　　) がいます。

(2) That is the bookshop (who, which) opened last month.
あれは (　　　　　　　　　　　　　　　　　　　　) です。

(3) The boy (who, which) helped you yesterday is my friend.
(　　　　　　　　　　　　　　　　　　　　) は私の友だちです。

(4) The cat (who, which) often comes to the shop is Ken's.
(　　　　　　　　　　　　　　　　　　　　) はケンのものです。

問 2 目的格の関係代名詞

下線部に注意して日本文を完成しなさい。

(1) That man is a baseball player that everyone knows well.
あの男性は (　　　　　　　　　　　　　　　　　　　　) です。

(2) I will bring the books which I bought in the U.S.
私は (　　　　　　　　　　　　　　　　　　　　) を持ってくるつもりです。

(3) The cake which my mother made for me was delicious.
(　　　　　　　　　　　　　　　　　　　　) はおいしかったです。

(4) The girl that you met in the library is my sister.
(　　　　　　　　　　　　　　　　　　　　) は私の姉[妹]です。

問 3 関係代名詞の省略

日本語に合うように，(　　) 内の語句を並べかえなさい。

(1) 私が昨夜見たテレビ番組はとても興味深かったです。
(I / last night / the TV program / watched) was very interesting.
______________________________ was very interesting.

(2) 私は，彼が聞いた知らせを信じませんでした。
I didn't believe (he / the news / heard).
I didn't believe ______________________________.

(3) あなたは向こうに見える男性を知っていますか。

Do you (the man / see / over there / know / you)?

Do you ____ ?

(4) これは私が今まで聞いた中でいちばんよい歌です。

This is (I / song / heard / have / the best / ever).

This is ____ .

問 4 いろいろな関係代名詞の文

日本語に合うように，(　　) 内の語を並べかえなさい。ただし，不要なものが 2 つずつあります。

(1) 私が今日食べたい果物は桃です。

(to eat / is / want / the fruit / it / which / who / I / a peach / today).

____ .

(2) 私は，多くの若者がよく知っている女の子たちを見ました。

(know / saw / the girls / them / many young people / I / well / which / who).

____ .

(3) 私が友人からもらった本はとてもすてきでした。

(was / were / got / I / my friend / the books / which / who / very nice / from).

____ .

問 5 関係代名詞（発展）

日本語に合うように，____に適切な 1 語を入れなさい。

(1) 私がそのレストランで食べたいものはラーメンです。

________ I want to eat at the restaurant is *ramen*.

(2) 私には，お姉さんが歌手である友人がいます。

I have a friend ________ ________ is a singer.

(3) 彼らは，私たちがいっしょにサッカーをした男の子たちです。

They are the boys ________ we played soccer ________ .

関係代名詞

UNIT 1 関係代名詞とは

I know a boy who [that] likes movies. 私は映画が好きな男の子を知っています。

● 関係代名詞ではじまる節は名詞（先行詞）のあとに置かれて，その名詞を後ろから修飾する。

UNIT 2 主格の関係代名詞

I like dogs which [that] have long ears. 私は長い耳をした犬が好きです。

● 主格の関係代名詞 who，which，that は，節の中で主語の働きをする。

UNIT 3，4 目的格の関係代名詞 / 目的格の関係代名詞の省略

I know the book which [that] you bought. 私はあなたが買った本を知っています。

The present you gave me was nice. あなたが私にくれたプレゼントはすてきでした。

● 目的格の関係代名詞 that，which は，節の中で目的語の働きをする。

● 目的格の関係代名詞は省略されることが多く，その結果〈名詞＋主語＋動詞〜〉の語順になる。

UNIT 5 所有格の関係代名詞

I know a girl whose father is a dentist. 私は父親が歯科医である女の子を知っています。

● 所有格の関係代名詞は，〈whose＋名詞〜〉の形で節を作り，前の名詞を修飾する。

UNIT 6 前置詞の目的語になる関係代名詞

The shop which I buy bread at is here. 私がパンを買う店はここにあります。

● 関係代名詞には，前置詞の目的語になるものがある。

UNIT 7 関係代名詞 what

This is what I wanted. これは私が欲しかったものです。

● 関係代名詞 what は「〜（する）もの［こと］」の意味を表す。

21 章

仮定法

UNIT 1

仮定法①

Can-Do 現在の事実とは異なることと，それに対する考えを表現することができる。

基本例文

A: Oh, no. It's raining!
B: If I had a car, I could drive you to the station.

意味
A：あら，困った。雨が降ってるわ！
B：もし私が車を持っていたら，あなたを駅まで乗せてあげられるんだけど。

1 仮定法とは

「もし～ならば，…する［である］だろうに。」と，事実とはちがうことや，現実には起こりそうもないことを仮定して述べる表現です。

直説法 （もし十分な時間があったら，あなたを手伝うつもりです。）

If	I	have	enough time,	I	will	help you.

仮定法 （もし十分な時間があれば，あなたを手伝うのですが。）

If	I	had	enough time,	I	would	help you.

2つの文は動詞の形がちがいます。上は条件を表す接続詞 if（➜ p.152）の文で，下が仮定法の文です。2つの文の意味のちがいは，上の文は話し手が「その可能性はある（手伝う時間がある）」という前提でいるのに対して，下の文は「実際にはそれは不可能だ（時間がないので）」と考えているという点です。

このように仮定法は，if で示される条件が「実現する可能性がない［低い］」と思っている，というニュアンスを含んでいます。

2 仮定法過去とは

仮定法のうち，現在の事実とは異なることや，起こりそうもないことを仮定して述べる表現を「仮定法過去」といいます。

過去を扱う仮定法

この UNIT で学習する仮定法過去は現在のことを表すが，過去のことを表すには仮定法過去完了（過去の事実と異なることを仮定する表現）を使う。
If I had studied more, I would have got a good grade.（もし私がもっと勉強していたら，私はよい成績をとっただろうに。）

仮定法過去の文では，助動詞や動詞の過去形が使われます。

3 仮定法過去の基本の形

（もし**私が彼女の住所を**知っていれば，**彼女に手紙が書**けるのですが。）

If ⁞ I ⁞ knew ⁞ her address, ⁞ I ⁞ could ⁞ write ⁞ to her.

knew：動詞の過去形　could：助動詞の過去形

If I knew her address,：従属節（条件節［if 節］）
I could write to her.：主節（帰結節）

仮定法過去の基本の形は，〈**If＋主語＋動詞の過去形～，主語＋助動詞の過去形＋動詞の原形 ....**〉です。If ではじまる**条件節**の中は**動詞の過去形**が使われ，主節である**帰結節**の中は**助動詞の過去形**が使われます。

would（～するのだが）
could（～できるのだが）
might（～するかもしれないのだが）など

現在の事実

左の例文の事実は，「私は彼女の住所を知らない→手紙は書けない」である。

前後の節は入れかえ可

前と後ろの節は入れかえられるが，主節を前にするときはふつうコンマを置かない。

POINT

1. 仮定法は，**事実と異なることや実現する可能性が低いこと**を仮定する表現。
2. 仮定法過去は〈**If＋主語＋動詞の過去形～，主語＋助動詞の過去形＋動詞の原形 ....**〉**の形**で「**もし～ならば，…する［である］だろうに。**」という意味を表す。

CHECK 082

解答 ➜ p.292

次の（　　）内の語を適する形に変えなさい。

☐ If I (have) a time machine, I (will) see my grandmother again.

TRY! 表現力

お金持ちになったことを想像して，「もし私に十分なお金があったら，～するだろうに。」と言ってみましょう。

WORD LIST：buy, travel, give, build

例　If I had enough money, I would travel around the world.

UNIT 2

仮定法②

Can-Do 現在の事実とは異なることへの願望を表現することができる。

基本例文

A: I wish I had more time to study for tomorrow's test.
B: If I were you, I would start studying now.

意味
A：明日のテストのために勉強する時間がもっとあればいいのに。
B：もし私がきみなら，今すぐ勉強を始めるだろうに。

1 仮定法過去の注意事項

(1) 仮定法過去の be 動詞

仮定法過去では，be 動詞は主語の人称・数にかかわらず，いつも過去形 were を使うのが基本です。

If it were fine today, I would go fishing.
（もし今日晴れていたら，魚釣りに行くのですが。）

(2) 主節の動詞は〈would [could など]＋動詞の原形〉

助動詞の過去形には次のようなものがあります。

would（～するのだが）／**could**（～できるのだが）
might（～するかもしれないのだが）

If I were you, I might call her.
（もし私があなたなら，彼女に電話するかもしれないのですが。）

(3) if 節が主節のあとにくる場合

if 節が前にくる場合は，主節との間にコンマ (,) を入れる。if 節があとにくる場合は，ふつうコンマを入れない。

If we had time, we could stay here longer.　コンマを入れる
We could stay here longer if we had time.　コンマを入れない
（もし私たちに時間があれば，もっと長くここにいられるでしょうに。）

was は口語表現

仮定法過去の be 動詞は were を使うのが基本。ただし，口語では was も使われるようになってきている。

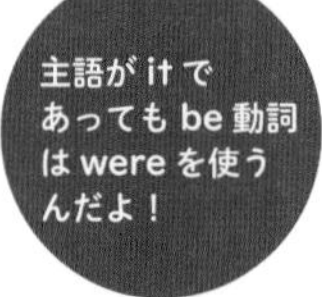

2 wishを使った仮定法

((私が) ピアノを持っていればいいのに。)

I	wish	I	had	a piano.

(助) 動詞の過去形

仮定法過去

I wish ～. の文も仮定法過去の表現の1つです。〈**主語+wish+仮定法過去**〉の形で「**～であればいいのに。**」という，現在の事実と異なることへの**願望**を表します。

wishに続く従属節の動詞がbe動詞のときは，**were**を使います。

I wish I **were** rich.

((私が) お金持ちならいいのに。)

主語はI以外でもよい

wishを使った文はIが主語になることが多いが，それ以外の人を主語にすることもできる。また，2つの節の主語が異なってもよい。

He wishes she were here.

(彼は彼女がここにいればいいのにと思っています。)

POINT

1. 仮定法過去のbe動詞は，**主語の人称・数にかかわらずwereを使う。**
2. 仮定法過去の主節の動詞は〈**助動詞の過去形+動詞の原形**〉。
3. if節とそれに続く主節の間には**コンマを入れる。**

CHECK 083

解答 ➡ p.292

日本文の意味を表すように，(　　)内に適当な1語を入れなさい。

☐ 彼女の名前を知っていればいいのに。 I (　　　　) I (　　　　) her name.

TRY! 表現力

友だちが，数学が難しいと言って困っています。「私があなたなら～するだろうに。」とアドバイスしてみましょう。

WORD LIST : ask, teacher, parents, do a search on the Internet

例 If I were you, I would ask my father to teach me math.

実力アップ問題

解答 ➡ p.292

問 1 仮定法の動詞の形

日本語に合うように，＿＿に適切な1語を入れなさい。

(1) もし私が忙しくなければ，友だちと外出できるのに。
If I ＿＿＿＿＿＿ not busy, I ＿＿＿＿＿＿ go out with my friends.

(2) もし彼が正直なら，彼と友だちになるかもしれないのに。
If he ＿＿＿＿＿＿ honest, I ＿＿＿＿＿＿ be friends with him.

(3) もし私が上手にテニスをすることができれば，あなたたちに加わるのに。
If I ＿＿＿＿＿＿ play tennis well, I ＿＿＿＿＿＿ join you.

(4) もし私があなたなら，そんなことは言わないだろう。
If I ＿＿＿＿＿＿ you, I ＿＿＿＿＿＿ not say such a thing.

問 2 仮定法の表す内容

次の事実を表した文の内容を，仮定法を使って表すとき，＿＿に適切な1語を入れなさい。

(1) I have no wings, so I cannot fly to you.
If I ＿＿＿＿＿＿ wings, I ＿＿＿＿＿＿ fly to you.

(2) She is not here now, so she does not help you.
If she ＿＿＿＿＿＿ here, she ＿＿＿＿＿＿ help you.

(3) I can't go shopping because I am busy.
If I ＿＿＿＿＿＿ not busy, I ＿＿＿＿＿＿ go shopping.

(4) He doesn't go to the beach so often because he cannot swim.
If he ＿＿＿＿＿＿ swim, he ＿＿＿＿＿＿ go to the beach more often.

問 3 仮定法の意味

次の英語を日本語にしなさい。

(1) If I had a camera, I would take a lot of pictures.
(　　　　　　　　　　　　　　　　　　　　)

(2) If you were here, you could meet him.
(　　　　　　　　　　　　　　　　　　　　)

(3) If I were you, I would tell him about the plan.
(　　　　　　　　　　　　　　　　　　　　)

問 4 仮定法の文の語順

日本語に合うように，(　　) 内の語を並べかえなさい。

(1) ジムがもしもっと速く走れば，その電車に乗ることができるのに。

If Jim (catch / faster, / could / ran / he) the train.

If Jim ______________________________ the train.

(2) もし私たちが地図を持っていれば，道に迷わないのに。

If we (not / had / we / lose / a map, / would) our way.

If we ______________________________ our way.

(3) もし父がここにいれば，私を助けてくれるかもしれないのに。

If my father (here, / might / he / were / help) me.

If my father ______________________________ me.

(4) もし私が英語を話せれば，メイとおしゃべりして楽しむことができるのに。

If I (talking / speak / enjoy / English, / I / could / could) with May.

If I ______________________________ with May.

(5) もし忙しくなければ，そのコンサートに行けるのに。

If I (could / not / go / I / busy, / were) to the concert.

If I ______________________________ to the concert.

問 5 wish を使った仮定法の文

日本語に合うように，____に適切な１語を入れなさい。

(1) 私の家がもっと大きければいいのに。

I ________ my house ________ bigger.

(2) 新しいスマートフォンがあればいいのに。

I ________ I ________ a new smartphone.

(3) 今日が日曜日ならいいのに。

I ________ ________ ________ Sunday today.

(4) 彼女は英語を上手に話せたらいいのにと思っている。

She ________ she ________ ________ English well.

21 章 仮定法

この章の整理

CHAPTER 21

仮定法

この章で学習したことを，もう一度チェックしてみよう！

UNIT 1 仮定法①

If I had enough time, I would help you.	もし私に十分な時間があれば，あなたを手伝うのですが。
If I knew her address, I could write to her.	もし私が彼女の住所を知っていれば，彼女に手紙が書けるのですが。

- 仮定法過去は，現在の事実と異なることや実現する可能性が低いことを仮定して，「もし～ならば，…する［である］だろうに。」という意味を表す。
- 仮定法過去は〈If＋主語＋動詞の過去形～，主語＋助動詞の過去形＋動詞の原形 ....〉の形で表す。

UNIT 2 仮定法②

If I were you, I would start studying now.	もし私があなたなら，今すぐ勉強をはじめるでしょうに。

- 仮定法過去の be 動詞は，主語の人称・数にかかわらず，いつも were を使う。

If I were you, I might call her.	もし私があなたなら，彼女に電話するかもしれませんが。

- 主節の中の動詞の形は〈助動詞の過去形＋動詞の原形〉になる。

We could stay here longer if we had time.	もし私たちに時間があれば，もっと長くここにいられるでしょうに。

- if 節は主節のあとに置くこともでき，その場合は主節と if 節との間にコンマは入れない。

I wish I had a piano.	私がピアノを持っていればいいのですが。

- 〈主語＋wish＋仮定法過去〉の形で「～であればいいのに。」という意味を表す。

不規則動詞の活用表

原形（現在形）		過去形	過去分詞	ing 形
awake	目覚める	awoke, awaked	awoke, awaked	awaking
be(am, is, are)	（be 動詞）	was, were	been	being
become	～になる	became	become	becoming
begin	はじめる	began	begun	beginning
bite	噛みつく	bit	bitten	biting
break	こわす	broke	broken	breaking
bring	持ってくる	brought	brought	bringing
build	建てる	built	built	building
buy	買う	bought	bought	buying
catch	つかまえる	caught	caught	catching
choose	選ぶ	chose	chosen	choosing
come	来る	came	come	coming
cut	切る	cut	cut	cutting
do(does)	する	did	done	doing
draw	（線を）引く，描く	drew	drawn	drawing
drink	飲む	drank	drunk	drinking
drive	運転する	drove	driven	driving
eat	食べる	ate	eaten	eating
fall	落ちる	fell	fallen	falling
feel	感じる	felt	felt	feeling
fight	戦う	fought	fought	fighting

原形（現在形）		過去形	過去分詞	ing 形
find	見つける	found	found	finding
fly	飛ぶ	flew	flown	flying
forget	忘れる	forgot	forgotten, forgot	forgetting
forgive	許す	forgave	forgiven	forgiving
get	手に入れる	got	got, gotten	getting
give	与える	gave	given	giving
go	行く	went	gone	going
grow	成長する	grew	grown	growing
have(has)	持っている	had	had	having
hear	聞こえる	heard	heard	hearing
hit	打つ	hit	hit	hitting
hold	手に持つ	held	held	holding
keep	保つ	kept	kept	keeping
know	知っている	knew	known	knowing
leave	去る	left	left	leaving
lend	貸す	lent	lent	lending
lose	失う	lost	lost	losing
make	つくる	made	made	making
mean	意味する	meant	meant	meaning
meet	会う	met	met	meeting
mistake	間違える	mistook	mistaken	mistaking
pay	払う	paid	paid	paying
put	置く	put	put	putting
read [rí:d リード]	読む	read [réd レッド]	read [réd レッド]	reading

原形（現在形）		過去形	過去分詞	ing形
ride	乗る	rode	ridden	riding
rise	のぼる	rose	risen	rising
run	走る	ran	run	running
say	言う	said	said	saying
see	見る	saw	seen	seeing
send	送る	sent	sent	sending
shoot	撃つ	shot	shot	shooting
show	見せる	showed	shown, showed	showing
sing	歌う	sang	sung	singing
sit	座る	sat	sat	sitting
sleep	眠る	slept	slept	sleeping
speak	話す	spoke	spoken	speaking
spend	過ごす	spent	spent	spending
stand	立つ	stood	stood	standing
swim	泳ぐ	swam	swum	swimming
take	取る	took	taken	taking
teach	教える	taught	taught	teaching
tell	話す	told	told	telling
think	考える	thought	thought	thinking
throw	投げる	threw	thrown	throwing
understand	理解する	understood	understood	understanding
wear	身につけている	wore	worn	wearing
win	勝つ	won	won	winning
write	書く	wrote	written	writing

入試問題にチャレンジ 1

制限時間： 50分	点

解答 ➡ p.293

問 1 be 動詞，一般動詞，過去，未来，進行形 5点×7

次の各問いに答えなさい。

⑴ 次の文の（　）に入る最も適当なものを**ア〜エ**から1つ選びなさい。

① A: Look at the stars in the sky! ［沖縄県］
B: Wow! (**ア** You **イ** Its **ウ** They **エ** There) are beautiful.

② One of my friends (**ア** live **イ** lives **ウ** are living **エ** have lived) in Australia.

③ (**ア** Is **イ** Has **ウ** Does **エ** Are) English a language spoken in India? ［岩手県］

④ A: May I have your name?
B: My name is Yumi.
A: Hi, Yumi. I'm Michael. Please (**ア** say **イ** tell **ウ** call **エ** talk) me Mike.
B: Hi, Mike. Nice to meet you. ［神奈川県］

⑵ 次の文の意味が通るように，（　）内の語句を並べかえなさい。

① A: How many members does your club have? ［宮崎県］
B: Our (members / has / club / twelve).

② A: Did you tell Mr. Jones about your trip to Australia? ［島根県］
B: No. When I see him next, I will (took / him / I / show / some pictures) there.

③ I hope (come / dream / true / will / your). ［埼玉県］

問 2 現在完了 5点×4

次の各問いに答えなさい。

⑴ 次の（　）内の語を適する形に変えて書きなさい。 ［香川県］

Have you ever (be) abroad?

⑵ 次の対話文の意味が通るように，（　）内の語を並べかえなさい。 ［鳥取県］

A: Do you know *Tonari no Totoro*?
B: Yes! It is the most (ever / movie / watched / wonderful / have / I). It is a good story.

⑶ 次の日本文を英文にしなさい。 ［青森県］

① あなたが今までに読んだ最もすばらしい本は何ですか。

② 私は数か月間彼女に会っていなかったので，会うことを楽しみにしています。

問 3 助動詞　5点×5

次の各問いに答えなさい。

⑴　次の対話文の意味が通るように，(　　) に適する語を書きなさい。　[徳島県：改]

A: (　　　　) you like a cup of tea or coffee, Daiki?

B: Thank you. I'd like tea, please.

⑵　次の対話文の意味が通るように，(　　) 内の語句を並べかえなさい。

① A: Let's go shopping at the supermarket.　[富山県]

B: Do (you / to / have / with / go / I)?

A: Yes. I have a lot of things to buy today.

② A: A girl will come from Australia and stay with my family next week. I (go / where / can't / should / we / decide) on the weekend.　[兵庫県]

B: Why don't you come to the festival in our town on Saturday? It's very traditional, so I think she'll like to see it.

⑶　次の文の (　　) 内の語を適する形に変えて書きなさい。　[京都府：改]

She could not go to school because it was far away from her village and she (have) to help her father with his work on the farm.

⑷　下の絵において，①，②の順で対話が成り立つように，①の吹き出しの ＿＿＿ に適切な 4 語以上の英語を書きなさい。　[鹿児島県]

問 4 受け身　⑴⑵ 7点×2，⑶ 6点

次の各問いに答えなさい。

⑴　次の対話文の意味が通るように，(　　) に適する語を書きなさい。　[島根県]

A: This castle is so beautiful.

B: It's Osaka Castle. It was (　　　　) by Toyotomi Hideyoshi.

⑵　次の内容をどのように英語で表しますか。5 語以上の英文を書きなさい。　[三重県：改]

毎年，夏にその公園で有名な祭りが開催されること。

⑶　次の文の (　　) に入る最も適当なものを**ア**～**エ**から 1 つ選びなさい。　[富山県]

That house with large windows (**ア** lives　**イ** is　**ウ** was　**エ** were) built ten years ago.

入試問題にチャレンジ ②

制限時間： 50分	点

解答 ➡ p.294

問 1 疑問文，否定文　　6点×3

次の各問いに答えなさい。

⑴ 次の対話文の意味が通るように，(　　) に適する語を書きなさい。　［宮崎県：改］

A: Lisa's house is close to this park. (　　　) don't we play together with Lisa?
B: Sure.

⑵ 次の対話文の (　　) に入る最も適当なものを**ア〜エ**から1つ選びなさい。

① A: Do you use this computer?　［栃木県］
B: (　　　)
ア No, I'm not.　**イ** No, I wasn't.
ウ Sure, it does.　**エ** Yes, I do.

② A: Today is my grandfather's birthday.　［北海道］
B: (　　　)
A: He is sixty-eight years old.
ア What is his name?　**イ** Shall I help you?
ウ How old is he?　**エ** Where does he live?

問 2 名詞，代名詞　　7点×4

次の各問いに答えなさい。

⑴ 次の文の (　　) に入る最も適当なものを**ア〜エ**から1つ選びなさい。

① I have never been to any (**ア** one　**イ** other　**ウ** another　**エ** some) countries.　［栃木県］

② A: How many students in your class do club activities?　［東京都］
B: I'm not quite sure, but (**ア** most　**イ** most of　**ウ** almost　**エ** almost of) the students do them.

③ A: Oh, Kenta, what is that crowd of people watching?　［静岡県：改］
B: Some fishermen are cutting a whole tuna.
A: Wow! I've never seen such a big (**ア** it　**イ** that　**ウ** one　**エ** them)!
B: Now it's ready for *sashimi*.

⑵ 次の文の (　　) 内の語を適する形に変えて書きなさい。

I will make a (speak) about my favorite book.

問 3 前置詞，接続詞　6点×3

次の各問いに答えなさい。

⑴ 次の対話文の意味が通るように，(　　)に適する語を書きなさい。［宮崎県：改］

A: Is he good (　　　　) skiing?

B: Yes. He'll show you how to ski.

⑵ 次の内容をどのように英語で表しますか。5語以上の英文を書きなさい。［三重県：改］

晴れていたので，公園を散歩したこと。

⑶ 次の文の(　　)に入る最も適当なものを**ア**～**エ**から1つ選びなさい。

A: What time do you usually eat breakfast?

B: (**ア** At　**イ** In　**ウ** On　**エ** To) 6:30.

問 4 不定詞，動名詞　6点×6

次の各問いに答えなさい。

⑴ 次の対話文の意味が通るように，(　　)に適する英語1語を書きなさい。ただし，(　　)内に示した文字で書き始めること。［高知県］

A: Jane, will you come to my party next Sunday?

B: Yes, Mari. Do I have to bring any food?

A: No. I have a lot of food, so please bring something to (d　　　　).

B: OK. I will bring some juice.

⑵ 次の文の意味が通るように，(　　)内の語句を並べかえなさい。

① Please speak only English. We will (**ア** you　**イ** use　**ウ** to　**エ** ask) English during the activities.［大分県：改］

② A: Welcome! (places / to / are / visit / many / there) in Tottori! Mt. Daisen is one of them. It is very beautiful.［鳥取県］

B: Thank you. I'm excited.

③ It (to / easy / won't / for / be / him / be) a doctor.［長崎県：改］

⑶ 次の文の(　　)に入る最も適当なものを**ア**～**エ**から1つ選びなさい。

① I went shopping because it stopped (**ア** rains　**イ** rained　**ウ** raining　**エ** rainy).［神奈川県］

② The teacher told (　　　　).［大阪府］

ア what next to do us　　**イ** what us to do next

ウ us what to do next　　**エ** us to do what next

入試問題にチャレンジ ③

制限時間： 50分　　　点

解答 ➡ p.295

問 1 比較　　5点×5

次の各問いに答えなさい。

(1) 次の文の（　）内の語を適する形に変えて書きなさい。［新潟県］

Now I am studying English (hard) than before.

(2) 次の日本文の内容に合うように，（　）内の語句を並べかえなさい。［北海道］

サッカーは，私たちの学校でいちばん人気のあるスポーツです。

Soccer (popular / most / is / the) sport at our school.

(3) 次の文の意味が通るように，（　）内の語を並べかえなさい。

① Now, (every / are / more and / people / Japan / coming to / more foreign) year. Many of them are interested in Japanese tradition and culture, and often visit museums.［愛知県：改］

② A: I want a cat as a pet. Cats are so cute, aren't they?［富山県］

B: Yes, but (more / dogs / than / popular / are) cats in Japan.

A: I know that, but a lot of my friends have a cat in their house.

(4) 次の文の（　）に入る最も適当なものを**ア～エ**から1つ選びなさい。［神奈川県］

Yoshio has two brothers and he is the (**ア** younger than　**イ** youngest　**ウ** young　**エ** as young) of the three.

問 2 いろいろな文　　6点×5

次の各問いに答えなさい。

(1) 次の対話文の（　）に入る最も適当なものを**ア～エ**から1つ選びなさい。［福岡県］

A: We will meet Mika at the restaurant. Are you ready?

B: No, I'm not. I can't decide what to wear.

A: (　　) We have to leave at eleven.

ア Well, don't be late.　　**イ** She won't come.

ウ I think so, too.　　**エ** You're welcome.

(2) 次の文の意味が通るように，（　）内の語句を並べかえなさい。

① (you / sign language / in Japan / when / was / do / know / made)?［鳥取県：改］

② Can (me / you / happened / what / tell) last night?［栃木県］

③ A: Can you (after / the / me / book / send) you finish reading it?［神奈川県：改］

B: OK, please wait until next week.

④ A: My dream is to become a doctor. I have had that dream since I was a small child. ［兵庫県］

B: That's nice. You are trying very hard, so I (your dream / sure / come / will / am / true).

問3 名詞を後ろから修飾する語句，関係代名詞　5点×6

次の各問いに答えなさい。

⑴　次の文の意味が通るように，(　　) 内の語句を並べかえなさい。 ［長崎県］

(is / took / this / a / we / picture) in Tokyo Disneyland last year.

⑵　次の対話文の意味が通るように，(　　) 内の語句を並べかえなさい。

① A: Who's (playing / that / in / boy / soccer) the park? ［宮崎県］

B: That's my brother.

② A: My father and I went to a party yesterday. This is a picture I took.

B: Oh, (your / with / talking / the man / father) is Tom! ［富山県］

A: Do you know him?

B: Yes. He is my friend.

③ A: What do you want to do when you become a high school student?

B: Well, I want to (**ア** things **イ** done **ウ** never **エ** I've **オ** try) in junior high school. ［神奈川県：改］

④ A: Where did you stay during your trip to the U.S.? ［千葉県］

B: I stayed (**ア** the **イ** by **ウ** at **エ** hotel **オ** built) a famous American.

⑶　次の文の (　　) に入る最も適当なものを**ア～エ**から1つ選びなさい。 ［富山県］

My grandfather sent me a shirt (**ア** make **イ** was made **ウ** making **エ** made) in India.

問4 仮定法　5点×3

次の日本文の内容に合うように，(　　) 内の語句を並べかえなさい。

⑴　もし私が車を持っていたら，日本中を旅するのに。

(a car / I / if / had), I would travel around Japan.

⑵　もっと上手にピアノが弾けたらいいのに。

I (could / I / play / wish / the piano) better.

⑶　彼が私たちのチームにいたらいいのに。

(he / I / on / were / wish) our team.

くわしい 中学英文法

KUWASHII ENGLISH

解答と解説

1章 動詞の種類と語順

1 be動詞の文①

CHECK 001

(1) **am** (2) **are**

2 be動詞の文②

CHECK 002

(1) **isn't** (2) **Is**

3 一般動詞の文①

CHECK 003

(1) **play** (2) **lives**

4 一般動詞の文②

CHECK 004

(1) **Does** (2) **don't**

5 語順

CHECK 005

(1) **Tom loves Mary**
(2) **Kenta plays soccer**

実力アップ問題

1 (1) **is** (2) **were** (3) **are** (4) **was**

解説 (2)文末に yesterday (昨日) とあるので過去の文。
(3)主語 Ellen and Kota は複数。
(4)文末に three days ago (3日前) とあるので過去の文。

2 (1) **study** (2) **likes** (3) **play**
(4) **watches** (5) **goes**

解説 (1)「私は毎日数学を勉強します。」
(2)「ケンはスポーツがとても好きです。」主語 Ken は3人称単数。like に s をつける。
(3)「私の兄弟たちはとても上手にサッカーをします。」主語 My brothers は複数。
(4)「クミは夕食後にテレビを見ます。」主語 Kumi は3人称単数。**watch には es** をつける。
(5)「彼は自転車で学校へ行きます。」主語 He は3人称単数。**go には es** をつける。

3 (1) **Are you a member of**
(2) **My sister doesn't have a car**
(3) **Are your parents at home**
(4) **Yumi was not free**

解説 (1) be動詞の疑問文なので, **〈be動詞＋主語～ ?〉** の形。
(2) **〈主語＋doesn't＋動詞の原形～.〉** の形。
(4) be動詞の否定文なので, **〈主語＋be動詞＋not ～.〉** の形。

4 (1) **is** (2) **Are, you, we, are**
(3) **goes** (4) **don't, have [eat]**
(5) **Does, speak, doesn't**
(6) **Were, was**

解説 (1)「～にある」は be動詞で表す。
(2)「あなたたちは」とたずねているので, 答えるときの主語は we (私たちは) とする。
(3)主語 My sister は3人称単数。
(4)一般動詞現在の否定文は **〈主語＋don't＋動詞の原形～.〉** の形。
(5)主語 Lucy は3人称単数なので, 疑問文は Does で始める。
(6)「～にいる」は be動詞を使う。「先週の土曜日に」とあるので be動詞は過去形にする。

5 (1) **I walk to school every day.**
(2) **Do you like Japanese food?**
(3) **What does your father do?**

解説 (1)「歩いて学校へ行く」は「学校へ歩いて行く」と考える。
(2)一般動詞の疑問文。相手 (あなた) にたずねる文なので, Do you で文を始める。
(3)職業などをたずねるときの表現。

2章 現在・過去・未来

1 現在の文と過去の文 CHECK 006

(1) **played** (2) **every day**

2 動詞の過去形① CHECK 007

(1) **looked** (2) **used** (3) **tried**
(4) **stopped** (5) **came**

3 動詞の過去形② CHECK 008

(1) **Did** (2) **didn't**

4 be going to と will CHECK 009

(1) **visit** (2) **eat**

実力アップ問題

1 (1) **visited** (2) **liked** (3) **studied**
(4) **played** (5) **stopped** (6) **was**
(7) **were** (8) **went** (9) **saw** (10) **came**

解説 (1)〜(5)は規則動詞。
(2)語尾が e の語には d だけつける。
(3)語尾が〈子音字＋y〉の語は，**y を i に変えて ed** をつける。
(5)語尾が〈短母音＋子音字〉の語は，**子音字を重ねて ed** をつける。
(8)〜(10)は不規則動詞。

2 (1) **gets** (2) **has** (3) **was**
(4) **bought** (5) **go**

解説 (1)「私の母は毎日 6 時に起きます。」文末に every day（毎日）とあるので現在の文。主語 My mother は 3 人称単数なので s をつける。
(2)「彼の父は今，2 台の車を持っています。」主語 His father は 3 人称単数。
(3)「昨日は晴れでした。」yesterday（昨日）があるので過去の文。
(4)「私は 2 日前，その店でその本を買いました。」two days ago（2 日前）とあるので過去の文。
(5)「彼は明日，買い物に行くつもりです。」will の後ろの動詞は原形。

3 (1) **was** (2) **study** (3) **were**
(4) **play** (5) **visit**

解説 (1) busy は形容詞なので be 動詞を使う。
(2) **will の後ろの動詞は原形。**
(3)「〜にいる」は be 動詞で表す。
(4)疑問文で **Did を使ったら，後ろの動詞は原形。**
(5) **be going to の後ろの動詞は原形。**

4 (1) **Ken was not in the library**
(2) **Did he go to the shop**
(3) **Is Mike going to clean**
(4) **It will not be sunny**

解説 (1) be 動詞の否定文は **be 動詞の後ろに not。**
(2)一般動詞過去形の疑問文は，**〈Did＋主語＋動詞の原形〜 ?〉** の語順。
(3) be going to の疑問文は **be 動詞を主語の前に。**
(4) will の否定文は **will の後ろに not** を置く。

5 (1) **I went to Okinawa last week.**
(2) **I take a walk before dinner every day.**
(3) **Will it be sunny tomorrow?**
(4) **I'm[I am] going to go to Tokyo next Sunday.**

解説 (1)時を表す last week は文頭でもよい。
(2)「散歩をする」は take a walk。
(3)単純な未来を表すので will を使う。
(4)「行く予定だ」とすでに決まっている予定を表すときは be going to を使う。

3章 進行形

1 現在進行形

CHECK 010

(1) **are** (2) **studying**

2 過去進行形

CHECK 011

(1) **were** (2) **Were, wasn't**

実力アップ問題

1 (1) **starting** (2) **playing**
(3) **studying** (4) **coming**
(5) **swimming** (6) **running**
(7) **dying** (8) **writing**
(9) **reading** (10) **lying**

解説 ほとんどの動詞は，原形にそのままingをつける。
(4)(8)語尾がeの語は，**eをとってingをつける。**
(5)(6)語尾が〈短母音＋子音字〉の語は，**子音字を重ねてing**をつける。
(7)(10)語尾がieの語は，**ieをyにかえてing**をつける。

2 (1) **riding** (2) **Were** (3) **was**
(4) **walks** (5) **wasn't**

解説 (1) be動詞isの直後なので，ing形を入れて現在進行形にする。
(2) then（そのとき）があるので過去進行形の文。
(3) last night（昨夜）があるので過去進行形の文。
(4) every Friday（毎週金曜日）とあるので，現在の習慣を表す文。
(5) at that time（そのとき）があるので過去進行形の文。

3 (1) **are, singing** (2) **What, are, doing**
(3) **was, swimming**
(4) **were, using**
(5) **Who, playing** (6) **is, reading**

解説 (1)「歌っています」より，現在進行形の文。主語Yuki and Kenjiは複数なので，be動詞はareを使う。
(2)「しているのですか」より，現在進行形の文。「何を」とたずねるので疑問詞Whatが文頭。そのあとは疑問文の形を続ける。
(3)「泳いでいました」より，過去進行形の文。
(4)「使っていました」より，過去進行形の文。
(5)「遊んでいるのですか」より，現在進行形の文。「だれが」とたずねるので疑問詞Whoが文頭。**Whoが主語なので，語順は肯定文と同じ。**
(6)「読んでいます」より，現在進行形の文。

4 (1) **Jill is not playing soccer**
(2) **Was your sister studying Korean**
(3) **Is Ben washing his dog**
(4) **What book is John reading**

解説 (1)現在進行形の否定文。〈**主語＋be動詞＋not＋動詞のing形〜.**〉の形。
(2)過去進行形の疑問文。〈**be動詞＋主語＋動詞のing形〜？**〉の形。
(3)現在進行形の疑問文。〈**be動詞＋主語＋動詞のing形〜？**〉の形。
(4)「何の本」はWhat bookで文頭に置く。そのあとは現在進行形の疑問文の形を続ける。

5 (1) **I'm [I am] watching TV now.**
(2) **What were you doing at ten [o'clock] yesterday?**

解説 (1)「今，見ている」と現在行われている動作を表すため現在進行形で表す。
(2)過去のある時に進行中の動作をたずねるので過去進行形の疑問文。「昨日の10時」はat ten yesterdayと時刻を先に述べる。

4章 現在完了

1 現在完了の意味・働き・形 CHECK 012

(1) **written** (2) **hasn't**

2 完了・結果を表す現在完了 CHECK 013

already

3 経験を表す現在完了 CHECK 014

訪れたことがありますか

4 継続を表す現在完了 CHECK 015

have lived

5 現在完了進行形 CHECK 016

(1) **been working**
(2) **has been writing**

実力アップ問題

1 (1) **known** (2) **read** (3) **left**
(4) **playing** (5) **been**

解説 (1)(2)(3)(5)現在完了の文なので，過去分詞にする。
(4)現在完了進行形の文。〈**have [has] been＋動詞の ing 形**〉の形なので，ing 形にする。

2 (1) **just** (2) **yet** (3) **never**
(4) **five, times**

解説 (1)「ちょうど」は just で，have[has] と過去分詞の間に置く。
(2)疑問文で「もう」は yet で，文末に置く。
(3)「１度も～ない」は never。
(4)回数は～ times で表す。

3 (1) **just, been** (2) **gone**
(3) **not, heard** (4) **been, watching**

解説 (1)「～へ行ってきたところだ」は **have [has] been to** ～で表す。
(2)「～へ行ってしまった（のでここにはいない）」は **have [has] gone to** ～で表す。
(3)継続を表す現在完了の否定文。「～から連絡がある」は hear from ～。
(4)動作の継続を表す現在完了進行形の文。

4 (1) **I have not finished my homework yet**
(2) **Has she been sleeping for**
(3) **How many times have you been**
(4) **How long have you been here**

解説 (1)完了を表す現在完了の否定文。否定文で「まだ」を表す yet は文末に置く。
(2)現在完了進行形の疑問文。現在完了の文と同様，have[has] を主語の前に出せばよい。
(3)「何回」と**回数をたずねるときは，How many times を文頭**に置く。そのあとは現在完了の疑問文の語順を続ける。
(4)「いつから」と**期間をたずねるときは，How long を文頭**に置く。

5 (1) **I have lived here [in Japan] for fifteen years.**
(2) **I have been studying since this morning.**
(3) **Have you ever visited Hiroshima?**

解説 (1)「15年間住んでいる」と状態の継続を表すので，継続用法の現在完了の文。
(2)「ずっと勉強をしている」と動作の継続を表すので，現在完了進行形の文。
(3)経験を表す現在完了の疑問文。「今までに」を表す ever は過去分詞の前に置く。

5章 助動詞

1 can, may, must　CHECK 017

(1) **can**　(2) **may**

2 would, should　CHECK 018

(1) **would**　(2) **should**

3 have to, be able toの用法　CHECK 019

(1) **have**　(2) **was**

4 Will you ～? / Shall we ～? などの表現　CHECK 020

Shall I

実力アップ問題

1 (1) **may**　(2) **must**　(3) **should**
(4) **Shall, we**

解説 (1)「～かもしれない」＝may
(2)「～しなければならない」＝must
(3)「～すべきだ」＝should
(4)**「(いっしょに) ～しましょうか」と誘うときはShall we ～?を使う。**

2 (1) **play**　(2) **has**　(3) **are**
(4) **would**　(5) **doesn't**

解説 (1)「彼はとても上手にサッカーをすることができます。」**助動詞の後ろの動詞は原形。**
(2)「私の兄［弟］は自分の部屋をそうじしなければなりません。」主語My brotherは3人称単数。
(3)「私たちはフランス語を話すことができます。」
(4)「彼は，もうすぐ雨が降るだろうと言いました。」前の動詞saidが過去形なので，**that以下の助動詞もwouldと過去形**にする（時制の一致）。
(5)「マイクはその車を洗う必要はありません。」have toの否定文はdon't[doesn't] have to。主語Mikeが3人称単数なのでdoesn'tを使う。

3 (1)**ウ**　(2)**イ**　(3)**エ**　(4)**ア**

解説 (1)「このコンピューターを使ってもいいですか。」「はい，もちろん。」
(2)「私はそのかばんを運ばなければいけませんか。」「いいえ，その必要はありません。」
(3)「公園でいっしょに野球をしましょうか。」「はい，そうしましょう！」
(4)「窓を開けていただけますか。」「すみませんが，できません。風がとても強いです。」

4 (1) **Shal I go with you**
(2) **Will you have a cup of coffee**
(3) **You must not run here**
(4) **We would like you to help**
(5) **You will be able to swim**

解説 (1)**「(私が) ～しましょうか」と申し出るときはShall I ～?を使う。**
(2)**「～しませんか」と勧誘するときはWill you ～?を使う。**coffeeの前にa cup of ～「1杯の～」を置く。
(3)「～してはいけない」はmust not ～で表す。
(4)「…に～してもらいたい」はwould like ... to ～で表す。
(5)「～できるようになるだろう」はwill be able to ～で表す。

5 (1) **Will [Would] you have some tea?**
(2) **You must [have to] be quiet here.**

解説 (1)「～しませんか」と誘うときはWill [Would] you ～?を使う。
(2)「～しなければならない」はmustまたはhave toで表す。

6章 受け身

1 受け身の意味・働き・形① CHECK 021

eaten

2 受け身の意味・働き・形② CHECK 022

Was

3 受け身の文の時制 CHECK 023

(1) **is**　(2) **was**

4 注意すべき受け身の表現 CHECK 024

was surprised

実力アップ問題

1 (1) **started**　(2) **played**　(3) **studied**
(4) **come**　(5) **heard**　(6) **run**　(7) **made**
(8) **written**　(9) **read**　(10) **stood**

(解説) (1)〜(3)は規則動詞，(4)〜(10)は不規則動詞。
(4)(6)原形と過去分詞が同じ形。
(5)(7)(10)過去形と過去分詞が同じ形。
(8)原形，過去形，過去分詞がすべて異なる形。
(9)原形，過去形，過去分詞がすべて同じ形。

2 (1) **spoken**　(2) **used**　(3) **is**　(4) **was**

(解説) いずれも受け身の文なので，〈**be 動詞**＋**過去分詞**〉の形にする。
(3) every day (毎日) とあるので，現在の文。
(4) yesterday (昨日) とあるので，過去の文。

3 (1) **to**　(2) **with**　(3) **of**　(4) **from**

(解説) (1) be known **to** 〜「〜に知られている」
(2) be covered **with** 〜「〜でおおわれている」
(3) be made **of** 〜「〜 (材料) でできている」(見てもとがわかる)
(4) be made **from** 〜「〜 (原料) から作られる」(見てももとがわからない)

4 (1) **in**　(2) **with**　(3) **in**　(4) **at**　(5) **with**

(解説) (1) be interested **in** 〜「〜に興味がある」
(2) be pleased **with** 〜「〜に喜ぶ」
(3) be born **in** 〜「〜に生まれる」
(4) be surprised **at** 〜「〜に驚く」
(5) be filled **with** 〜「〜でいっぱいである」

5 (1) **was looked after by the girl**
(2) **Who was the wallet found by**
(3) **was given to me by my father**
(4) **is called Tama by everyone**

(解説) (1)「〜の世話をする」は look after 〜で，受け身の文でも切り離さない。
(2)疑問詞 Who を先頭に置き，後ろは受け身の疑問文の語順を続ける。
(3)「私は父からもらった」は「父によって私に与えられた」と考える。
(4)「みんなから」は「みんなによって」と考えて by everyone で表す。

6 (1) **Tokyo Skytree was built in 2012.**
(2) **The [Our] chorus festival will be held next month.**

(解説) (1)「建てられた」より，過去の受け身の文。**be 動詞を過去形に**する。
(2)「開催する」は hold で，これを受け身の形にする。「来月」(next month) とあるので，will を用いて未来を表す文にする。**will の後ろは動詞の原形**なので，be 動詞は原形 be とする。

7章 疑問文

1 Yes / No で答える疑問文① CHECK 025

(1) **Are** (2) **Was**

2 Yes / No で答える疑問文② CHECK 026

will

3 疑問詞を使った疑問文① CHECK 027

Who are you looking for

4 疑問詞を使った疑問文② CHECK 028

Where do you eat breakfast every day

5 付加疑問 CHECK 029

aren't

実力アップ問題

1 (1)**エ** (2)**イ** (3)**オ** (4)**ア** (5)**カ**

(解説) (1)「タロウは何を探していますか。」「彼はかばんを探しています。」
(2)「これはだれの鉛筆ですか。」「私のものです。」
(3)「カホはなぜ休んでいるのですか。」「風邪をひいているからです。」
(4)「あなたは春と夏のどちらのほうが好きですか。」「私は夏のほうが好きです。」
(5)「今日は暑いですよね。」「はい，暑いです。」

2 (1)**イ** (2)**ア** (3)**ウ** (4)**ウ** (5)**イ**

(解説) (1) be 動詞で聞かれたら be 動詞で答える。
(2) Did，Does で聞かれたら，それぞれ did，does で答える。ただし(3)は，baseball か soccer かどちらかを答えるほうがよい。
(4)疑問詞 Which で始まる疑問文なので，**Yes / No では答えない。**
(5)一般動詞の過去形でたずねられているので，過去形の did を使って答える。

3 (1) **How, many** (2) **How, often**
(3) **How, long** (4) **How, old**

(解説) (1) two と数を答えているので，**How many ～?** とたずねる。
(2) two or three times と**回数［頻度］**を答えているので，**How often ～?** とたずねる。
(3) about ten minutes と**時間の長さ**を答えているので，**How long ～?** とたずねる。
(4) fifty years old と**年齢**を答えているので，**How old ～?** とたずねる。

4 (1) **Who were you waiting for at**
(2) **How much is this DVD**
(3) **When are you going to visit**
(4) **How does Mr. Davis come to school**

(解説) (1)疑問詞 Who で文を始め，そのあとは過去進行形の疑問文の語順。
(2)**値段**をたずねているので，**How much** で文を始める。
(3)「いつ」とたずねているので When で文を始め，そのあとは be 動詞の疑問文の語順。
(4)「どのように」とたずねているので How で文を始める。

5 (1) **You can drive (a car), can't you?**
(2) **Yes, I can.**

(解説) (1)付加疑問の文。can を使った文なので，付加疑問は can't you? となる。
(2) can を使ったふつうの疑問文に対する答え方と同じ。

8章 否定文

1 be動詞と一般動詞の否定文

CHECK 030

(1) **am not tired** (2) **did not finish**

2 助動詞と現在完了の否定文

CHECK 031

(1) **will not go** (2) **has not finished**

実力アップ問題

1 (1) **do not** (2) **doesn't** (3) **don't**
(4) **aren't** (5) **isn't** (6) **isn't**

解説 主語が単数か複数か，また一般動詞の文かbe動詞の文かを考える。
(2)主語Kenは3人称単数。
(3)主語Your brothersは複数。
(4)主語Yuki and Kumiは複数。
(5) helpingとing形が使われているので，**進行形の文**だとわかる。
(6)一般動詞soldは過去形ではなく過去分詞で，**受け身の文を作っている**と考える。

2 (1) **is, not** (2) **are, not**
(3) **doesn't, go** (4) **don't eat [have]**
(5) **don't, learn**

解説 (3)〜(5)は空所の数より**短縮形を使う**。
(1)(2) be動詞の否定文。
(3)一般動詞現在形の否定文。主語My sisterは3人称単数なのでdoesを使う。
(4)一般動詞現在形の否定文。
(5)一般動詞現在形の否定文。主語Lucy and Tomは複数なので，doを使う。

3 (1) **will, not** (2) **should, not**
(3) **would, not** (4) **has, not**
(5) **have, never**

解説 (1)「明日」とあるので，**未来を表す文**。助動詞willを使う。
(2)「〜すべきだ」を表す助動詞shouldを使う。
(3)「〜がほしい」を表すwould likeを使う。
(4)「まだ〜していない」は**完了を表す現在完了の否定文**。主語Heが3人称単数なので，haveではなくhasを使う。
(5)「〜したことがない」は**経験を表す現在完了の否定文**。「一度も〜ない」はneverを使う。

4 (1) **am not a member of the tennis club**
(2) **My friend doesn't have a ticket**
(3) **My parents will not go to America**
(4) **has not eaten lunch yet**
(5) **They are not waiting there**
(6) **have never been to the beach**

解説 主語と動詞の間に，否定を表す語句がどのように入るのかを考える。

5 (1) **My brother isn't [is not] playing a video game now.**
(2) **You [We] can't [cannot] see the animation film on the Internet.**
(3) **Nobody [No one] can go there.**

解説 意味から，be動詞，一般動詞，助動詞，現在完了のどの文か，主語が何であるかを考える。
(1)現在進行形の否定文。
(2)日本語では主語が書かれていないが，YouまたはWeを主語とする。
(3)「だれも〜ない」はnobodyまたはno oneで表す。これらはすでに否定の意味を含んでいるので，**後ろは否定文にはならず，肯定文と同じ形になることに注意**。

9章 名詞と a, an, the

1 名詞の種類 CHECK 032

⑴ **pen, notebooks** ⑵ **are, wine**

2 名詞の複数形 CHECK 033

⑴ **churches** ⑵ **teeth**

3 a, an, the CHECK 034

⑴ **an, The** ⑵ **a**

実力アップ問題

1 ⑴ **glasses** ⑵ **potatoes** ⑶ **babies** ⑷ **sheep** ⑸ **children** ⑹ **leaves** ⑺ **monkeys** ⑻ **teeth** ⑼ **knives**

(解説) ⑴⑵語尾が s, x, sh, ch, 〈子音字＋o〉の語には，es をつける。
⑶語尾が〈子音字＋y〉の語は，**y を i に変えて es** をつける。
⑷単数形と複数形が同じ形の語。
⑸⑻不規則変化。
⑹⑼語尾が f, fe で終わる語は，**f, fe を v に変えて es** をつける。

2 ⑴○ ⑵× ⑶○ ⑷× ⑸× ⑹×

(解説) ⑵⑷⑹は物質名詞，⑸は抽象名詞。

3 ⑴ **I want some water.**
⑵ **He wants some pieces of paper.**
⑶ **I know these boys' parents.**

(解説) ⑴ water（水）は数えられない名詞。
⑵ paper（紙）は数えられない名詞なので，数える場合は a piece[sheet] of を使い，2枚以上の場合は，**piece[sheet] に s をつける。**
⑶ these とあるので，男の子は複数。**複数形の所有格は s のあとにアポストロフィー〈'〉をつける。**

4 ⑴ **is, milk** ⑵ **glasses[cups], juice** ⑶ **a, homework** ⑷ **much, rain** ⑸ **some, money**

(解説) ⑵ジュース（juice）は数えられない名詞なので，glass[cup] を複数形にする。
⑷雨（rain）は数えられない名詞なので，「たくさん」には much を用いる。
⑸「いくらか」は **some** で，**数えられる名詞，数えられない名詞のいずれにも使える。**

5 ⑴ **an** ⑵ **little** ⑶ **is, some** ⑷ **an** ⑸ **sheet** ⑹ **hair**

(解説) ⑴ hour は母音で始まるので an。
⑵**many と a few は数えられる名詞につく**語句。a lot は of がないので不可。
⑶後ろの名詞 salt は数えられない名詞なので，be 動詞は is となる。
⑷ interesting が母音で始まるので an をつける。〈such a[an]＋形容詞＋名詞〉の形。
⑸紙を数えるときは sheet または piece を使う。

6 ⑴ **a, The** ⑵ **an** ⑶ **the** ⑷× ⑸ **the** ⑹ **a, The** ⑺×, **the**, ×

(解説) ⑴⑹初出のものには a[an]，既出のものには the をつける。
⑶「（楽器）を演奏する」は〈**play the＋楽器名**〉。

7 ⑴ (例) **I have one brother and two sisters.**
⑵ (例) **I would like to have a cup of coffee.**

(解説) ⑵飲み物は数えられない名詞なので，a glass of や a cup of を使うことに注意。

10章 代名詞

1 人称代名詞 CHECK 035

(1) **our** (2) **His**

2 所有代名詞・再帰代名詞 CHECK 036

(1) **yourself [yourselves]** (2) **mine**

3 指示代名詞・不定代名詞 CHECK 037

(1) **one** (2) **the other**

実力アップ問題

1 (1)① **She** ② **his** (2)① **She** ② **her**
(3)① **you** ② **it** (4)① **They** ② **them**
(5)① **It** ② **his**

解説 (1)①「キョウコは」→「彼女は」②「ケンの」→「彼の」
(2)①「私の姉［妹］は」→「彼女は」②「私のおばの」→「彼女の」
(3)①「あなたとケンは」→「あなたたちは」②「車を」→「それを」
(4)①「マイクと彼の兄［弟］は」→「彼らは」
②「ギターとドラムを」→「それらを」
(5)①「あの本は」→「それは」②「私の父のもの」→「彼のもの」

2 (1) **her, our [the]** (2) **them, their**
(3) **They [We, You]** (4) **They**
(5) **It, is**

解説 (1)「～へ行く途中に」は on —'s [the] way to ～と表す。主語が We なので，way の前は our または the。
(3)(4)**漠然とした「人」を表す主語**。ふつう，自分が含まれる場合は we，相手が含まれる場合は you，どちらも含まれない場合は they で表す。
(5)**時を表す it が主語**になる。

3 (1)① **We** ② **our**
(2)① **them** ② **him**
(3)① **These** ② **his**
(4)① **Lucy's** ② **mine**

解説 (1)②「私たちの」なので所有格にする。
(2)①②とも**前置詞の直後なので，目的格**にする。
(3)①複数形 books の前なので This を These に。
(4)①「ルーシーの」なので，Lucy に 's をつける。
②a friend of mine で「私の友だちの1人」。

4 (1) **any** (2) **any** (3) **it** (4) **one**
(5) **another** (6) **the other**
(7) **the others** (8) **each**

解説 (1)(2)**疑問文・否定文では，ふつう some ではなく any** を使う。
(4)前の文の guitar をさすが，**特定のものではないので one** を使う。
(5)「もう1杯」は another cup of ～と表す。
(6)「2つのうちのもう一方」は the other。
(7)「その他の残り（すべて）」は the others。
(8)each other で「おたがいに」という意味。

5 (1) **He has a book in his bag**
(2) **Each player has his own car**
(3) **Is this your dictionary or your brother's**

解説 (1)「自分のかばん」→「彼のかばん」
(2)**each は単数扱い**なので，has を加える。
(3)your は「あなたの辞書」と「あなたのお兄さん」で2つ必要。

6 **one**

解説 shirt をさす代名詞。特定の shirt をさすわけではないので one が入る。

11章 形容詞・副詞

1 形容詞の種類と使い方 CHECK 038

(1) **something hot** (2) **exciting**

2 数量を表す形容詞 CHECK 039

a few

3 副詞 CHECK 040

(1) **studied in the library yesterday**
(2) **are not old enough to drive**

実力アップ問題

1 (1)**ウ** (2)**ア** (3)**イ** (4)**イ** (5)**イ** (6)**ア** (7)**イ** (8)**ア**

解説 (1)「ブラウンさんは6時にここに来るでしょう。」
(2)「長い冬がついに終わりました。」
(3)「彼女は毎日とても熱心に働きます。」
(4)「私は，きっとあなたに何かよいことが起きるだろうと思います。」
(5)「このコンピューターは具合が悪いところはありません。」
(6)「その少年たちはいつも私の庭で遊んでいます。」
(7)「彼女は食事のあと，とても眠たそうでした。」
(8)「私たちはたいてい公園でテニスをします。」

2 (1) **a lot of rain last week**
(2) **This book about music is interesting**
(3) **always wants something new**

解説 (3) always (いつも) は**頻度を表す副詞**で，**一般動詞の前に入る**。〜thing の代名詞に形容詞がつく場合は，〈**〜thing＋形容詞**〉の語順。

3 (1) **many** (2) **a few** (3) **few** (4) **much** (5) **a little**

解説 (1) cars は数えられる名詞の複数形なので，「たくさんの」は many を使う。
(2)数えられる名詞の複数形 (friends) につく「少しの〜」は a few。
(3)数えられる名詞の複数形 (flowers) につくので few。few と little は **a がつかないと「ほとんどない」という否定的な意味**になる。
(4) snow は数えられない名詞なので，「たくさん(の)」は much を使う。
(5)数えられない名詞 (milk) につく「少しの〜」は a little。

4 (1) **no** (2) **Are, there, any** (3) **Few** (4) **have, much**

解説 (1)否定の意味だが動詞は否定形ではないので，classes に否定語の no をつけて否定の意味を表す。no＝not any
(2)「…に〜がある」は There is[are] 〜. の文で表す。後ろの名詞 restaurants が**複数形なので，be 動詞は are** を使い，名詞の前に any をつける。
(3)数えられる名詞につく「ほとんど〜ない」は few。
(4)主語が you なので，動詞は have を使う。snow が数えられない名詞なので，「たくさん(の)」は much を使う。

5 (1) **can play soccer very well**
(2) **We usually study in the library**
(3) **We went there yesterday**

解説 (1)「上手に」は副詞の well を使う。good は形容詞。
(2)「ふつう」は usually。sometimes は「ときどき」の意味。
(3) there (そこへ) は**副詞なので，その前に前置詞 to は不要**。前置詞の後ろは名詞が続く。

12章 前置詞

1 時を表す前置詞 CHECK 041

(1) **in** (2) **by**

2 場所を表す前置詞 CHECK 042

in

3 その他の前置詞 CHECK 043

(1) **with** (2) **of**

実力アップ問題

1 (1) **on** (2) **for** (3) **in** (4) **at** (5) **in**
(6) **to** (7) **on**

解説 (1)日付は on を使って表す。
(3) in the morning「朝［午前中］に」
(7)「(特定の日の) 朝［午前中］に」は in ではなく on を使って表す。

2 (1) **at [near]** (2) **in** (3) **in**
(4) **along [across, down, through]**
(5) **on** (6) **over** (7) **in, of**
(8) **to** (9) **among [with]** (10) **of**

解説 (1) at なら「駅で」, near なら「駅の近くで」。
(3) be sick in bed「病気で寝ている」
(4)along [down] なら「この通りを［に沿って］行く」, across なら「この通りを渡って行く」, through なら「この通りを抜けて行く」の意味。
(5) on は「上」だけでなく，接している状態なら「横」でも「下」でもよい。
(7) in front of ～「～の前［正面］に」
(8) be kind to ～「～に親切にする」
(10) out of ～「～から (外へ)」

3 (1) **about** (2) **in** (3) **for [from]**
(4) **with** (5) **by**

解説 (1)「私たちのお気に入りの歌について」
(2)「英語で」 手段 (言語) は in で表す。
(3) for なら「～のための」, from なら「～からの」。
(4)「ペンで」 手段 (道具) を表す with を使う。
(5)「バスで」 交通手段は by で表す。

4 (1) **of** (2) **of** (3) **for**

解説 (1) be afraid of ～「～を恐れている」
(2) because of ～「～のため」
(3) Thank you for ～.「～をありがとう。」

5 (1) **by** (2) **above [over]** (3) **near** (4) **into**
(5) **around** (6) **with** (7) **without**

解説 日本語では同じような意味でも細かな意味が異なる前置詞を区別する。
(1)「～までに (終える)」は by で表す。until [till]「～まで (続く)」と区別する。
(2)「～の (真) 上を」は above や over で表す。on は接している場合に使う。
(3)「(地理的に) 近くに」は near で表す。by や beside は「すぐそば」の感覚。
(6)「～のついた」は「～を持った」と考え，所有を表す with を使う。

6 (1) **The trains are stopped between Tokyo and Yokohama**
(2) **should not eat sweets at night for your health**
(3) **will arrive at Tokyo station in fifteen minutes**

解説 (1) between「～の間で」を補う。
(2) for「～のために」を補う。
(3)「あと15分で」は「15分したら」の意味で，in fifteen minutes と表す。

13章 接続詞

1 and, but, or, so　CHECK 044

but

2 and, but, or を使った重要表現　CHECK 045

(1) **Not only I but also my sister**
(2) **can speak both English and French**

3 時を表す接続詞　CHECK 046

soon

4 条件・理由などを表す接続詞　CHECK 047

Though

5 接続詞 that　CHECK 048

(1) **think, that**　(2) **glad [happy], that**

実力アップ問題

1 (1) **and**　(2) **so**　(3) **or**　(4) **but**　(5) **or**

(解説) いずれも対等な関係で結ぶ接続詞。(1)(3)(5)は語と語を，(2)(4)は節と節を結びつけている。

2 (1) **and**　(2) **or**

(解説) (1)「もしここに来れば，もっとよく見えますよ。」→「ここに来なさい，**そうすれば**もっとよく見えますよ。」
(2)「もし早く起きなければ，その電車に乗り遅れますよ。」→「早く起きなさい，**さもないと**その電車に乗り遅れますよ。」

3 (1) **are**　(2) **has**　(3) **am**

(解説) (1) both A and B は**複数扱い**。
(2) either A or B が主語になると，動詞の形は**B に合わせる**。
(3) not only A but also B が主語になると，動詞の形は **B に合わせる**。

4 (1) **know, that**　(2) **think, that**
(3) **hear**

(解説) いずれも接続詞 that を使った文。
(3)空所の数から，**接続詞 that が省略**されていると考える。

5 (1) **He said he wanted to watch the movie.**
(2) **Kate hoped that Bob would give her a present.**
(3) **She didn't know that we lived in Tokyo.**
(4) **They learned that the earth moves around the sun.**
(5) **I thought that my son was in his room.**

(解説) (2)助動詞 will を過去形の would にする。
(4) that 以下の「地球は太陽のまわりを動く」は**不変の真理なので，時制の一致の例外**。

6 (1) **She likes not only baseball but also soccer.**
(2) **I think that he will come.**
(3) **He doesn't [does not] know that I can speak English well.**
(4) **The students learned that the earth is round.**
(5) **He is not my brother but my cousin.**

(解説) (2)「彼は来る」は未来の内容。
(4)「地球は丸い」は**不変の真理なので，後ろは時制の一致の例外で現在形に**する。

14章 不定詞の基本的な使い方

1 名詞的用法 CHECK 049

(1) **like to watch**
(2) **is to play video games**

2 副詞的用法 CHECK 050

(1) **went to the library to study**
(2) **I'm happy to see you**

3 形容詞的用法 CHECK 051

(1) **a lot of pictures to show**
(2) **something to read**

実力アップ問題

1 (1)**ア** (2)**イ** (3)**ウ**

解説 (1)「卓球を**見ること**は楽しいです。」
(2)「私は動物園でパンダを見たいです。」
(3)「私の仕事は日本語を**教えること**です。」

2 (1)**イ** (2)**イ**

解説 (1)「私は日本の文化について**学ぶために**京都へ行きました。」
(2)「私はそのニュースを**見て**悲しいです。」

3 (1)**ウ** (2)**イ** (3)**ウ**

解説 (1)「ロサンゼルスには**訪れるべき**有名な遊園地が2つあります。」
(2)「今日**するべき**ことが何かありますか。」
(3)「私たちは駅のまわりに**泊まる**ホテルを見つけられませんでした。」

4 (1) **to have [eat] lunch**
(2) **a lot of [many] pictures to see**
(3) **to find my favorite book(s)**
(4) **to be [become] a singer**
(5) **friends to talk with**

解説 (2)「たくさんの絵」を後ろから「見るべき」が修飾する形にする。
(5) talk with ～で「～といっしょに話す」となるので，with が必要。

5 (1) **didn't have time to read the newspaper**
(2) **came home early to watch a TV show**
(3) **To use a computer is difficult**
(4) **My dream is to study English in**
(5) **had nothing to do at home**
(6) **was lucky to catch the train**

解説 (1)(5)**後ろから前の（代）名詞を修飾する形容詞的用法**の不定詞。
(2)「～するために」と**目的を表す副詞的用法**の不定詞。
(3)(4)「**～すること**」を**表す名詞的用法**の不定詞。
(6)「～して…」と**感情の原因を表す副詞的用法**の不定詞。

6 (1) **I had a lot of [much] time to study.**
(2) **She went to Harajuku to buy [get] new clothes.**
(3) **To learn Korean isn't [is not] difficult.**
(4) **My wish is to enjoy my school life.**
(5) **I have something to tell you.**
(6) **I was surprised to see a famous singer.**

解説 日本語のどの部分が，不定詞の意味のカタマリになるか考える。

15章 不定詞を含む特別な形

1 〈tell など＋人＋to 〜〉の文 CHECK 052

(1) **want you to see**
(2) **told me not to eat**

2 It ... (for —) to 〜. の文 CHECK 053

(1) **It is important to**
(2) **It is easy for her to**

3 how [what] to 〜，その他の不定詞 CHECK 054

(1) **how to take**
(2) **rich enough to buy**

4 原形不定詞 CHECK 055

(1) **help my sister clean**
(2) **me go to the bathroom**

実力アップ問題

1 (1) **It, to** (2) **it, for, to**
(3) **It, of, to** (4) **asked, to, dance**
(5) **told, to, play** (6) **want, to, swim**
(7) **how, to, play** (8) **what, to, do**
(9) **when, to, go** (10) **too, for, to**
(11) **fast, enough, to**

解説 (1)(2)〈It ... (for —) to 〜.〉の文。
(3) kind（親切な）は人の性質や態度を表す形容詞なので，for ではなく of を使って〈It ... of — to 〜.〉の形になる。
(4)(5)(6)〈ask [tell, want]＋人＋to 〜〉の文。
(7)(8)(9)〈疑問詞＋to 〜〉の形にする。
(10)「〜するには…すぎる」なので，〈too ... to 〜〉の形にする。
(11)「〜するほど十分に…」なので，〈副詞＋enough to 〜〉の形にする。

2 (1) **sleep** (2) **carry** (3) **make**

解説 いずれも原形不定詞を使った文。
(1)「私に1時間眠らせてください。」
(2)「彼は私たちにその本を運ばせました。」
(3)「私は姉［妹］がケーキを作るのを手伝いました。」

3 (1) **It is fun for us to play**
(2) **told us not to do our homework**
(3) **know where to eat lunch**
(4) **practiced hard enough to win the game**
(5) **I helped Tom study Japanese**

解説 (1)〈It ... for — to 〜.〉の文。
(2)〈tell＋人＋to 〜〉の文。「しないように」なので，to の前に not を置く。
(3)「どこで食べたらよいか」は where to 〜。
(4)「〜するほど十分に一生けんめい」は hard enough to 〜。
(5)〈help＋目的語＋原形不定詞〉の文。

4 (1) **It's [It is] important for me to study now.**
(2) **She asked me to look for her cat.**
(3) **I want to learn how to play the piano.**
(4) **He was too tired to study last night.**

解説 (1)「—にとって〜することは…です」なので，〈It ... for — to 〜.〉の形。
(2)「(人)に〜するように頼みました」なので，〈ask＋人＋to 〜〉の形。ask は過去形にする。
(3)「〜のし方」は how to 〜で表す。
(4)「〜するにはあまりにも…」は〈too ... to 〜〉で表す。

16章 動名詞

1 動名詞を使った文 CHECK 056

(1) **eating** (2) **living**

2 動名詞と不定詞の使い分け CHECK 057

(1) **to visit** (2) **speaking**

実力アップ問題

1
(1) **catching** (2) **waking**
(3) **swimming** (4) **crying**
(5) **putting** (6) **giving**
(7) **washing** (8) **flying**

解説 (2)(6)語尾の e をとって ing をつける。
(3)(5)最後の文字を重ねて ing をつける。

2
(1) **Speaking** (2) **writing**
(3) **cleaning** (4) **studying**
(5) **Getting** (6) **running**

解説 (2)語尾の e をとって ing をつける。
(5)(6)最後の文字を重ねて ing をつける。

3
(1) **looking, forward, playing**
(2) **about, having [eating]**
(3) **at, singing** (4) **of, fishing**
(5) **reading**

解説 (1)「～することを楽しみにしている」は **look forward to ～ing**。
(2)「～するのはいかがですか」は **How about ～ing?**
(3)「～することが得意だ」は **be good at ～ing**。
(4)「～することが好き」は **be fond of ～ing**。
(5)「～せずに」は **without ～ing**。

4
(1) **learning** (2) **opening**
(3) **to study** (4) **raining**

解説 (2) mind のあとは動名詞。Do you mind ～ing? で「～してくれますか。」という意味。
(4) **stop ～ing** で「～するのをやめる」という意味。stop to ～だと「～するために立ち止まる」という意味になる。

5
(1) **am interested in writing English**
(2) **decided to eat dinner with you**
(3) **speak without using difficult words**
(4) **tried to eat it**
(5) **remember playing tennis with her**

解説 (1)「～することに興味がある」は **be interested in ～ing**。
(2) decide のあとは不定詞。
(4)「～しようとする」は **try to ～**。try ～ing だと「試しに～する」という意味。
(5)「～したことを覚えている」は **remember ～ing**。remember to ～だと「～するのを覚えておく」という意味。

6
(1) **I enjoyed watching a soccer game on TV.**
(2) **Jim came into the room without saying anything.**
(3) **Mary tried drinking it.**
(4) **I won't [will not] forget studying with her in America.**

解説 (2) without は否定の意味を含むので，saying の後ろに nothing ではなく anything を置くと「何も言わずに」という意味になる。
(3)「試しに～する」は **try ～ing**。
(4)「～したことを忘れる」は **forget ～ing**。forget to ～だと「～し忘れる」という意味。

17章 比較

1 比較の文の基本 CHECK 058

highest, famous

2 原級を用いた比較の文 CHECK 059

(1) **could not run as fast as**
(2) **got up as early as possible**

3 比較級を用いた比較の文 CHECK 060

(1) **busier** (2) **more exciting**

4 最上級を用いた比較の文 CHECK 061

(1) **highest** (2) **of**

5 各級間での書きかえ CHECK 062

(1) **taller** (2) **fastest**

6 比較を用いた疑問文と答え方 CHECK 063

(1) **Ken is.**
(2) **I like coffee better.**

実力アップ問題

1 (1) **bigger** (2) **colder**
(3) **more easily** (4) **happier**
(5) **better** (6) **most interesting**
(7) **hottest** (8) **most famous**
(9) **busiest** (10) **earliest**

2 (1) **as, as** (2) **not, as, as**
(3) **three, times, as, as**

解説 (3)〈**as＋原級＋as**〉の前に「～倍」を表す～ **times** を置く。

3 (1) **busier than**
(2) **the most exciting**
(3) **better than** (4) **earlier**
(5) **the best singers**

解説 (3)「よく動く」の「よく」は副詞の well で，比較級は better。
(5)「最も～な…のうちの１つ」は〈**one of the＋最上級＋複数名詞**〉の形。

4 (1) **warmer and warmer**
(2) **do my best**
(3) **one of the luckiest women**

解説 (1)「ますます～」は〈**比較級 and 比較級**〉。
(2)「全力を尽くす」は do one's best。
(3)「幸運な」は lucky で，最上級は y を i にかえて est をつける。

5 (1) **What sport do you like best**
(2) **Which do you like better, dogs or cats**

解説 (1)この best は副詞。the はなくてよい。
(2) dogs と cats は逆でも可。

6 (1) **Jane is older than Bill.**
(2) **This coat isn't [is not] as cheap as that one.**
(3) **Tokyo is the busiest city in Japan.**

解説 (1)「ビルはジェーンほど年をとっていません。」→「ジェーンはビルより年上です。」
(2)「このコートはあのコートよりも高価です。」→「このコートはあのコートほど安くありません。」
(3)「東京は日本のほかのどの都市よりも忙しいです。」→「東京は日本でいちばん忙しい都市です。」

7 例 **I like summer best.**

解説 〈I like＋季節名＋best.〉で表す。

18章　いろいろな文

1　命令文　CHECK 064

(1) **Be quiet here.**
(2) **Please turn off the TV. [Turn off the TV, please.]**

2　感嘆文　CHECK 065

(1) **What**　(2) **How**

3　間接疑問　CHECK 066

(1) **where she lives**　(2) **what I did**

4　There is [are] ～. の文　CHECK 067

(1) **There are three oranges on the table.**
(2) **Are there any DVDs in your room?**

5　〈look, become など＋形容詞［名詞］〉の文　CHECK 068

(1) **looked**　(2) **became**

6　〈動詞＋人＋もの〉の文　CHECK 069

(1) **will lend him ten dollars**
(2) **Mr. Kimura teaches us English**

7　〈call / make＋A＋B〉の文　CHECK 070

(1) **We call him Tom**
(2) **keep your room clean**

8　接続詞 that を使った文　CHECK 071

(1) **Please tell him that I'm [I am] at home.**
(2) **I'm [I am] sure that he will come.**

実力アップ問題

1
(1) **Study**　(2) **Be, kind**
(3) **Let's, watch**　(4) **Don't, use**
(5) **Get, up, or**

解説　(5)「…しなさい，そうしないと～」は，命令文のあとに or ～と続ける。

2
(1) **How, happy**　(2) **What, kind**
(3) **How, well**　(4) **What, a, good**
(5) **What, interesting**

解説　下線部のあとに名詞があれば What，名詞がなければ How で始まる感嘆文にする。

3
(1) **There aren't [are not] any girls on this soccer team.**
(2) **Were there any restaurants near the station?**

解説　〈There is [are] ～.〉の否定文は be 動詞の後ろに not を置く。疑問文は be 動詞を there の前に出す。

4
(1) **Taku always looks happy**
(2) **We call him Jim**
(3) **His letter made her sad**
(4) **Do you know where she is**
(5) **Bring some water to me**

解説　(1)〈look＋形容詞〉の形。
(2)〈call＋A＋B〉の形。
(3)〈make＋A＋B〉の形。
(4)間接疑問。〈疑問詞＋主語＋動詞〉の形。
(5)to があるので，〈bring＋もの＋to＋人〉の形。

5
(1) **I think that Nancy is a good student.**
(2) **I'm [I am] glad [happy] that you came to my birthday party.**

解説　(2)「～をうれしく思う」は，〈be 動詞＋形容詞 glad [happy]＋接続詞 that ～〉の形。

19章 名詞を後ろから修飾する語句

1 前置詞＋語句，不定詞の形容詞的用法 CHECK 072

(1)日本の電車
(2)私は住むためのもっと大きな家

2 現在分詞の形容詞としての用法 CHECK 073

(1) The boy in the swimming pool
(2) a girl playing the piano

3 過去分詞の形容詞としての用法 CHECK 074

(1) the language spoken in Brazil
(2) The photos taken by my father

実力アップ問題

1 (1) crying (2) sent (3) walking
(4) broken (5) standing

(解説) 「～している」か「～された」かを考える。

2 (1) under that car
(2) dancing under the tree
(3) made in Japan
(4) washing (the) dish(es)
(5) cooked [made] by Nancy

(解説) いずれも直前の名詞を修飾する部分を作る。
(1)〈前置詞＋語句〉が The cat を修飾。
(2)〈現在分詞＋語句〉が the boys を修飾。
(3)〈過去分詞＋語句〉が stationery を修飾。
(4)〈現在分詞＋語句〉が The lady を修飾。
(5)〈過去分詞＋語句〉が The lunch を修飾。

3 (1) Young people in Korea like Japanese comics.
(2) The boy sleeping under the tree is Tom.
(3) I watched a video made by my friend.
(4) The cakes sold only in France are delicious.

(解説) 下線部の名詞を後ろから修飾するために，(　　) 内の語句をその名詞の直後に置く。

4 (1) The box on the book will be useful
(2) often eat a boiled egg for
(3) The stolen bike was not mine
(4) know the girl practicing karate over there
(5) is one of the languages spoken
(6) The boy running in the playground will help you

(解説) 名詞と修飾する語句を組み合わせ，意味のカタマリを作るところから始める。
(2)過去分詞 boiled は 1 語で egg を修飾するので，egg の前に置く。

5 (1) The T-shirts in [at] that shop [store] are very cool.
(2) Mai is the girl doing her homework over there.
(3) I have a cup made in China.
(4) I think the car made in South Korea is nice.
(5) The dog called Shiro is Jiro's.
(6) The boy lying on the grass is my (little) brother.

(解説) 名詞と修飾する語句でできる意味のカタマリを作り，それが主語，目的語，補語のどれになるかを考える。

20章 関係代名詞

1 関係代名詞とは CHECK 075

(1) a girl who plays the violin very well
(2) a boat that runs on the Sumida River

2 主格の関係代名詞 CHECK 076

(1) the girl who gave me chocolate
(2) The girl who gave me chocolate

3 目的格の関係代名詞 CHECK 077

(1) the books that you want to read
(2) who you met yesterday

4 目的格の関係代名詞の省略 CHECK 078

(1) The clothes I want to wear
(2) is the host family you will meet

5 所有格の関係代名詞 CHECK 079

(1) the house whose roof is pink
(2) a book whose pictures are beautiful

6 前置詞の目的語になる関係代名詞 CHECK 080

(1) the hotel you will stay at
(2) The friend I want to play with

7 関係代名詞 what CHECK 081

(1) what you want to say
(2) What I will do tomorrow

実力アップ問題

1 (1) who，泳ぐことが好きな兄［弟］
(2) which，先月オープンした書店
(3) who，昨日あなた(たち)を助けた男の子
(4) which，よくその店に来るネコ

解説 直前の名詞が人かものかで判断する。

2 (1)みんながよく知っている野球選手
(2)私がアメリカ合衆国で買った本
(3)私の母が私のために作ったケーキ
(4)あなた（たち）が図書館で会った女の子

解説 下線部は〈名詞＋関係代名詞節〉のカタマリで，関係代名詞はすべて目的格。

3 (1) The TV program I watched last night
(2) the news he heard
(3) know the man you see over there
(4) the best song I have ever heard

解説 〈名詞＋主語＋動詞〉のカタマリを中心に組み立てる。

4 (1) The fruit which I want to eat today is a peach
(2) I saw the girls who many young people know well
(3) The books which I got from my friend were very nice

解説 人かものかによる関係代名詞の使い分けと，主格か目的格かによる節の中の主語や目的語の有無で，２つの不要な語が決まる。

5 (1) What (2) whose, sister
(3) who(m) [that], with

解説 (1)関係代名詞 what の前に名詞はない。
(2)関係代名詞 whose は後ろに名詞を置く。
(3)関係代名詞節の最後に前置詞が残った形。

21章 仮定法

1 仮定法①

CHECK 082

had, would

2 仮定法②

CHECK 083

wish, knew

実力アップ問題

1 (1) **were, could** (2) **were, might**
(3) **could, would** (4) **were, would**

(解説) 仮定法は，現在の事実と異なることを仮定する表現。形は〈**If＋主語＋動詞の過去形～, 主語＋助動詞の過去形＋動詞の原形 ....**〉となる。
(1)(2)(4)仮定法では，主語が何であっても **be 動詞は were** を使うのがふつう。
(3)「することができれば」とあるので，If で始まる節にも助動詞の過去形 could を使う。

2 (1) **had, could** (2) **were, would**
(3) **were, could** (4) **could, would**

(解説) (1)「私には翼がないので，あなたのところに飛んで行けません。」→「もし私に翼があれば，あなたのところに飛んで行けるのに。」
(2)「彼女は今ここにいないので，あなたを手伝いません。」→「もし彼女がここにいれば，あなたを手伝うだろうに。」
(3)「私は忙しいので，買い物に行けません。」→「もし忙しくなければ，私は買い物に行けるのに。」
(4)「彼は泳げないので，それほどひんぱんに浜辺へ行きません。」→「もし彼が泳げれば，もっとひんぱんに浜辺へ行くだろうに。」

3 (1)**もし私がカメラを持っていれば，たくさん写真をとるのに。**
(2)**もしあなた（たち）がここにいれば，彼に会うことができるのに。**
(3)**もし私があなたなら，その計画について彼に話すのに。**

(解説) いずれも仮定法の文なので，事実と異なることを仮定して述べている。

4 (1) **ran faster, he could catch**
(2) **had a map, we would not lose**
(3) **were here, he might help**
(4) **could speak English, I could enjoy talking**
(5) **were not busy, I could go**

(解説) まず「もし～なら」の部分を組み立て，そのあとに「～のに」の部分を続ければよい。このとき，**後半部分には必ず助動詞の過去形**が入る。
(4)「話せれば」とあるので，If で始まる節にも助動詞の過去形 could を使う。

5 (1) **wish, were** (2) **wish, had**
(3) **wish, it, were**
(4) **wishes, could, speak**

(解説) 「～であればいいのに」という現在の事実と異なることへの願望は，〈**主語＋wish＋仮定法**〉で表す。wish の後ろは仮定法なので，**動詞［助動詞］は必ず過去形**にする。
(1) my house の後ろは be 動詞だが，仮定法なので was ではなく were を入れる。
(2)「あればいいのに」は「持っていればいいのに」と考えて had を使う。
(3)「今日は日曜日です。」などと曜日を伝える文では，it が主語になる。
(4)文の主語 She は 3 人称単数なので，続く wish には es をつける。その後ろは，「話せたらいいのに」とあるので，「～できる」を表す助動詞 can の過去形 could を使う。

入試問題にチャレンジ

1

1 (1)①**ウ**　②**イ**　③**ア**　④**ウ**
(2)① **club has twelve members**
② **show him some pictures I took**
③ **your dream will come true**

解説 (1)① A の文の the stars を指していて，あとの be 動詞が are なので，複数を表す They を選ぶ。
②「私の友達の 1 人はオーストラリアに住んでいます。」という文。**主語は 3 人称単数**なので，形の合う lives とする。
③主語の English は **3 人称単数なので，be 動詞は is** を選ぶ。
④自己紹介の場面。「私をマイクと呼んでください。」という文。
(2)① A：あなたのクラブには何人のメンバーがいますか。
B：私たちのクラブには12人のメンバーがいます。
② A：あなたはあなたのオーストラリアへの旅行についてジョーンズ先生に話しましたか。
B：いいえ。次に彼に会うとき，私はそこで自分が撮った写真を彼に見せるつもりです。
③ I hope のあとに接続詞 that が省略されていて，文が続いている。**will があるので〈will＋動詞の原形〉**の語順にする。

2 (1) **been**
(2) **wonderful movie I have ever watched**
(3)① 例 **What is the best book (that) you have ever read?**
② 例 **I am[I'm] looking forward to seeing her since I have not [haven't] seen her for a few months.**

解説 (1) Have you で始まっているので，**現在完了の疑問文〈Have＋主語＋過去分詞～ ?〉**の形にする。be の過去分詞は been。
(2)「いちばんすばらしい映画」を「私が今までに見た」が後ろから修飾している形。
A：あなたは『となりのトトロ』を知っていますか。
B：はい！　それは私が今までに見たいちばんすばらしい映画です。それはよい物語です。
(3)①「最もすばらしい本」を「あなたが今までに読んだ」が後ろから修飾する形にする。「あなたが今までに読んだ」は**現在完了〈have ever＋過去分詞〉**で表す。
②「数か月間彼女に会っていなかった」は継続を表し，否定の内容なので，**現在完了の否定文〈have not＋過去分詞〉**で表す。

3 (1) **Would**
(2)① **I have to go with you**
② **can't decide where we should go**
(3) **had**
(4) **Can I use the computer?**

解説 (1) **Would you like ～ ? は「～はいかがですか」**と相手に飲み物などをすすめる表現。would は will の過去形だが，ここでは過去の意味ではない。
(2)① **have to ～「～しなければならない」の疑問文**。主語が I なので，Do I have to ～ ? となる。
A：スーパーへ買い物に行きましょう。
B：私はあなたといっしょに行かなければなりませんか。
A：はい。私は今日買うべきものがたくさんあります。
②「私は私たちが週末にどこへ行くべきか決める

ことができません。」という文。where のあとは間接疑問の語順。

(3)過去の文で，「～しなければならなかった」という意味にするので，**have to ～ の過去形 had to ～** の文にする。

(4)話の流れから，「コンピューターを使ってよいか」とたずねていると考える。「～してもよいですか」は **Can I ～ ?** で表す。

4 (1) **built [constructed]**
(2) 例 **A famous festival is held at the park every summer.**
(3) **ウ**

解説 (1)「それは豊臣秀吉によって建てられました」という文になるので，**受け身〈be 動詞＋過去分詞〉**で表す。「建てる」build の過去分詞は built。

(2)「開催される」は受け身〈be 動詞＋過去分詞〉で表す。「開催する」hold の過去分詞は held。

2

1 (1) **Why** (2)① **エ** ② **ウ**

解説 (1) **Why don't we ～ ?** で「～しましょうか」と誘う文になる。

(2)① Do you ～ ? の疑問文には do を使って答える。

② 年齢を答えているので How old ～ ? でたずねる。

2 (1)① **イ** ② **イ** ③ **ウ**
(2) **speech**

解説 (1)①「私はほかのどの国にも行ったことがありません。」という文。「**ほかのどの～**」は **any other** で表す。

②「生徒のほとんどはそれらをします」という意味になる。「**～のほとんど**」は **most of ～** で表す。

③「私はそんなに大きいもの（＝丸ごとのまぐろ）をこれまで見たことがありません。」という文。この one は a whole tuna と同じ「もの」という意味を表しており，「1つ」という意味ではない。

(2) make a と冠詞の a があるので，あとは名詞が適切。speak「話す」の名詞の形は speech「演説」。**make a speech** で「演説をする」。

3 (1) **at**
(2) 例 **I walked in the park because it was sunny.**
(3) **ア**

解説 (1) **be good at ～ing** で「～することが得意である」という表現になる。

(2)「晴れていたので」と理由を表すので，「なぜなら，～だから」という意味を表す接続詞 **because** を使う。

(3)「～時に」という時刻の前は At。

4 (1) **drink**
(2)① **エアウイ**
② **There are many places to visit**
③ **won't be easy for him to be**
(3)① **ウ** ② **ウ**

解説 (1)「何か飲むものを持ってきてください」という意味になる。「（何か）～するもの」は〈**something to＋動詞の原形**〉で表す。形容詞的用法の不定詞。

(2)① 〈**ask＋人＋to＋動詞の原形**〉で「**人に～するように頼む**」という意味になる。

② 〈**名詞＋to＋動詞の原形**〉で「**～する（べき）…**」という意味を表す。形容詞的用法の不定詞。

A：ようこそ！　鳥取には訪れるべき場所がたくさんあります！　大山はそれらの1つです。それはとても美しいです。

B：ありがとう。わくわくします。

③ **It ... for ― to ～.**「**―にとって～することは…です。**」の文。この文では is の部分が will be の否定形 won't be の形になって，「…ではないでしょう」という意味になっている。

(3)①「雨が降りやんだので，私は買い物に行きました。」という文。「**～するのをやめる**」は〈**stop**

＋動名詞〉で表す。
②「先生は私たちに次に何をするべきか言いました。」という文。〈tell＋人＋もの〉の語順の「もの」の部分が〈**what to＋動詞の原形**〉になっている。

3

1 (1) **harder** (2) **is the most popular**
(3)① **more and more foreign people are coming to Japan every**
② **dogs are more popular than**
(4) **イ**

(解説) (1)あとに**than**があるので比較級にする。
(2)「いちばん人気のある」は最上級〈**most＋形容詞**〉の形で表す。theは最上級の前に置く。
(3)①「今，毎年ますます多くの外国人が日本に来ています。」という文。「ますます多くの～」は**more and more** ～で表す。
②語群にmoreとthanがあるので，比較級の文と考える。「…よりも人気がある」は〈**more＋形容詞＋than ...**〉の形。「日本では犬はネコよりも人気がある」という内容になる。
(4)あとにof the threeという「範囲」を表す語句があるので，最上級を選ぶ。

2 (1) **ア**
(2)① **Do you know when sign language was made in Japan**
② **you tell me what happened**
③ **send me the book after**
④ **am sure your dream will come true**

(解説) (1)会話の流れから，「遅れてはいけません」という**否定の命令文**が入る。
(2)① Do you knowのあとに〈**疑問詞＋主語＋動詞～**〉の**間接疑問**が続く文。
②〈tell＋人〉のあとに間接疑問が続く文。
③〈**send＋人＋物**〉の語順。
④ **I am sure のあとに〈主語＋動詞～〉の文が**続く形。「私はきっと～だと思います」という意味になる。

3 (1) **This is a picture we took**
(2)① **that boy playing soccer in**
② **the man talking with your father**
③ **オアエウイ**
④ **ウアエオイ**
(3) **エ**

(解説) (1)「これは私たちが昨年東京ディズニーランドで撮った写真です」という文。「**写真**」を「**私たちが撮った**」が**後ろから修飾する**形。
(2)② A：私の父と私は昨日パーティーへ行きました。これは私が撮った写真です。
B：ああ，あなたのお父さんと話している男の人はトムです！
A：あなたは彼を知っているのですか。
B：はい。彼は私の友達です。
③ A：あなたは高校生になったら何をしたいですか。
B：ええと，私は中学校で一度もしたことがないことをやってみたいです。
④ A：あなたはアメリカ合衆国への旅行の間，どこに滞在しましたか。
B：私は有名なアメリカ人によって建てられたホテルに滞在しました。
(3)「インドで作られたシャツ」という意味になる。

4 (1) **If I had a car**
(2) **wish I could play the piano**
(3) **I wish he were on**

(解説) (1)「もし～なら，…するのに」は仮定法過去で表す。〈**If＋主語＋動詞の過去形～，主語＋助動詞の過去形＋動詞の原形 ....**〉の形。
(2)(3)「～だったらいいのに」は，仮定法過去の〈**I wish＋主語＋（助）動詞の過去形～.**〉で表す。

さくいん

INDEX

☞ 青字の項目は，特に重要なものであることを示す。**太字**のページは，その項目の主な説明のあるページを示す。

日本語（アイウエオ順）

ふ・へ・ほ

み

め

も

英語（アルファベット順）

Y